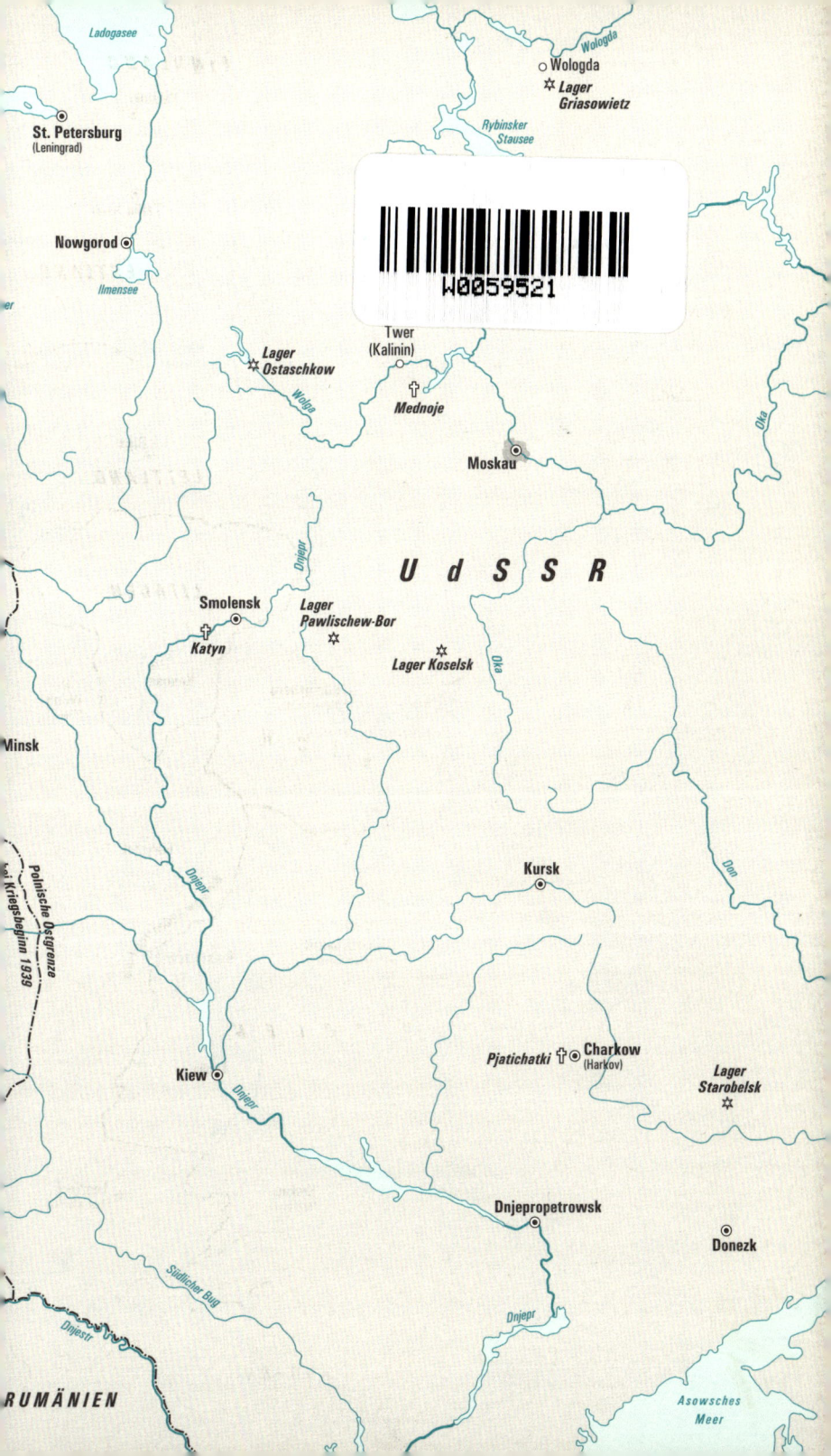

Ladogasee

Wologda
○ **Wologda**
✡ *Lager Griasowietz*

St. Petersburg
(Leningrad)

Rybinsker Stausee

Nowgorod ◉

Ilmensee

Twer
(Kalinin)

✡ *Lager Ostaschkow*

Mednoje ✝

Wolga

Moskau

U d **S S R**

Dnjepr

Smolensk ◉

✝ *Katyn*

Lager Pawlischew-Bor ✡

✡ *Lager Koselsk*

Oka

Minsk

Oka

Kursk ◉

Polnische Ostgrenze bei Kriegsbeginn 1939

Don

Dnjepr

Kiew ◉

Dnjepr

Pjatichatki ✝ ◉ **Charkow**
(Harkov)

Lager Starobelsk ✡

Dnjepropetrowsk ◉

Dnjepr

Donezk ◉

Südlicher Bug

Dnjestr

RUMÄNIEN

Asowsches Meer

Franz Kadell

Katyn

FRANZ KADELL

Katyn

Das zweifache Trauma der Polen

Mit 13 Fotos und Dokumenten

HERBiG

Bildnachweis

S. 15 Bundesarchiv (Bild 183-1990-1028-500); S. 27 entnommen von:
http://katyn.ru/index.php?go=Pages&in=view&id=6; S. 50 SZ Photo;
S. 93 Bundesarchiv (Bild 101I-152-1845-11A/Ludwig Knobloch);
S. 97 Bundesarchiv (Bild 209-06/Jakob Jahn); S. 112 ullstein bild;
S. 132 Associated Press (Bob Dear); S. 143 SZ Photo/AP;
S. 177 Franz Kadell; S. 198 Mathiasrex Maciej Szczepanczyk;
S. 211 ullstein bild (Nowosti), S. 213 PRSteam.net (http://prsteam.net)

Viele Schreibweisen von Personen- und Ortsnamen bereiten Schwierigkeiten,
wenn sie auf das kyrillische Alphabet zurückgehen oder auf polnische Schriftzei-
chen, die es im Deutschen nicht gibt. Namen weichen in den jeweiligen Sprachen,
je nachdem ob russisch, ukrainisch, polnisch, englisch oder deutsch gebraucht,
voneinander ab. Hier wurde der leichten Lesbarkeit der Vorzug gegeben.

Besuchen Sie uns im Internet unter:
www.herbig-verlag.de

© 2011 by F. A. Herbig
Verlagsbuchhandlung GmbH, München
Alle Rechte vorbehalten
Umschlaggestaltung: Wolfgang Heinzel
Karte: Eckehard Radehose, Schliersee
Herstellung und Satz: VerlagsService Dr. Helmut Neuberger
& Karl Schaumann GmbH, Heimstetten
Gesetzt aus der 11,25/14,1 Punkt Minion
Drucken und Binden: GGP Media GmbH, Pößneck
Printed in Germany
ISBN 978-3-7766-2660-5

Inhalt

Vorwort

Katyn – das ist ein kleiner, eigentlich unbedeutender Ort von heute 1700 Einwohnern bei Smolensk in Russland. Gleichwohl steht dieses Katyn symbolisch für die großen politischen Massenmorde der jüngeren Geschichte.

In Polen kann jeder, vom Kind bis zum Greis, etwas mit dem Wort »Katyn« anfangen. Es gehört dort zum selbstverständlichen Allgemeinwissen, dass im Frühjahr 1940 knapp 15 000 Offiziere und als Reserveoffiziere dienende Akademiker und Intellektuelle der polnischen Führungsschicht durch die sowjetische Geheimpolizei erschossen wurden.

Die erste entdeckte Mordstätte war Katyn. Der am 5. März 1940 gefasste Beschluss des Politbüros der KPdSU zu den Massenmorden betraf weitere rund 10 000 Polen, deren Gräber bis heute nur zum Teil bekannt sind. Das Gedenken an dieses Verbrechen ist für Polen eine sakrale nationale Angelegenheit. Es ist wichtig, dass wir Deutsche davon wissen, denn wir werden immer Nachbarvölker sein. Doch nicht nur das.

Katyn ist auch Teil der deutschen Geschichte. Moskau beschuldigte 1943 Hitlers Wehrmacht, die Massenmorde begangen zu haben. Deutsche Kriegsgefangene wurden nach Schauprozessen als angebliche Täter öffentlich gehenkt. Das Auswärtige Amt in Bonn und später in Berlin war verschiedentlich mit der Frage befasst, wie diese Fälle im Zusammenhang mit angestrebten Rehabilitierungen zu sehen seien.

Während des Krieges deckten Briten und Amerikaner wider besseres Wissen die sowjetische Lüge, um die Anti-Hitler-Koalition nicht zu gefährden. Aber auch nach dem Krieg wurde das peinliche Thema weitgehend gemieden, um nicht zugeben zu müssen, dass die Moral auf der Strecke geblieben war. Schließlich bewegten sich die sowjetischen Schreibtischmörder weiterhin auf internationalem Parkett, teils sogar als formelle Staatsoberhäupter.

Die sowjetischen und dann russischen Staatsspitzen haben sich zwar seit 1990 zur Verantwortung für die Massenmorde bekannt, aber der bis 2010 hingezogenen, wirksam in Szene gesetzten Veröffentlichung einzelner Dokumente steht der willkürlich anmutende Wechsel von Öffnung und Schließung der staatlichen Archive gegenüber.

Darüber hinaus haben es die russischen Staatsanwaltschaften und Gerichte bis heute verstanden, die Täter mehr zu schützen, als sie zu verfolgen. Nie hat es eine Anklage gegeben. Der »Fall Katyn«, über die Jahrzehnte betrachtet, zeigt, wie stark die Stalin-Zeit im gegenwärtigen Russland nachwirkt. Doch nicht nur das.

Im Wald von Katyn verscharrt liegt auch Winzenty Wolk. Als er von den Schergen des Geheimdienstes NKWD ermordet wurde, war der Dozent an der Artillerieschule in Zambrow 31 Jahre alt. In seiner letzten Karte an seine Familie, am 6. März 1940 mit drei blauen Zehn-Kopeken-Marken frankiert, bat er seine Frau, sie möge mit der Taufe ihrer gerade geborenen Tochter Witomila warten, bis er wieder daheim sei. Dieses kleine Mädchen von damals feierte 2010 den 70. Geburtstag. Ihre hochbetagte Mutter Ojcumila Wolk-Jezierska, Jahrgang 1917, hat nie wieder geheiratet.

Gemeinsam mit anderen Angehörigen von Opfern der Morde von 1940 klagt Witomila Wolk-Jezierska in Straßburg vor dem Europäischen Gerichtshof für Menschenrechte. Vertreten wird sie in dem seit 2009 laufenden Verfahren durch den international renommierten Professor für Europäisches Recht an der Universität Krakau und Mitglied der polnischen Akademie der Wissenschaften Professor Ireneusz Kaminski.

Die Beteiligten hoffen, dass noch 2011 ein Urteil vorliegen wird. Der Ausgang des Prozesses wird das Verhältnis der Polen zu Europa und das Vertrauen in die Kraft der Rechtsstaatlichkeit beeinflussen. Doch nicht nur das.

Ausgerechnet auf dem Weg zu einer Gedenkfeier anlässlich des 70. Jahrestages der Massenmorde stürzte im April 2010 die polnische Präsidentenmaschine mit fast 100 Persönlichkeiten aus der Spitze von Staat und Gesellschaft ganz in der Nähe von Katyn beim Anflug auf den Smolensker Flughafen ab. So steht Katyn auch für ein zweites nationales Trauma Polens.

Der Flugzeugabsturz hat Polen innerlich aufgewühlt. Staatspräsident Lech Kaczynski galt als überaus nationalbewusster, stark polarisierender Politiker. In der Stunde seines Todes war Polen in Trauer vereint, so wie das Leidenssymbol Katyn Polen in aller Welt über Jahrzehnte zusammenhielt.

Doch die Frage der Einfügung des plötzlichen Todes eines Großteils der Staatsführung – wieder bei Katyn und wegen Katyn – ins Geschichtsbild des Martyriums Polens führte zu Streit. Der Keim für neue Mythen zu Lasten einer Versöhnung zwischen Polen und Russland ist gelegt. So schwärt die Wunde Katyn weiter, statt zu vernarben.

Das vorliegende Buch versteht sich nicht als weiterer Beitrag zur historischen Detailforschung. Es soll ein Gesamtbild zum Thema Katyn über sieben Jahrzehnte hinweg zeichnen. Es erzählt nicht nur von den Massenmorden an der polnischen Elite, sondern auch von Geschichtsfälschungen, Erpressung, Justizverbrechen und mysteriösen Todesfällen. Es zeigt, dass Geschichte sich oft liest wie ein Kriminalroman.

Es ist keine angenehme, erbauliche Lektüre. Zu erschreckend ist die Vermengung von Politik und Verbrechen im Fall Katyn, zu unglaublich sind die Brutalität und der Zynismus totalitärer Machtmenschen, zu empörend ist es zu sehen, wie oft

9

diese ungestraft davonkommen, zu bitter ist es zu erleben, wie schnell Recht und Gerechtigkeit unterliegen.

Aber das Buch erzählt auch von der berechtigten Zuversicht, dass sich zumindest die Wahrheit am Ende doch durchsetzt, wenn der Wille dazu und ein langer Atem vorhanden sind.

Von der Gefangenschaft in den Tod

15. April 1940, 20 Kilometer westlich von Smolensk an der Straße nach Witebsk. Erste milde Frühlingssonnenstrahlen blinzeln durch die Wolkendecke, Kiefern wiegen sich im Wind. Malerisch ist die Hügellandschaft am Steilufer des Dnjepr. Neben der kleinen Siedlung Sofiewka liegt auch der Forst von Katyn.
Traumhaft schön und himmlisch ruhig könnte es hier sein. War es auch einmal, vor langer Zeit, als der Wald der polnischen Familie Kozlinski und seit 1896 der Familie Lednicki gehörte. Auf sie geht auch das große, zweistöckige Wohnhaus am Ufer der »Ziegenhöhe« zurück, das die Einheimischen achtungsvoll das Dnjepr-Schlösschen nennen. Doch dann kam 1917 die Revolution. 1919 wird in Smolensk die Weißrussische Sowjetrepublik gegründet, der Forst von Katyn enteignet. Die Tscheka, die Geheimpolizei der Kommunisten, nutzt ihn für Hinrichtungen, besser gesagt für politische Morde. 1929 beschlagnahmt eine Kommission der GPU, wie die Geheimpolizei seit 1922 heißt[1], das Gelände. Zwei Jahre später wird der Wald mit Stacheldraht umzäunt, werden Schilder aufgestellt: »Sonderbezirk der GPU – Zutritt für Unbefugte verboten.«
Besonders in den Sommermonaten geht es lebhafter zu. Dann nutzen NKWD-Agenten und NKWD-Offiziere aus Smolensk und Minsk das Haus als Erholungsheim. Ihnen stehen ein Koch, ein Hausmädchen und ein Fahrer stets zu Diensten. Derweil hat die Geheimpolizei wieder einen anderen Namen bekommen: NKWD (Народный комиссариат внутренних дел, russisch Narodny kommissariat wnutrennich oder deutsch Volkskommissariat für Innere Angelegenheiten).

Manchmal sind Schüsse zu hören, die vom Dnjepr-Schlösschen herkommen. Aber die Einheimischen kann das nicht davon abhalten, unter dem Zaun hindurchzukriechen, um im Wald je nach Jahreszeit Pilze, Beeren oder Brennholz zu suchen, so wie sie es immer schon getan haben.

Nicht jedoch in diesem April 1940. Der Wald ist schärfer bewacht als üblich. Wo sonst ab und zu ein Wachmann mit Hund Streife geht, ist es jetzt unmöglich, ungesehen durch den Zaun zu schlüpfen.[2] Was die Einheimischen nicht wissen, nicht einmal ahnen: Im Dnjepr-Schlösschen wartet ein Sonderkommando des NKWD, um auf gemeinsamen Befehl Stalins und des gesamten Politbüros etwa 3500 polnische Offiziere und Reserve-Offiziere zu ermorden.

Eines Tages fahren »Schwarze Raben« (Tschornij woron) vor. So werden die berüchtigten schwarz gestrichenen Kastenwagen des NKWD genannt. Aus ihnen heraus stolpern Männer in polnischen Uniformen sowie eine Frau. Sie haben die Hände auf dem Rücken zusammengebunden. NKWD-Schergen schnitten dazu Hanfstricke auf gleiche Länge zurecht. Sie benutzen einen besonderen Knoten, bei dem die Hände nicht über Kreuz, sondern mit der Außenfläche der Hände aneinander auf dem Rücken gehalten werden. Das macht jede Bewegung schmerzhafter.

Vielen der Gepeinigten wird der Mantel über den Kopf gezogen und mit einem Hanfstrick um den Hals gebunden. Manchen wird der Strick den Rücken hinunter um den Knoten an den Händen geführt, die Arme hochgezogen und der Hanf mit dem Kranz um den Hals verschnürt. Die so Gefesselten laufen bei jeder Armbewegung Gefahr, sich selbst zu erdrosseln.

Die ersten Offiziere treten an den Rand der ausgehobenen Grube. Sie spüren den Lauf der Pistole im Nacken. Schräg angesetzt fällt der Schuss. Die Kugel tritt in Stirnhöhe wieder aus. In der Regel reicht ein Schuss pro Gefangener, die NKWD-Henker haben geübte Hände. Ein NKWD-Mann schreitet die Reihe ab, ein weiterer versieht die achtschüssige Selbstladepistole mit neuer

Munition beziehungsweise tauscht die Waffe aus, sobald sie heiß geschossen ist. Zwei weitere Schergen halten die Gefangenen fest.

Das NKWD verwendet in Katyn deutsche Walther-Pistolen aus Zella-Mehlis. Die sonst üblichen Tokarew oder Negant-Revolver versagen zu oft bei Dauerbelastung. Das Kaliber 7,65 D und in einigen Fällen Kaliber 6,35 entspricht dem Kaliber der Tokarew. Die Munition stammt von der Waffenfabrik Gustav Genschow und Co. (GECO) in Durlach bei Karlsruhe, die seit den 1930er-Jahren in die Dynamit Nobel AG als Tochterfirma integriert ist. Nach Abschluss des Rapallo-Vertrages von 1922 lieferte die Firma Genschow 1929 solche Munition an die Sowjetunion. Bis zu 50 000 Schuss waren vor Kriegsausbruch zudem an die baltischen Länder verkauft worden, bis diese von den Sowjets besetzt wurden. Polen erwarb bis zu den letzten Jahren vor dem Krieg ebenfalls große Mengen dieser Munition. Die landete dort nicht nur in der Armee, sondern überflutete auch den Privatmarkt.[3]

An diesem letzten April-Tag folgt ein Schuss dem anderen. Die ersten Gefangenen müssen am Grubenrand in die Knie gehen. In der Regel fallen sie vornüber in die Grube. Die Nachfolgenden werden gezwungen, sich auf die Leichen ihrer Kameraden zu legen. Manche werden, auch ohne zuvor erschossen worden zu sein, hinabgestoßen. Die Geräusche gehen ineinander über. Schüsse, Schreie, Stoßgebete, Weinen. Der 69-jährige Bauer Parfeon Kisseljew, der in der Nähe der »Ziegenhöhe« wohnt, hört das Grauen bis in seine Kate.[4]

Wer anfängt zu schreien, dem stopfen die NKWD-Henker eine Handvoll Sägemehl in den Mund, den sie mit Filzstreifen, an denen rechts und links Schnüre befestigt sind, zubinden. Wer sich wehrt, dem werden mit dem Pistolenkolben Zähne ausgeschlagen oder andere Kopfverletzungen zugefügt. Barbarische Prozeduren, die auch Leutnant Stefan Mejster über sich ergehen lassen muss. Der 53-Jährige wird mit Stichen des vierkantigen sowjetischen Bajonetts an Armen, Schenkeln und Gesäß zu Tode gequält.[5] Jeweils nach einigen Schichten werfen die NKWD-Schergen abgelöschten Brannt- und Chlorkalk auf die Leichen, um Blut- und Fäulnisgeruch zu überdecken. So liegen sie am Ende alle aufgeschichtet da, mit dem Kopf nach unten, in der genauen Folge ihres Abtransportes aus dem Kriegsgefangenenlager Koselsk. Am Ende sind acht Massengräber, je zwei bis dreieinhalb Meter tief, mit Leichen in neun bis zwölf Schichten gefüllt. 4421 Ermordete, fast alles Offiziere, unter ihnen die Generäle Mieczyslaw Smorawinski und Bronislaw Bohatyrewicz sowie ein Militärgeistlicher; auch 22 Zivilisten sind unter den Toten.[6] Verscharrt in Katyn liegt auch Winzenty Wolk, ein knapp 31 Jahre alter Dozent an der Artillerieschule für Reservisten in Zambrow.[7] Und eine Pilotin ist dabei: Die 30-jährige Janina Lewandowska, Leutnant der polnischen Luftwaffe.

Als alles vorüber, der letzte Schuss gefallen ist, fahren die Schergen mit einer Planierraupe heran, glätten die Oberfläche und lassen die Fläche mit kleinen Koniferen bepflanzen.

Einmarsch von beiden Seiten

Am 23. August 1939 schließen Adolf Hitler für das »Dritte Reich« und Josef Stalin für die Sowjetunion zur Verblüffung der restlichen Welt einen Nichtangriffspakt. In einem geheimen Zusatzprotokoll teilen die ideologischen Todfeinde Ostmitteleuropa untereinander auf: »Für den Fall einer territorialen und politischen Umgestaltung der zum polnischen Staat gehörigen Gebiete werden die Interessensphären Deutschlands und der UdSSR annähernd durch die Linie Narew-Weichsel-San begrenzt sein.«[8]

1. September 1939, 5:45 Uhr: Die deutsche Wehrmacht Hitlers marschiert in Polen ein. Am 16. September ist Warschau eingeschlossen.

17. September, 3:00 Uhr: Die Rote Armee Stalins dringt von

Reichsaußenminister von Ribbentrop unterzeichnet den deutsch-sowjetischen Nichtangriffspakt. Hinten links Außenkommissar Molotow, neben ihm Stalin

© Bundesarchiv (Bild 183-1990-1028-500)

Osten her nach Polen ein. Beide Armeen stoßen bis zu jener geheim vereinbarten Linie vor. Die polnische Armee, im Westen schon geschlagen, wird von dem sowjetischen Einfall vollkommen überrascht. Ihr Oberbefehlshaber, Marschall Edward Rydz-Smigly, gibt bekannt, die Sowjetunion werde nicht als kriegführende Partei angesehen und deshalb sei den sowjetischen Truppen kein Widerstand zu leisten. Mit deren Befehlshabern sei über einen freien Abzug nach Rumänien oder Ungarn zu verhandeln.

Auch der schon erwähnte Oberleutnant Winzenty Wolk glaubt das. Ein tödlicher Irrtum. Seine Artillerieschule für Reservisten in Zambrow war am 6. September 1939 geräumt und nach Wlodzimierz Wolynski nördlich von Lemberg verlegt worden. Als die Rote Armee dort einrückte, hielten die Polen sie für Verbündete.

Die polnischen Streitkräfte im Osten kämpfen nicht oder nur unkoordiniert. Allein einige Abteilungen des polnischen Grenzverteidigungskorps (KOP) und kleinere Verbände des Heeres führen hoffnungslose Abwehrkämpfe. Wo Widerstand geleistet wird, werden aus sowjetischen Flugzeugen abwechselnd Bomben und Flugblätter abgeworfen: »Soldaten! Glaubt Euren Offizieren nicht. Die Offiziere und Generäle sind Eure Feinde (…). Soldaten! Vernichtet Eure Offiziere und Generäle (…)! Lauft mutig zu uns, Euren Brüdern, zur Roten Armee über! Die Armee der Sowjetunion ist Euer einziger Freund!« Unterzeichnet sind die Flugblätter von Marschall Semjon Timoschenko, dem Befehlshaber der sich über den südöstlichen Teil Polens erstreckenden sogenannten ukrainischen Front.

Die Offiziere und Soldaten des polnischen Grenzverteidigungskorps, die den Sowjets als Erste in die Hände fallen, werden unverzüglich nach Russland deportiert, sofern sie nicht auf der Stelle umgebracht werden. Viele polnische Soldaten gehen in dieser ungeordneten Lage einfach nach Hause, andere fliehen über die Grenzen nördlich nach Litauen oder südlich nach Rumänien und Ungarn. Der prominenteste Flüchtling in Richtung Rumänien ist Oberbefehlshaber Edward Rydz-Smigly.

In einer besonderen Lage befindet sich Lemberg (russisch Lwow, ukrainisch Lwiw). Die Stadt ist sowohl von Deutschen als auch von Sowjets umschlossen. Es kommt zu einer Unterredung zwischen General Wladyslaw Langner, Befehlshaber der dortigen Garnison, und General Nikolai Iwanow als Gesandter von Marschall Timoschenko. Iwanow schlägt einen ganz neuen Ton an: »Alle Offiziere und andere Dienstgrade werden nach Übergabe ihrer Waffen frei sein und können je nach Wunsch in ihre Heimat zurückkehren, beziehungsweise die ungarische oder rumänische Grenze überschreiten. Woraufhin jeder für sich versuchen kann, zu der in Frankreich neu gebildeten polnischen Armee zu stoßen. Darüber hinaus werden jene, die die Rückkehr in die Heimat wählen, von den Sowjet-Behörden

Schutz und jede mögliche Unterstützung beim Transport und der Verpflegung auf ihrer Reise erhalten.«[9]

General Langner glaubt General Iwanow. Alle Offiziere Langners geben ihre Waffen im Hauptquartier ab. Als sie sich zum Abmarsch in Richtung rumänische Grenze sammeln, sehen sie sich jedoch plötzlich von sowjetischen Soldaten mit aufgepflanzten Bajonetten umgeben. Langner will von Iwanow wissen, warum die Vereinbarung gebrochen werde. Der antwortet: »Oh, seien Sie unbesorgt. Wir müssen Ihre Offiziere beschützen und ihre Sicherheit garantieren. Sie werden alle nach Tarnipol[10] geleitet und von dort, wie wir ausgemacht haben, je nach Wunsch – entweder heim oder ins Ausland.«

Tatsächlich aber werden die Gefangenen in Viehwaggons nach Russland transportiert, unterwegs mit Kolben geschlagen und mit Bajonetten gestochen. Nur wenige entkommen. Unter ihnen ist General Langner, der die rettende rumänische Grenze erreicht. Doch bleibt der Name Langner Stalin im Gedächtnis, wie noch zu sehen sein wird.

Wie in Lemberg setzen die Sowjets auch anderswo alles daran, der polnischen Offiziere und Reserve-Offiziere habhaft zu werden. Schließlich stammen sie in der Regel aus gehobenem bürgerlichen Milieu, haben Universitäten durchlaufen, beherrschen Fremdsprachen, verfügen über internationale Verbindungen und bilden mit die Führungsschicht der Nation. Sie denken polnisch-national und sind in ihrer großen Mehrheit vom Wunsch durchdrungen, möglichst bald an der Seite der Garantiemacht Großbritannien oder von Frankreich aus gegen Deutschland zu kämpfen.

In den folgenden Wochen tauschen viele Reserve-Offiziere ihre Uniform wieder mit der Zivilkleidung. Die Sowjets übersäen alle Städte mit Anschlägen. Aktive Offiziere wie Reserve-Offiziere werden aufgefordert, sich zu melden. Ihnen wird gleichberechtigte Behandlung als Offiziere der Roten Armee zugesichert. Viele melden sich freiwillig, andere werden aus ihren

Wohnungen heraus verhaftet. Sie alle werden deportiert. In Wilna wird Ende September ein bis dahin unbedeutender Oberst namens Zygmunt Berling von den Sowjets abgeführt. Auch sein Name wird im Zusammenhang mit der Geschichte um Katyn noch von Bedeutung sein.

Das Ergebnis des deutschen und sowjetischen Angriffs: Ein unabhängiges Polen existiert nicht mehr. Hitler verleibt seinem Reich 188 737 Quadratkilometer ein. Stalin annektiert am 2. November 1939 rund 200 036 Quadratkilometer. Die sowjetische Beute entspricht in etwa jener Fläche, die die Sowjetunion 1921 im Vertrag von Riga an Polen abtreten musste. Marschall Jozef Pilsudski hatte diese Gebiete in einem Krieg gegen die Sowjetunion, die die Revolution nach Westen tragen wollte, erobert und auf diese Weise das polnische Staatsgebiet über die Versailles-Grenzen hinaus weit ausgedehnt. Die Rote Armee drängte die Polen bis wenige Kilometer vor Warschau zurück, doch dann wendete sich das Blatt. Unter den flüchtenden Rotarmisten befand sich auch Stalin. Die zirka 13,4 Millionen Menschen in diesem »Ostpolen« sind 1939 lediglich zu etwa einem Drittel Polen und einem weiteren Drittel Ukrainer, der Rest setzt sich aus Weißrussen, Russen, Litauern und anderen Nationalitäten und Juden zusammen. Am 29. November 1939 werden alle Einwohner, die bisher polnische Staatsbürger waren, zu Sowjetbürgern erklärt.

In den Augen der Sowjets sind die polnischen Offiziere hinderlich bei dem Vorhaben, vor allem das annektierte Ostpolen zu sowjetisieren. Polnische Offiziere gehörten schon während der russischen Revolution von 1917/18 als Angehörige der früheren zaristischen Armee zu den ersten Opfern des »Volkszornes« der Bolschewiken. Und viele der jetzt polnischen Kriegsgefangenen hatten bereits zum alten Bestand der kaiserlich-russischen Armee gezählt, weswegen die Gefahr groß erscheint, ebenjene Offiziere und Reserve-Offiziere könnten den Kern einer Widerstandsbewegung bilden.

Insgesamt gehen rund 240 000 polnische Soldaten in sowjetische Gefangenschaft. Noch im September 1939 werden 138 Lager in den besetzten polnischen Gebieten und in den westlichen Teilen der Sowjetunion eingerichtet. Diese können jedoch nicht alle Häftlinge aufnehmen; die Versorgungsengpässe und sanitären Probleme sind enorm. Tausende von Gefangenen werden in vollgepferchten Zügen bei eisiger Kälte kreuz und quer durch die Sowjetunion gefahren. Zum Leiter aller Lager wird der NKWD-Oberstleutnant und Kommissar für Inneres der ukrainischen Sowjetrepublik Iwan Serow ernannt. Er wird noch eine wichtige Rolle im Zusammenhang mit der Ermordung der polnischen Offiziere übernehmen.[11]

Darüber hinaus werden in den folgenden Monaten mehr als eine Million Polen als Häftlinge oder Zwangsarbeiter verschleppt.[12] Von den vier Deportationswellen im Februar, April und Juni 1940 sowie im Juni 1941 sind vor allem Akademiker, Beamte, Kaufleute, Bauern sowie jene Polen betroffen, die zu Tausenden vor den Deutschen nach Ostpolen geflohen waren. Zu den ins Altai-Gebirge zur Zwangsarbeit Verschleppten gehört auch ein Gutsherr und Rittmeister der Reserve namens Michael Jaruzelski. Er ist der Vater von General Wojciech Jaruzelski, der später als Staatschef im Polen unter Kriegsrecht mit der Katyn-Frage konfrontiert sein wird.

Die drei NKWD-Lager

So unübersichtlich und unorganisiert die Lage insgesamt erscheint, so sehr und genau interessiert sich Lawrentij Pawlowitsch Berija, der erst 40 Jahre alte Chef des NKWD, für die polnischen Offiziere und Reserve-Offiziere. Er stammt wie Josef Stalin aus Georgien. Nach der Revolution von 1917 schuf er sich schon im jungen Alter bei der gnadenlosen Unterdrückung Georgiens einen gefürchteten Ruf.

Am 3. Oktober 1939 befiehlt Berija, Offiziere, Intellektuelle und Fachkräfte in Zivilberufen in folgenden Lagern zu konzentrieren: Ostaschkow nahe der oberen Wolga bei Kalinin, Starobelsk (auch Starobielsk) etwa 200 Kilometer südöstlich von Charkow in der Ukraine sowie Koselsk (auch Kozielsk) rund 250 Kilometer südöstlich von Smolensk. Bald befinden sich mehr als 15 000 Offiziere, Reserve-Offiziere und Militärgeistliche in den drei Lagern, die sich von anderen Gefangenenlagern in einem wesentlichen Punkt unterscheiden: Sie unterstehen nicht der Roten Armee, sondern dem NKWD. Damit gelten die Insassen auch nicht als Kriegsgefangene, sondern von vornherein als Häftlinge des NKWD.

Das Ganze folgt einer teuflischen Logik: Da die Sowjetunion Polen nie den Krieg erklärte, sondern aus ihrer ideologischen Sicht heraus geschichtlich zwingend vom Kapitalismus zur höheren Stufe des Sozialismus führt und somit sogar »befreit«, kann es auch keine Kriegsgefangenen geben. Doch selbst wenn die Inhaftierten als Kriegsgefangene anerkannt würden, änderte dies nicht viel: Die Genfer Konvention von 1929, die den Status und die Rechte von Kriegsgefangenen festlegt, hat die Sowjetunion nicht unterzeichnet. Und in der sowjetischen Logik gilt: Wer sich gegen die ideologisch »legitime« und nach dem Lenin-Stalinschen Terrorrecht »legale« neue Ordnung stellt, ist ein politisch motivierter Krimineller. Ein Soldat ist somit ein bewaffneter Bandit und mehrere Soldaten sind bewaffnete Banden.

Das Lager Koselsk ist auf dem Gelände des früheren orthodoxen Optina-Pustyn-Klosters eingerichtet. Schon kurz nach dem Einmarsch der Sowjetunion wurde es mit polnischen Gefangenen belegt. Es bietet ein buntes Bild an Herkunft und Schicksalen. Am 1. Dezember 1939 werden dort 4727 Internierte gezählt: ein Admiral, vier Generäle, 17 Kapitäne zur See, 24 Oberste, 79 Oberstleutnants, mehr als 4400 andere Offiziere, darunter fast 400 Sanitätsoffiziere, sieben Militärgeistliche,

20

drei Großgrundbesitzer, ein Prinz, 43 Regierungsbeamte, mehr als 100 weitere Personen.[13]

In Koselsk sind auch mehrere Offiziere inhaftiert, die bereits aus dem Ersten Weltkrieg schwerversehrt heimkamen. Hauptmann Dlugosz vom Sanitätsdienst verlor ein Bein, zwei Oberste jeweils einen Arm und Hauptmann Horoszkiewicz hat einen verkrüppelten Arm. Außerdem werden dort drei Frauen festgehalten. Zwei von ihnen werden bald abgeführt und verschwinden für immer. Die Dritte ist die bereits erwähnte 30-jährige Janina Lewandowska, Fliegerleutnant, Tochter des aus der Zeit des Ersten Weltkrieges viel genannten Generals von Dowbor-Musnicki, verheiratet mit Oberst Lewandowski. Sie wurde im September 1939 abgeschossen und geriet in Gefangenschaft.[14]

Im Lager Starobelsk befinden sich Anfang Dezember 3920 Gefangene, von denen 3400 Offiziere sind, darunter acht Generäle. Einer der Generäle ist Franciszek Sikorski, Bruder des Premierministers der Exilregierung, Wladyslaw Sikorski.[15] Auch Dr. Viktor Kalicinski ist dort. Er diente Marschall Josef Pilsudski, nach 1919 zunächst Staatschef der polnischen Republik, nach 1926 Minister und der starke »zweite Mann«, mehrere Jahre lang als Hausarzt und balsamierte nach dessen Tod 1935 den Leichnam ein. Im Januar 1940 wird Kalicinski ins Lager Koselsk verlegt.

Das dritte Lager, Ostaschkow im Norden Russlands, ist im ehemaligen Kloster Nila untergebracht. Es liegt auf der Insel Stolobny im Seliger-See und ist durch eine Brücke mit dem Land verbunden. Hier finden sich Anfang Dezember 1939 rund 6500 Internierte, hauptsächlich Angehörige der Polizei, der Militärpolizei, des Grenzverteidigungskorps sowie Zivilisten, darunter mehrere 100 Geistliche, Rechtsanwälte, Staatsanwälte und »Klassenfeinde« wie Gutsbesitzer.

In den drei Lagern werden die Gefangenen argwöhnisch vom NKWD bewacht. Die Verpflegung ist knapp. Offiziere werden gelegentlich zum Latrinenreinigen herangezogen. Zeigt jemand besondere Führungsqualitäten, wird er in Einzelhaft genommen. Selbst der allabendliche Gottesdienst wird verboten. In Koselsk werden unmittelbar vor Weihnachten fast alle Geistlichen von den übrigen Gefangenen getrennt und verschleppt; ähnlich ist es in Starobelsk und in Ostaschkow.[16]

Ein Vertreter der staatlichen Vermögensverwaltung erscheint und kauft den Häftlingen Wertgegenstände ab. Für Armbanduhren gibt es weit mehr als für Taschenuhren. Ein Füllfederhalter bringt beachtliche 20 Rubel ein. Der Verkauf von Wertsachen ist eine der wenigen Möglichkeiten, das Leben durch Einkäufe in den Lagergeschäften zu verbessern.[17] Der einzige Lichtblick in dieser Zeit ist für die Gefangenen die Erlaubnis, mit Angehörigen und Bekannten zu korrespondieren. Doch hin und wieder wird Post beschlagnahmt – die Häftlinge dürfen nicht zugeben, dass sie sich in Gefangenenlagern befinden. Die Briefe in Koselsk tragen den Stempel: »Gorki-Erholungsheim«. Politische Diskussionen sind streng verboten, dagegen werden die Gefangenen mit kommunistischer Propaganda überhäuft. Auf dem Lagergelände werden Anschlagtafeln errichtet, die die sowjetische Verfassung und ihre »Freiheiten« verkünden. Aus Lautsprechern tönt in jede Ritze der Baracken weitere Propaganda, »aufgelockert« durch Musik von Chopin. In Starobelsk und Koselsk gibt es Kinos, in denen Filme aus sowjetischer Produktion mit Propagandaeinblendungen gezeigt werden. Wegen mangelnden Besuchs werden sie jedoch bald wieder geschlossen.

Leutnant Mlynarski aus dem Lager Starobelsk hält später fest: »Propaganda allgemeinen Charakters wurde durch den Rundfunk, die Moskauer Tagespresse (*Prawda* und *Iswestija*), einige weniger bedeutende Zeitungen aus Charkow und durch Filme ins Lager gebracht. Außer den russischen Zeitungen bekamen wir die *Glos Radziecki* (Stimme der Union), ein irgendwo in Charkow oder Kiew gedrucktes Blatt in mangelhaftem Polnisch. Dieser Fetzen brachte unser Blut zum Kochen, aber nachdem wir ihn einmal gelesen hatten, fanden wir ihn sehr nützlich (…).«[18]

Immer wieder, oft Nacht für Nacht, werden die Gefangenen verhört, nach ihren Einstellungen und ihrem Leben befragt. Ständig werden dieselben Fragen gestellt. Die Reaktionen werden beobachtet und ausgewertet. Mal schreit der NKWD-Verhörer, mal gibt er sich jovial. Es geht um Psychologie, um die Entwicklung der Technik der Gehirnwäsche. In Ostaschkow taucht einmal ein Dutzend Schüler aus NKWD-Ausbildungsheimen auf, um Verhörpraktiken beobachten zu können.[19]

Der Maler und Hauptmann Jozef Graf Czapski berichtet Jahre später über Starobelsk: »Einmal wurde ich von drei Offizieren verhört – einem stämmigen, nach Parfüm duftenden NKWD-Mann und zwei höchst primitiven Heeresoffizieren. Als sie hörten, dass ich acht Jahre lang in Paris als Künstler gearbeitet hatte, wurden sie äußerst misstrauisch. ›Welche Instruktionen erteilte dir dein Außenminister vor deiner Abreise nach Paris?‹, fragte der NKWD-Mann. Ich entgegnete, der Minister habe nichts von meinen Absichten gewusst. ›Nun gut‹, fuhr er fort, ›was hat dir dann sein Stellvertreter gesagt?‹ – ›Er wusste ebenfalls nichts davon‹, antwortete ich. ›Denn ich ging als Maler nach Paris und nicht als Spion.‹ – ›Du glaubst wohl‹, bohrte er hartnäckig weiter, ›wir begreifen nicht, dass du als Maler recht wohl einen Plan von Paris anfertigen und einem Minister nach Warschau schicken konntest?‹ (…) Es war absolut unmöglich, ihn davon zu überzeugen, dass man in Paris an jeder Straßenecke für 50 Centimes einen Stadtplan kaufen kann und dass die polnischen Künstler, die nach Paris gehen, nicht als Spione kommen, um geheime Pläne zu zeichnen. Keiner von den dreien konnte glauben, dass irgendwer ins Ausland reisen durfte, es sei denn mit einem Spionageauftrag.«[20] Czapski wird von Starobelsk in das Sonderlager Griasowietz verlegt und somit zu den wenigen Überlebenden der Massaker gehören.

Eine besondere und sonderbare Persönlichkeit im Lager Koselsk ist der NKWD-Major Wassili Michailowitsch Zarubin.[21] Er ist die dominierende Kraft, obwohl er nicht Lagerkommandant ist. Seine Stellung sowie Aufgabe sind für die Gefangenen nicht klar erkennbar. Im Gegensatz zum sonstigen Lagerpersonal ist er weltläufig und gebildet, spricht deutsch, französisch und etwas englisch. Zarubin bringt auch Bücher ins Lager. Die Titel dürfen die Häftlinge selbst wählen. Besonders begehrt ist Winston Churchills »The World Crisis« von 1931. Scheinbar zufällig und willkürlich lädt Zarubin den einen oder anderen Gefangenen zu einem Plauderstündchen ein, zu dem gewöhnlich noch ein weiterer NKWD-Offizier erscheint. Es gibt Tee, Zigaretten, manchmal sogar Orangen – ein kaum zu fassender Luxus. Bei diesem Komfort taut mancher Häftling auf, es kommt zu politischen und philosophischen Gesprächen. Stets zeigt sich Zarubin als guter Zuhörer. In der sonst so deprimierenden Umgebung wirkt er wie der lebende Beweis für die Einheit von kultiviertem Mensch, Offizier und Kommunist.

Wer ist dieser Zarubin, dem vor allem die älteren Polen gefühlsmäßig misstrauen? Geboren wird er 1894 in Moskau. Im Ersten Weltkrieg wird er wegen Anti-Kriegs-Agitation einem Strafbataillon der Kaiserlichen Armee zugeteilt und 1917 verwundet. Während der Revolution und im Bürgerkrieg kämpft er in der Roten Armee, ist seit 1920 bei der Geheimpolizei Tscheka, dann GPU. In Wladiwostok bekämpft er Drogen- und Waffenhandel von Europa nach China. 1925 wechselt er zur Auslandsaufklärung, er wird in China, Finnland, Dänemark und Deutschland als Geheimagent eingesetzt, teils unter falscher Identität als tschechischer Staatsbürger namens Jaroslaw Kocek. Dort arbeitet er zusammen mit seiner Frau Elisabeth Rosenzweig, die sich als Mariana Kocek ausgibt. Als Hitler an die Macht kommt, wird er von Frankreich nach Deutschland versetzt, 1937 kehrt er in die Sowjetunion zurück.

Kurz nach seinem Auftrag im Lager Koselsk wird Zarubin beschuldigt, für die Gestapo zu arbeiten, kann das aber entkräften, ohne Schaden zu nehmen. 1941 wird er wieder nach China geschickt, wo er von einem hochrangigen deutschen Berater Chiang Kai-scheks Informationen erhält, dass Hitler plane, zur Jahresmitte 1941 die Sowjetunion anzugreifen. Im Herbst 1941 reist Zarubin mit seiner Frau als legaler Resident in die USA, wo er unter dem Namen Zubilin arbeitet. Im Oktober erhält er von Stalin persönlich den Auftrag, mehr über die Absichten der USA hinsichtlich ihrer Deutschland-Politik herauszufinden. 1944 wird er zurückgerufen: Er muss sich erneut Beschuldigungen stellen, für die Deutschen oder das amerikanische FBI zu arbeiten, und wieder überlebt er, wird sogar wegen herausragender Leistungen zum Kommissar für Staatssicherheit und im Juli 1945 zum Generalmajor ernannt. 1948 muss er wegen gesundheitlicher Probleme die Arbeit als stellvertretender Chef der Auslandsspionage aufgeben. Zarubin stirbt 1972.

Seinerzeit im Lager Koselsk führt Zarubin eine Art Auswahlverfahren, mit dem festgestellt werden soll, welche der Gefangenen für die Sowjetideologie zu gewinnen oder sonst irgendwie nützlich sein könnten. Das können Sprachkenntnisse, besonders bei Funkern, ebenso sein wie Auslandserfahrungen. Das Interesse des NKWD sieht es auch auf die Bereitschaft zu Kollaboration und Spitzeltätigkeit ab. Über jeden Gefangenen, auch in den anderen Lagern, ist eine Akte angelegt: mit Fingerabdrücken, Fotos, Verhörprotokollen, Berichten der Lagerbehörden, Aussagen von Mitgefangenen, Abschriften aus der Gefangenenpost oder zurückgehaltenen Originalen. Für die Lagerinsassen, die dergleichen nicht wissen können, ist General Zarubin jedenfalls ein Rätsel.

Schließlich geht General Henryk Minkiewicz zu ihm. »Machen Sie uns nicht nervös. Es laufen so viele Gerüchte um. Sagen Sie uns, was Sie mit uns vorhaben!« Zarubin: »Ich glaube nicht, dass es richtig wäre (…). Sie würden verrückt (…), wenn ich es Ihnen sagte. Ich versichere Ihnen, Herr General, es ist besser für Sie, wenn Sie nicht wissen, was wir mit Ihnen vorhaben.«²²

Der Mordbefehl

Am 5. März 1940 ist es so weit. Das Politbüro, oberstes Gremium der Partei, tagt. Es besteht nur aus einer Handvoll Leuten, Josef Stalin, Lawrentij Berija, Wjatscheslaw Molotow, Kliment Woroschilow, Anastas Mikojan, Michail Kalinin und Lasar Kaganowitsch, die aber als höchste Gewalt in Partei und Staat unvorstellbare Macht über Leben und Tod besitzen. Sie alle kennen sich gut als Revolutionäre der ersten Stunde.

Die Auswahlverfahren in den NKWD-Lagern waren offenbar nicht erfolgreich. Am 4. März 1940 kehrte Zarubin nach Moskau zurück. Die übergroße Mehrzahl der Gefangenen erwies sich als immun gegen die Werbungen. Berija ist sichtlich wütend und aufgebracht über diesen Befund, wie die Sprache des Memorandums, das er vorlegt, zeigt. Die Dienstmitteilung, die Berija vorbereitet hat, trägt die Nummer 794/B. Sie ist nicht besonders lang. Vor allem nicht, wenn man bedenkt, um was es da geht. Das Thema des Volkskommissars für Inneres sind polnische Gefangene und Inhaftierte im Machtbereich der UdSSR. Die Polen seien »allesamt eingefleischte, unverbesserliche Feinde der Sowjetmacht«, heißt es dort. Berija will bei dieser Gelegenheit, das zeigt die Dienstmitteilung deutlich, insgesamt reinen Tisch mit den Polen machen. Neben den Offizieren und Reserve-Offizieren sollen auch andere »Nationalisten und konterrevolutionäre Aktivisten« erschossen werden. Das betrifft Reservisten, Intellektuelle, Geistliche und Polizisten mit Blick auf Ostpolen und die besetzten Gebiete.

Angesichts deren »hoffnungslos verstockter und erklärtermaßen sowjetfeindlicher Haltung« schlägt er vor, gegen die »14 700 in Kriegsgefangenenlagern befindlichen ehemaligen

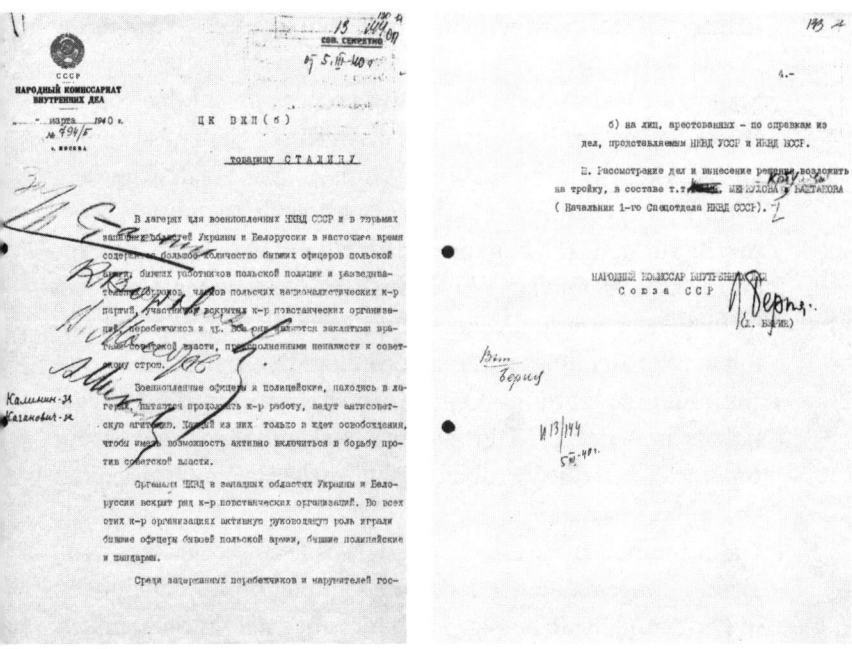

Berijas Memorandum vom 5. März 1940 mit dem Erschießungsvorschlag.
Darauf die Unterschriften bzw. Einverständnisvermerke der Mitglieder
des Politbüros

polnischen Offiziere, Beamte, Gutsbesitzer, Polizisten, Gendar-
me, Ostsiedler und Gefängnisaufseher« sowie gegen »11 000 in
Gefängnissen der ukrainischen und weißrussischen Westgebie-
te einsitzende Mitglieder verschiedener konterrevolutionärer
und Diversanten-Organisationen, ehemalige Gutsbesitzer,
Fabrikanten, ehemalige polnische Offiziere, Beamte und Fah-
nenflüchtige« eine Entscheidung zu treffen, und zwar:
»Anwendung der Höchststrafe gegen sie – Tod durch Erschießen.« Weiter heißt es: »Die Verfahren sind durchzuführen,
ohne die Gefangenen vorzuladen und ohne ihnen die Anklage
vorzulegen.« Wie im Einzelnen zu verfahren sei, solle der
NKWD-Troika Berija, Bogdan Kobulow, Kommissar der
Staatssicherheit im Generalsrang, und Leonid Baschtakow,

Major der Staatssicherheit, überlassen werden. Soweit die Beschlussvorlage Berijas.

Stalin macht nun etwas Merkwürdiges: Er streicht den Namen Berija und ersetzt ihn durch den des NKWD-Generals Wsewolod Merkulow, dem späteren Minister für Staatssicherheit. Ansonsten genehmigt er die Vorschläge durch seine Unterschrift auf dem Beschlussprotokoll Nr. 13/144. Der Vorsitzende des Rates der Volkskommissare Wjatscheslaw Molotow, sein Stellvertreter Anastas Mikojan und Verteidigungsminister Kliment Woroschilow zeichnen gegen. Hinzu kommen zwei Annotationen zum Einverständnis: »Kalinin – dafür«; »Kaganowitsch – dafür«. Die gesamte Sowjetführung hat damit unterzeichnet. Ein Mordbefehl über mehr als 25 000 Polen mit einem Federstrich.[23]

Die Schreibtischtäter spielen später, trotz mancher Berg- und Talfahrt wegen anhaltender Machtkämpfe, bedeutende Rollen in Partei und Staat, bewegen sich teils auf internationalem Parkett. Molotow, zur Zeit des Mordbefehls als Vorsitzender des Rats der Volkskommissare mächtigster Mann nach Stalin, unterschrieb als Volkskommissar des Äußeren 1939 den Hitler-Stalin-Pakt. Stalin gibt ihm den Spitznamen »Eisenarsch«. Molotow nimmt bis 1949 als Außenminister an allen wichtigen internationalen Konferenzen teil, die das Gesicht der Welt nach dem Zweiten Weltkrieg prägen. Stalins Nachfolger Nikita Chruschtschow schiebt ihn als Botschafter in die Mongolei ab. Molotow stirbt 1986 in Moskau. Er liegt in der Familiengrabstätte auf dem Nowodewitschi-Friedhof.[24]

Woroschilow stellt sich nach dem Tod Stalins 1953 mit Chruschtschow und anderen gegen Berija, was mit dessen Todesurteil und Erschießung endet. Woroschilow selbst wird Vorsitzender des Obersten Sowjets und somit formelles Staatsoberhaupt. Mit 89 Jahren stirbt er 1969 und wird an der Kremlmauer beigesetzt, an der ihn ein Denkmal ehrt. Die Militärakademie des Generalstabes der Sowjetunion wird nach Woroschilow benannt, die Stadt Luhansk in der Ukraine (russisch Lugansk) heißt von 1935 bis 1958 und von 1970 bis 1990 Woroschilowgrad, ebenso von 1935 bis 1960 die Stadt Ussurijsk im Fernen Osten. Auch einige Dörfer und Kolchosen tragen seinen Namen. In der DDR gibt es ein Ferienlager »Klim Woroschilow« bei Templin in Brandenburg, in Leipzig bis 1992 die Kliment-Jefremowitsch-Woroschilow-Oberschule, die sich dann in Immanuel-Kant-Gymnasium umbenennt.

Anastas Mikojan gehört bis 1966 dem Politbüro, später Präsidium genannt, an. Nach Stalins Tod bleibt er als Handelsminister Regierungsmitglied. 1954 besucht er die DDR als Gast des Präsidenten Wilhelm Pieck auf dem IV. Parteitag der SED. 1956 leitet Mikojan auf dem XX. Parteitag die Abrechnung mit Stalin ein, dessen Sarg er 1953 mittragen durfte. Er reist viel, auch in die USA, und führt Errungenschaften wie Selbstbedienungsläden und Speiseeis in der Sowjetunion ein. In der Ära des Parteichefs Leonid Breschnew wird Mikojan 1964 Vorsitzender des Präsidiums des Obersten Sowjets, also Staatsoberhaupt der Sowjetunion, tritt aber schon ein Jahr später aus gesundheitlichen Gründen zurück. Er lebt als Pensionär in einem Landhaus bei Moskau, das einem Adligen aus dem Kaukasus gehörte, unterhält eine Villa am Schwarzen Meer und hat weiterhin ein Büro im Kreml. 1978 stirbt er. Seine Urne wird nicht an der Kremlmauer beigesetzt, sondern auf dem Moskauer Nowodewitschi-Friedhof. Auf seiner Grabplatte steht ihm zu Ehren ein großes Büstendenkmal auf hohem Sockel.

Michail Kalinin ist seit 1926 Vorsitzender des Politbüros und bleibt es bis zu seinem Tod 1946. Er wird an der Kremlmauer beigesetzt. Ein großes Denkmal erinnert an ihn in St. Petersburg, wo er als Revolutionär tätig war. Seine Heimat Twer heißt von 1931 bis 1990 »Oblast Kalinin«, eine Stadtgründung bei Moskau zunächst »Kaliningrad«, seit 1995 Koroljow. Die alte deutsche Ordens- und Krönungsstadt sowie Heimat Immanuel Kants, Königsberg in Ostpreußen, trägt weiterhin seinen

Namen. Auf Rügen werden auch heute noch Schiffstouren und Seebestattungen mit dem Hochseekutter »M. J. Kalinin« angeboten.[25]

Lasar Kaganowitsch, der Verantwortliche für die Zwangskollektivierung mit Millionen von Hungertoten und für die Deportation ganzer Völkerschaften in den 1920er-Jahren, wurde 1930 mit nur 37 Jahren Mitglied des Politbüros, was er bis 1957 bleibt. Sein Beiname lautet »Eiserner Kommissar«. Stets auf der Suche nach Abweichlern, kämpft er sein Leben lang gegen »Sabotage« und deckt fortwährend »konterrevolutionäre Verschwörungen« auf. Aus Moskau will Kaganowitsch eine Idealstadt machen. Dazu beginnt er nicht nur den Bau der Moskauer Metro in eigenem Stil, sondern zerstört auch etliche historische Stadtbereiche und Kirchen. Seine Aufgabengebiete und Ämter, mal für die Schwerindustrie, mal für das Eisenbahnwesen, wechseln ständig und sind kaum zu überschauen. Von Chruschtschow wird er als Direktor des Ural-Asbest-Kombinats nach Kasachstan abgeschoben. Als er ständig den Stalinismus feiert und anfängt, die Region Swerdlowsk gegen Moskau aufzubringen, wird er pensioniert. Er stirbt in Moskau im Sommer 1991, nur Monate vor dem Ende der Sowjetunion.

Diese Männer haben den Tod der polnischen Offiziere und Reserve-Offiziere beschlossen. 15 000 Männer umzubringen, erfordert kaltblütige Berechnung und genaue Planung. Alles wird bis ins Kleinste in der Moskauer NKWD-Zentrale vorbereitet und durchorganisiert, nichts bleibt dem Zufall überlassen. Ergänzend zum Mordbefehl ordnet das NKWD zwei Tage später an, die Familien der Offiziere im Machtbereich der Sowjetunion nach Kasachstan zu deportieren. Als Familienmitglieder gelten Ehefrau und Kinder, dazu Eltern und Geschwister, sofern sie »im Familienverband leben«. Zugriffsgruppen von jeweils drei Mann werden gebildet, um die Familien allesamt an einem festgelegten Tag »im Morgengrauen« dem Deportationspunkt zuzuführen.[26]

Am 22. März 1940 verfasst Volkskommissar Berija den Befehl 00350 »Über die Entlastung von NKWD-Gefängnissen Weißrusslands und der Ukraine«. Die Koordination übernimmt der Leiter der NKWD-Abteilung für Kriegsinhaftierte, Major Pjotr Soprunenko. Wichtig ist auch der Chef der Hauptverwaltung Transportwesen des NKWD, Solomon Milstein. Die weitere Durchführung der Ermordung obliegt den regionalen NKWD-Stellen, also denen in Smolensk für das Lager Koselsk, in Charkow für das Lager Starobelsk und in Kalinin (Twer) für das Lager Ostaschkow.

Das NKWD-Schema sieht folgendermaßen aus: Zunächst müssen die Männer in Sicherheit gewiegt werden, damit sie nicht rebellieren. Dazu wird die Verlegung oder sogar Vorbereitung der Entlassung vorgegaukelt. Dann werden die Gefangenen in Gruppen abgeholt und zu den Hinrichtungsorten gebracht. Während der längeren und von Pausen unterbrochenen Fahrt erhalten sie kaum zu essen, um sie weiter zu schwächen. Besonders grobe Behandlung schüchtert sie zusätzlich ein.

In der ersten Aprilwoche 1940 streuen die Wachen in allen drei Lagern das Gerücht aus, die Gefangenen würden bald nach Polen einschließlich des von den Deutschen besetzten Teils entlassen. Hin und wieder lässt ein NKWD-Offizier eine Andeutung fallen, wie etwa: »Sie kommen Richtung Heimat.« Sofort hebt sich die Stimmung.

Dass die Polen den Deutschen überstellt werden sollen, klingt sogar plausibel. Hitler und Stalin sind Verbündete und schlossen am 28. September 1939 ein Grenz- und Freundschaftsabkommen. In den geheimen Klauseln war ein Gefangenenaustausch vorgesehen. Hitler sollte die Volksdeutschen unter sowjetischer Besatzung bekommen, dafür Stalin die Ukrainer und Weißrussen unter deutscher Okkupation. Ein erster Austausch kam tatsächlich zustande. Zwischen dem 24. Oktober und dem 23. November 1939 übergaben die Sowjets den Deutschen 42 492 Gefangene aus ihren Lagern und erhielten im Gegenzug 13 757 Polen. Aber dann beschlossen die Deutschen im Frühjahr 1940, 30 000 Ukrainer, die sich über die Ribbentrop-Molotow-Linie in das deutsche Besatzungsgebiet geschlagen hatten, in die Wehrmacht zu übernehmen. Die Sowjets protestierten und verlangten die Übergabe der Ukrainer. Als Gegenleistung boten sie die Auslieferung der polnischen Offiziere an. In einem Notenwechsel wurde dies zunächst auch beschlossen. Deutsche Stellen in Warschau teilten den Polen sogar schon das genaue Datum mit, wann die Offiziere zurückerwartet würden. Doch dann ließen die Deutschen die Sowjets plötzlich wissen, dass sie die Ukrainer nicht ausliefern würden. Somit blieben auch die polnischen Offiziere bei den Sowjets.

In den Lagern machen die NKWD-Wachen Anspielungen, die nicht recht zu deuten sind. So berichtet Oberst Grobicki später: »Wenn eine von diesen Gruppen marschbereit gemacht wurde, so war sie glücklich, Koselsk verlassen zu können; denn sie glaubten, dass sie in ein deutsches Lager kämen. Und jeder Einzelne zog die deutsche Gefangenschaft der sowjetischen vor. Einmal sah ich gerade zu, wie sich eine Gruppe marschbereit machte. Und vor mir standen zwei Offiziere der Politischen Polizei, ein Kommissar, Oberst Urbanowitz, und ein Moskauer Jude namens Sirotky. Ich hörte, wie in ihrer Unterhaltung Sirotky zu Urbanowitz sagte: ›Oh, ja. Sie lachen; jetzt lachen sie. Sie sind glücklich. Aber wenn sie wüssten, wohin sie gehen, dann würden sie wohl nicht lachen.‹ Wir grübelten über diese Bemerkung nach. Aber wir bekamen nicht heraus, was damit gemeint sein konnte. Wir dachten, die Bolschewisten wären der Ansicht, dass es uns in deutschen Lagern schlechter gehen würde.«[27]

Die Lagerbehörden in Koselsk beginnen, in unregelmäßigen Abständen Gruppen unterschiedlicher Größe zusammenzustellen. Oft werden kurz zuvor telefonisch Listen mit Namen durchgegeben. Offenbar gehen die Listen auf Vorarbeiten von

Major Zarubin zurück. Nur ein Gefangenentrupp bleibt in Koselsk zurück. Er ist für das Sonderlager Griasowietz vorgesehen. Dort werden jene Gefangenen zusammengeführt, von denen die NKWD-Verhörer meinen, dass sie ihnen in der Zukunft nützlich sein könnten. Ein Gefangener des Lagers Koselsk erinnert sich später: »Während wir auf die Durchsuchung warteten, sahen wir Lagerkommissar Dymidowicz auf uns zukommen. Über uns hinwegblickend sagte er: ›No, znaczit wy harascho popali‹, das heißt: ›Ihr könnt euch glücklich schätzen.‹ Wir hatten keine Ahnung, was diese Worte bedeuten sollten und ob sie ironisch oder ernst gemeint waren. Heute weiß ich, dass er es aufrichtig meinte, denn unsere Gruppe war die einzige aus Koselsk, der es beschieden war, dem Gemetzel zu entgehen.« Auch die chinesische Lagerärztin in Koselsk antwortet dem Offiziersanwärter Gawiak, der sie nach den Gründen für seinen Verbleib im Lager fragt, dies könne sie ihm nicht sagen, aber: »Sie haben sehr viel Glück. Sie sind unter einem glücklichen Stern geboren, dass Sie noch nicht weggebracht worden sind.«

Ein weiterer Gefangener, der nach Griasowietz verlegt wird, erzählt später: »Nach den ersten bangen Minuten erfüllte Freude die Herzen der zum Abtransport Aufgerufenen. Als unsere drei Generäle mit einem der Transporte das Lager verlassen sollten, veranstalteten die Lagerbehörden ein Abendessen im ›Klub‹. Im Augenblick ihrer Abreise rief ihnen das ganze Lager ein fröhliches ›Lebewohl‹ zu.« Sogar die NKWD-Leute machen mit und spenden Beifall. Für unterwegs gibt es Brot und drei Heringe, die in weißes Papier eingewickelt sind, für Lagerverhältnisse ein unerhörter Luxus. Sobald eine Gruppe aufgebrochen ist, ändert sich das freundliche Verhalten der Wachen gegenüber den Abgeholten, denn jetzt sind die Verbleibenden ausreichend in die Irre geführt.

Der Weg führt zunächst zur sieben Kilometer entfernten Bahnstation. Es ist ein äußerst erschöpfender Marsch unter der

Last des Gepäcks, im Dunkeln auf dem noch vereisten, holperigen, schneebedeckten Weg. In Gefangenenzügen werden die Polen dann nach Smolensk gefahren. Die Fahrt dauert drei Tage, weil der Zug auf verschiedenen Stationen lange Zeit stehen bleibt.

Auf dem Bahnhof Smolensk werden die Polen in eine Kolonne gereiht und angewiesen, sich streng an die Marschordnung zu halten. Sie dürfen keinen Versuch zur gegenseitigen Verständigung machen, nicht um sich schauen und nicht zurückbleiben. Schon ein halber Schritt seitwärts gilt als Fluchtversuch.

Von Smolensk geht es anschließend mit der Lokalbahn wieder westlich zur Ortschaft Gniesdowo, 56 Kilometer von Koselsk entfernt. Auf dem Smolensker Bahnhof arbeitet der Rangierer Matwei Sacharow. Immer wieder sieht er Züge ankommen und in Richtung Gniesdowo weiterfahren. Dort werden die Gefangenen aus den Waggons geholt. Um sie herum stehen NKWD-Männer, teils mit aufgepflanzten Bajonetten. Die Häftlinge müssen ihr Gepäck auf einen offenen LKW werfen. Es geht über die Eisenbahngleise hinüber zu einer Seitenstraße am Verladebahnhof.

Die schwarz gestrichenen Gefangenenwagen treffen ein. Zum ersten und letzten Mal sehen die Todgeweihten die in der ganzen Sowjetunion berüchtigten »Schwarzen Raben«. Die Gefangenen müssen sich erheben und einsteigen. Ein enger Gang führt längs durch die Mitte der Ladefläche. Ein im Innern wartender NKWD-Mann befiehlt, sich rasch rückwärts in eine der kleinen Zellen rechts oder links zu bewegen. Die nächsten Gefangenen werden von hinten nachgestoßen.

Mehrere Zeugen, unter ihnen Iwan Kriwoserzow, der auf der Kolchose »Kranaja Zorja« (Morgenröte) arbeitet, seine Schwester Daria, die in der »Gärtnerbrigade« ihren Lebensunterhalt verdient, und Roman Chrustalew, der bei den Düngerfuhren beschäftigt ist, beobachten, wie täglich drei bis vier Güterzüge eintreffen, die Gefangenen mit den charakteristischen polnischen Dreiecksmützen in die »Schwarzen Raben« verladen werden, die schließlich in Richtung »Ziegenhügel« verschwinden.[28]

Einer der Häftlinge im Zug an der Verladerampe des Bahnhofs Gniesdowo hat schicksalhaftes Glück: Es ist Wirtschaftsprofessor Stanislaw Swianiewicz aus Wilna, im September 1939 als Leutnant der Reserve einberufen. Er hat in Moskau studiert. Als er am 30. April 1940 zusammen mit 300 Kameraden auf dem Bahnhof Gniesdowo die weiteren Befehle erwartet, wird er plötzlich von einem NKWD-Oberst aus der Gruppe herausgerufen und in einen leeren Waggon gesperrt. Durch ein kleines Fenster unter der Decke des Abteils, die einzige Lichtöffnung der Gefangenenwaggons, kann er sehen, wie seine Kameraden von NKWD-Schergen mit aufgepflanzten Bajonetten in die »Schwarzen Raben« getrieben werden und die Fahrzeuge dann im Wald verschwinden.

Was war geschehen? Das Smolensker NKWD erhielt eine Depesche, dass der Professor zum Verhör in einer politischen Angelegenheit angefordert worden sei. Er wird ins Smolensker NKWD-Gefängnis zurückgebracht und anschließend in ein Arbeitslager. Später in London wird er erzählen, was ihm an einem NKWD-Helfer aufgefallen war: »Es war das typische rotblaue Gesicht eines Schlächters. Der Eindruck war so stark, dass er alles andere an seiner Person in den Schatten stellte. Es erfasste mich ein Gefühl, dass ich von einem Geheimnis umgeben war, das unser Schicksal bestimmte. Was das für ein Schicksal war, konnte ich aus dem Gesicht nicht herauslesen.«[29]

Noch auf den letzten Transporten versuchen die Häftlinge, Spuren in den Zügen zu hinterlassen, die später von anderen Polen auf ganz anderen Fahrten entdeckt werden. So sieht ein Offizier auf der Fahrt in das Sonderlager Griasowietz auf einem Brett der Seitenwand seines Waggons verzweifelte Hinweise auf Polnisch: »Wir werden zwei Stationen hinter Smolensk in Lastwagen umgeladen.« Und ein Anwalt aus Wilna, der nach seiner

Festnahme durch die Sowjets im Juni 1940 auf einen Gefangenentransport nach Polock muss, sieht die gekritzelte Aufschrift: »Wir werden nahe bei Smolensk ausgeladen und in Lastwagen gebracht.«

Dunkle Ahnungen überkommen die Häftlinge aus dem Lager Koselsk. Leutnant Waclaw Kruk notiert noch eilig in sein Tagebuch: »Am Bahnhof hat man uns unter strenger Bewachung in Gefangenenwagen verladen. Nun warten wir auf die Abfahrt. So optimistisch ich anfangs gewesen bin, komme ich jetzt zu dem Schluss, dass diese Reise kein gutes Ende nimmt.« Die letzte, etwa vier Kilometer weite Fahrt in den »Schwarzen Raben« geht zum Dnjepr-Schlösschen am Forst von Katyn auf der »Ziegenhöhe«. Die Gräber sind schon ausgehoben. Ein Sonderbeauftragter des NKWD aus Moskau brachte bereits die deutschen Pistolen und Munition.[30]

Die Häftlinge müssen Wertgegenstände abliefern: Geld, Schmuck, Ringe, Uhren – manches in Mänteln eingenäht und in Stiefeln Versteckte bleibt unentdeckt. Ausweispapiere dagegen, Auszeichnungen und persönliche Dinge wie Tagebücher, Zeitungsartikel und Briefe, auch Hausschlüssel dürfen die Gefangenen behalten. Fast bis zur letzten Minute gelingt es einigen, Aufzeichnungen zu machen. So notiert Major Adam Solski: »Abfahrt in Gefangenenwagen mit kleinen Zellen (schrecklich). Irgendwo in einen Wald gebracht, zu einer Art Landhaus. Hier gründliche Durchsuchung. Ich wurde meine Uhr los, die 6:30 zeigte. Man fragte mich nach meinem Ehering. Rubel, Gürtel und Taschenmesser weg.«

Dann werden die Gefangenen gefesselt, zu den Gräbern gebracht und erschossen.

Im Katyn-Wald macht sich das NKWD nach dem Massaker daran, den Boden der Gräber zu glätten und von einem Förster junge Föhren pflanzen zu lassen. Eine friedliche Natur soll alles überdecken. Niemals, so glauben sie, werde an dieser Stelle nach den getöteten Polen gegraben werden. Zur Sicherheit werden die zivilen Zeugen der Hinrichtungen ebenfalls beseitigt. Der Forstwart des Katyn-Wäldchens aus dem Dorf Dombrowka kommt nur noch sonnabends nach Hause und ist dann völlig niedergeschlagen. Eines Nachts kann er nicht mehr an sich halten und erzählt seiner Frau, dass jeden Tag etwa 500 »Popolski«-Offiziere erschossen würden. Er und seine Arbeiter müssten die Gräber ausheben. Als er an einem der darauffolgenden Wochenenden nicht heimkehrt, geht seine Frau zur Familie einer seiner Waldarbeiter. Auch die anderen Männer sind nicht zurückgekommen. Ein junger Mann erfährt vom »Starost« (dem Dorfältesten oder Bürgermeister) zunächst lediglich, es sei ein großes »Unglück« geschehen. Schließlich sagt der Alte im Vertrauen, er habe die Gewissheit, dass alle, die die Erschießungen gesehen hatten, am Ende selbst erschossen wurden – wegen »Sabotage«.

Trotz aller Versuche, die Ermordungen geheim zu halten: Zu viele haben die Transporte in Gniesdowo beobachtet. Die Sache spricht sich in der ganzen Gegend herum. Als aber die ersten Zeugen abtransportiert werden, wagt niemand mehr zu reden. Ein Ukrainer, der mit besagtem Förster gesprochen hatte, erzählt, was unter den jungen Bäumen liege. Er erhält eine lange Lagerstrafe.[31] Die NKWD-Schergen selbst erhalten auf Berijas Anweisung hingegen Prämien. So auch Jakim Rasuwajew, einer der Fahrer der »Schwarzen Raben«. Das Geld reicht für den Kauf eines Motorrades und viele Zechgelage. [32]

Ähnlich wie das Lager Koselsk werden die Lager Starobelsk und Ostaschkow geräumt. Die Liquidation von Starobelsk übernimmt die NKWD-Verwaltung Charkow unter Major Leonid Reichmann. Wie in Koselsk wird per Telefon abends von Moskau aus eine Liste der Offiziere durchgegeben, die am nächsten Tag mit Güterzügen abtransportiert werden sollen. Für jeden Transport werden Häftlinge aus verschiedenen Blocks ausgewählt. Keine Kameraden aus derselben Truppe oder aus engen Freundeskreisen werden gemeinsam fortgeschickt. Mehrmals werden die Transporte für einige Tage unterbrochen. Wenn die Zurückbleibenden ihren abreisenden Kameraden ein herzliches »Lebewohl« mit auf den Weg geben, pflegt der Kommandant eine Bemerkung von besonderer Ironie hinzuzufügen: »Ihr werdet bald alle wieder zusammenkommen.« In Starobelsk spielt sogar eine Kapelle zum Abschied.

In Block 20 wird eine »Sonderliste« verlesen. 63 Mann sind für das Sonderlager Griasowietz vorgesehen. Alle anderen werden zunächst nach Woroschilowgrad gebracht. Sie können nicht wissen, dass die Stadt nach dem Kommissar für Verteidigung benannt ist, der nur wenige Wochen zuvor ihr Todesurteil unterzeichnete. Dann geht es nach Charkow. In den Kellern des NKWD-Gebäudes in der Tschernyschewski-Straße werden sie erschossen. Ihre Leichen werden mit Lastwagen, die innen mit Zinkeisen ausgeschlagen sind, zu einem NKWD-Gelände außerhalb der Stadt zwischen den Orten Pjatichatka und Alexejewka gebracht. Nur der letzte Trupp wird gleich zur Hinrichtungsstätte gefahren und dort getötet. Die Leichen werden verscharrt. Ganz in der Nähe der Gräber stehen die Datschen des NKWD-Gebietskomitees.

Im selben Jahr 1940 finden Kinder in dem Waldgelände Münzen, die sie nicht kennen, Uniformknöpfe, Riemenschnallen mit Adlern, Rangabzeichen und Orden. Während des Krieges verheizen Einwohner der Gegend den Bretterzaun um das NKWD-Waldgelände als Brennholz. Erst nach 1990 werden die Gräber identifiziert.

Ebenso wie den Häftlingen von Koselsk und Starobelsk ergeht es den Internierten im Lager Ostaschkow. Gruppenweise werden sie abtransportiert. Auch ihnen wird gesagt, es gehe zurück in die Heimat. Zunächst werden sie in Zügen Richtung Norden bis zum Bahnhofsknotenpunkt Bologoje an der Eisenbahnlinie Moskau-Leningrad verfrachtet. In Bologoje wird aus einer Gruppe von 300 Offizieren ein Waggon mit einer »Sondergruppe« abgekoppelt. Er wird in Richtung Rzew (Rshew) zum

Sonderlager Griasowietz weitergeleitet. Alle anderen werden weiter zur Ortschaft Mednoje, 28 Kilometer westlich von Kalinin (Twer) an der Straße Moskau-Kalinin-Leningrad, gebracht. Dort werden sie in einem NKWD-Gebäude erschossen und auf dem Gelände verscharrt. Wie das Dnjepr-Schlösschen in Katyn sind die NKWD-Gebäude in Mednoje ebenfalls als »Erholungsheime« getarnt. Auch in Mednoje werden die Gräber erst 1991 gefunden.

Anfang Juni 1940 kann der NKWD-Offizier Max Goberman melden, dass alle drei Lager geleert und 14982 Personen »überstellt« worden seien.[33] Berijas Stellvertreter Wassili Tschernyschew hält am 9. Juni 1940 fest, die Lager könnten jetzt neue Gefangene aufnehmen.[34]

Stalin hat sich etwa 15000 polnischer Offiziere, Reserve-Offiziere und anderer Führungskräfte entledigt.[35] Politbüro und NKWD gehen schlichtweg davon aus, dass die polnischen »Klassenfeinde« vom Boden verschwunden sind, dass nie wieder eine Spur der Leichen unter den Kiefern auftauchen würde. Dass alles genauso sein würde wie bei Millionen anderer von Stalin und seinen Schergen Ermordeten. Für Polen bedeutet der Massenmord eine nationale Katastrophe. Ein Teil der Akademikerschaft, Intelligenz und mehr als ein Drittel des Offiziersbestandes der Vorkriegszeit sind ausgerottet. Die Polen werden nicht mehr ruhen, bis die Fälle Katyn, Starobelsk und Ostaschkow geklärt und die Schuldigen genannt sind. Bis dahin soll mehr als ein halbes Jahrhundert vergehen. Der Massenmord wird die Polen in aller Welt zusammenhalten.

Das Sonderlager Griasowietz

448 Gefangene der drei Lager entgehen den Hinrichtungen. Die Sowjets wollen sich mit ihnen willfährige Kader schaffen, die ihren künftigen Plänen für die Sowjetisierung Ostpolens vielleicht nützlich sein können. Die Ausgewählten werden zunächst

in das Durchgangslager Pawlischew-Bor geschafft. Es liegt nordwestlich von Koselsk, halbwegs in der Mitte zwischen den Lagern Starobelsk und Ostaschkow. Dort treffen sich zwischen dem 1. und 20. Mai 1940 etliche Gefangene wieder: 245 aus Koselsk, 124 aus Ostaschkow und 79 aus Starobelsk.

Die Gefangenen in Pawlischew-Bor werden nicht nur von den NKWD-Offizieren der alten drei Lager bewacht, es kommen sogar noch weitere hinzu. Die Häftlinge werden zunehmend von Politoffizieren hinsichtlich ihrer Gedanken und Wertvorstellungen bearbeitet. Der bis dahin doch starke Zusammenhalt lässt langsam nach, einige Offiziere beginnen, sich im kommunistischen Sinne zu äußern, 30 weitere betonen, dass sie nicht Polen, sondern Volksdeutsche seien. Zwangsläufig treten Spannungen unter den Offizieren, Offiziersanwärtern, Unteroffizieren, Polizisten und den wenigen Zivilisten auf, die von den NKWD-Männern weiter geschürt werden. An die 50 Insassen werden unter besondere Bewachung gestellt, schließlich in verschiedene Gefängnisse gebracht und von besonderen NKWD-Verhörern nach ihrem Zivilleben befragt.

Nach ein paar Wochen, am 13. Juni 1940, werden die verbliebenen rund 400 Mann ins Lager Griasowietz weiter nordöstlich am Ufer der Wologda im Wologda-Distrikt verlegt. Auch hier haben die Sowjets aus einem Kloster ein Lager gemacht. Die alte Kirche hatten sie zuvor gesprengt.

Die Fahrt in den Gefangenenzügen dorthin dauert fünf Tage. Bald stoßen jene 50 Häftlinge, die zuvor aus dem Lager geholt worden waren, wieder dazu. Von den 30 deutschstämmigen Offizieren werden zwölf auf Dringen des deutschen Botschafters in Moskau freigelassen; die anderen 18 bleiben im Lager. Die Häftlinge in Griasowietz glauben, dass ihre längst schon getöteten Kameraden aus Koselsk, Ostaschkow und Starobelsk ähnlich wie sie selbst in anderen, jetzt kleinen Lagern festgehalten würden oder nach Polen entlassen wurden.

Das Leben in Griasowietz ist wesentlich angenehmer als in den Lagern zuvor. Einmal im Monat dürfen die Gefangenen ihren Angehörigen schreiben. Verboten ist allerdings, Mitgefangene zu erwähnen oder den Namen des Lagers zu nennen. Als Absender ist anzugeben: »Postfach 11/c-12, Moskau, UdSSR«. Bald erhalten sie Antwort aus dem deutsch und sowjetisch besetzten Polen. Als ihnen bewusst wird, dass sie offensichtlich die Einzigen sind, von denen Post in Polen eintrifft, beginnen sie, aus dem Gedächtnis Namenslisten der Kameraden aus den Lagern aufzustellen.

Die Häftlinge sind in Griasowietz intensiver Propaganda und Indoktrination ausgesetzt. Ihre Kommentare werden sorgsam registriert, mit Einzelnen gesonderte Gespräche geführt. Doch anders als zuvor schlagen die Politoffiziere nun einen geradezu freundschaftlichen Ton an. Die Offiziere erhalten 20, die Mannschaftsgrade zehn Rubel im Monat. Die Häftlinge dürfen Gemüse ziehen, Studiengruppen werden gestattet, Bücher stehen zur Verfügung. Sogar eine Russin wird angestellt, um ein Unterhaltungsprogramm zu gestalten, was sie später sehr weitherzig auslegt.[36]

Währenddessen verändert sich die internationale politische und militärische Lage. Hitler hat Frankreich geschlagen, die Italiener haben von Abessinien aus Britisch-Somalia besetzt.

Gegen Ende August 1940 machen die NKWD-Offiziere einen neuen Anlauf, die polnischen Häftlinge für sich zu gewinnen. Sie reden davon, dass Polen und Sowjets gemeinsame Interessen hätten und dass die Aufstellung eines polnischen Heeres in Russland nicht ausgeschlossen sei. Die Dame, die das Unterhaltungsprogramm organisiert, entpuppt sich plötzlich als eine politisch hochinteressierte Person und redet ständig auf die Offiziere ein, sich zu einer gemeinsamen Haltung durchzuringen. 50 Offiziere richten nun einen »Roten Winkel« für politische Diskussionen ein, studieren die Geschichte der kommunistischen Parteien und feiern kommunistische Gedenktage. Es kommt zu Schlägereien mit Antikommunisten. Das NKWD verhaftet mehrere Offiziere wegen »Antisemitismus«. Von den meisten Lagerinsassen werden die »roten« Offiziere für die wachsenden Spannungen verantwortlich gemacht.

Am 27. September 1940 unterzeichnen Deutschland, Italien und Japan den Dreibund. Als im Oktober deutsche Verbände in Rumänien eintreffen, muss Stalin aufgehen, dass Hitler sich auf eine militärische Operation gegen die Sowjetunion vorbereitet. Stalin könnte weitere Verbündete gut gebrauchen. Jetzt ist der Zeitpunkt für die Insassen des Lagers Griasowietz gekommen, ihre zugedachten Rollen zu spielen.

Am 10. Oktober 1940 erhalten sieben hohe Offiziere, an ihrer Spitze die Obersten Berling, Bukojemski und Gorczynski aus dem »Roten Winkel« den Befehl, sich für eine Reise nach Moskau bereitzuhalten. In einem ganz normalen Reisezug geht es zur Hauptstadt. Dort treffen sie 21 Offiziersanwärter aus dem Lager Koselsk. Es war nach der Ermordung der etwa 4500 Gefangenen wieder belegt worden und zwar mit Polen, die 1939 nach Litauen und Estland geflohen und nach der Annexion der baltischen Republiken durch Moskau in die Hände der Sowjets geraten waren.

Das NKWD empfängt die 28 Militärs als »Gäste«. Sie müssen zwar im Butyrki-Gefängnis bleiben, erhalten aber Sonderverpflegung. Den sieben Offizieren aus dem Lager Griasowietz wird schon nach wenigen Tagen ein vergleichsweise komfortables Gelass im Moskauer Lubjanka-Gefängnis zugewiesen. Erstmals sprechen ihre sowjetischen Betreuer von der Möglichkeit eines kriegerischen Konflikts zwischen der Sowjetunion und Deutschland. Den Polen wird unmissverständlich klargemacht, worum es geht: Sie sollen polnische Einheiten unter dem Oberbefehl der Roten Armee aufstellen. Einer der sieben Offiziere weigert sich, den Plänen zu folgen und wird in Einzelhaft genommen, die anderen stimmen zu. Von den 21 Offiziersanwärtern werden zunächst elf ausgewählt, aber man sagt ihnen noch nicht, dass sie Offiziere einer polnischen Armee unter sowjetischer Führung werden sollen.

In Lemberg und Moskau werden etwa gleichzeitig aus einer Handvoll polnischer Kommunisten Komitees gebildet, die den Direktiven der »Komintern« unterstehen, dem von Moskau gesteuerten Zusammenschluss kommunistischer Parteien. Später werden die Komitees als »Union polnischer Patrioten« die Voraussetzungen für das »Lubliner Komitee« schaffen, Kern der Regierung eines kommunistischen Polens.

Am 30. Oktober 1940 werden Berling, Bukojemski, Gorczynski und Tyszynski ins Arbeitszimmer des Gefängniskommandanten zu einem Abendessen mit Cognac geladen. Hoher Besuch wartet auf sie. Es sind die Kommissare Berija und Merkulow – zwei der Schreibtischmörder höchstpersönlich. Merkulow führt das gerade erst als Ergänzung zum NKWD eingerichtete NKGB (Volkskommissariat für Innere Sicherheit). Beide entwerfen das Zukunftsbild eines Sowjetpolens und regen die Bildung einer polnischen Armee unter sowjetischem Oberkommando an. Als Erstes solle eine polnische Panzerdivision aufgestellt werden. Oberst Zygmunt Berling wittert seine ganz große Chance, gibt seine bisherige Zurückhaltung auf und stimmt grundsätzlich zu. Berling hat Grund, mit der Vergangenheit zu hadern: Im Mai 1939 war er von einem militärischen Ehrengericht wegen außerehelicher Eskapaden und undurchsichtiger Geschäfte vorzeitig in den Ruhestand geschickt worden. Nach dem deutschen Angriff meldete er sich freiwillig, wurde allerdings Ende September von Sowjets in Wilna verhaftet.

Nun geht es um die Frage, wer eine solche Armee führen könnte. Berling, der nicht weiß, dass seine Kameraden längst ermordet wurden, bietet Merkulow an, eine Liste mit Namen von Offizieren aufzustellen, die er aus den Lagern Koselsk, Starobelsk und Ostaschkow kennt. Merkulow schweigt. Aber dann entwischen Berija diese Sätze: »Sie können die Listen vorbereiten. Aber es sind nicht viele von ihnen übrig geblieben. Wir haben in Bezug auf sie einen großen Bock geschossen. (…) Wir haben einen großen Fehler, einen großen Fehler (…). Wir haben sie den Deutschen ausgeliefert.«

Einige Tage später kommt das Gespräch wieder auf die vermissten Offiziere. Dieses Mal führt Merkulow das Wort.»Wir haben einen Fehlgriff getan. (…) Diese Männer stehen nicht zur Verfügung. Wir werden Ihnen andere geben.«[37]

Schon am Tag nach dieser Unterredung verlassen die ausgewählten Offiziere mit Oberst Berling an der Spitze das Lubjanka-Gefängnis. Es geht in das vom NKWD geführte Landhaus in Malachowka, 35 Kilometer von Moskau entfernt. Verköstigung und Lebensumstände sind entsprechend: Dampfheizung, Warmwasser, Duschen, Federbetten, Polstermöbel. Der Haushalt wird von zwei äußerst attraktiven jungen russischen Zimmermädchen geführt. Die »Gäste« taufen das Haus »Villa Seligkeit«.

In politischen Kursen werden die »Gefangenen« auf ihre Rollen vorbereitet. Ideologisches Studienmaterial steht in Fülle zur Verfügung. Oberstleutnant Marian Morawski allerdings bleibt nur ein paar Tage. Seine Gedanken über die polnisch-sowjetische Zusammenarbeit und vor allem die künftige russisch-polnische Grenze entsprechen so gar nicht Berijas und Merkulows Vorstellungen. Er muss zurück ins Butyrik-Gefängnis. Dafür kommt im Dezember 1940 nochmals Verstärkung aus Griasowietz und Koselsk. Im Winter 1940/41 beherbergt die »Villa Seligkeit« 20 bis 30 »Gäste«, Offiziere einer künftigen polnischen Armee unter sowjetischem Oberbefehl.

Immer klarer wird: Berling ist der Mann der Sowjets. Doch Berling kommt nicht zum Zuge. Noch nicht.

Spielball der verfeindeten Mächte

3. Dezember 1941, in einem Konferenzraum im Kreml. Stalin und sein Außenkommissar Wjatscheslaw Molotow warten auf den Premierminister der polnischen Exilregierung, den aus London angereisten General Wladyslaw Sikorski. Anwesend ist auch Sikorskis Botschafter in Moskau, Stanislaw Kot. Erst Ende Juli waren nach langen Überlegungen wieder diplomatische Beziehungen aufgenommen worden. Die Themen sind heikel. Es soll eine polnische Armee auf sowjetischem Territorium aufgestellt werden. Dazu hat Stalin eine »Amnestie« für alle polnischen Inhaftierten erlassen. Deshalb nehmen auch General Wladyslaw Anders, der die polnische Armee als Oberbefehlshaber führen soll, sowie Generalmajor Iwan Panfilow als Vertreter der Roten Armee am Gespräch teil. Mannschaften hat General Anders längst aufgestellt. Doch die Offiziere bleiben verschwunden. Deshalb war ein Memorandum mit den Namen von 3845 vermissten Offizieren bei der Ankunft der Delegation in Moskau den Sowjets übergeben worden.

Nach den üblichen Eingangsfloskeln wendet sich Sikorski in einer Mischung aus Deutlichkeit und Höflichkeit an Stalin:[1] »Ich möchte feststellen, Herr Präsident, dass Ihr Amnestie-Erlass nicht in vollem Umfang ausgeführt wurde. Viele unserer besten Leute sind noch nicht aus den Gefängnissen und Lagern freigelassen worden.«

Stalin antwortet gedehnt: »Das ist unmöglich, weil die Amnestie für alle galt und sämtliche Polen in Freiheit gesetzt worden sind.« Die letzten Worte spricht er zu Molotow hin, der sie durch leichtes Kopfnicken bestätigt.

Mit einer solchen Antwort lässt sich wenig anfangen. Sikorski setzt neu an: »Eigentlich wäre es nicht unsere Aufgabe, eine vollständige Liste dieser Männer zu liefern, da sie durch Ihre eigenen Lagerkommandanten ja registriert worden sind.«

Sikorski dreht sich zu General Anders, der ihm ein Dossier reicht.

Sikorski: »Ich habe hier bei mir eine Liste von etwa 4000 Offizieren, die zwangsweise abtransportiert wurden und die sich noch in Gefängnissen oder Zwangsarbeitslagern befinden müssen. Selbst diese Liste ist noch unvollständig, da sie nur jene Namen enthält, die aus dem Gedächtnis zusammengestellt wurden. Ich habe angeordnet, in Polen zu prüfen, ob die Betreffenden dort zu finden sind. Doch offenbar befindet sich dort kein Einziger von ihnen, ebenso wenig wie in den Gefangenenlagern in Deutschland. Diese Männer müssen hier sein. Keiner von ihnen ist zurückgekehrt.«

Das ist unmissverständlich. Stalin soll nicht länger ausweichen können. Dessen Ton wird fester: »Das ist ausgeschlossen. Sie sind geflohen.«

Jetzt kann General Anders nicht mehr an sich halten: »Wohin können sie denn geflohen sein?« Stalin hebt leicht die Hände: »Oh …, beispielsweise in die Mandschurei.«

In die Mandschurei? Die ist derzeit von den Japanern besetzt. Was mag Sikorski in diesem Moment denken? Und was mag Stalin auf diesen reichlich grotesk anmutenden Gedanken gebracht haben? Kam er darauf, weil sich in der Revolutionszeit russische Weißgardisten in die Mandschurei zurückzogen?

Für einen Moment ist es absolut still im Raum. Dann nimmt General Anders den Gesprächsfaden wieder auf und blickt wechselweise Stalin und Molotow an: »Es ist unmöglich, dass sie alle fliehen konnten. Ich bin persönlich mit dem größeren Teil der in diesen Listen verzeichneten Offizieren bekannt. Es befinden sich darunter manche meiner eigenen Stabsoffiziere und Kommandeure.«

Stalin lehnt sich zurück und versucht, wieder ganz entspannt zu wirken: »Sie sind bestimmt schon freigelassen worden, haben es aber noch nicht geschafft, zu Ihnen zu gelangen.« Sikorski versucht, Stalin eine Brücke zu bauen: »Russland ist ungeheuer groß und ebenso groß sind seine Schwierigkeiten. Vielleicht haben die lokalen Behörden die Anweisungen nicht ausgeführt. Falls einige Offiziere über die russische Grenze geflüchtet wären, so hätten sie sich ganz bestimmt bei mir gemeldet.«

Stalin empfindet das als spitze Bemerkung und sagt leutselig mit ironischem Unterton: »Sie sollten doch wissen, dass die Sowjetregierung nicht den leisesten Grund hat, auch nur einen einzigen Polen zurückzuhalten.«

Keiner der polnischen Gesprächspartner zuckt auch nur mit der Wimper. Eiskalt erfasst Molotow die neue Tonlage und legt nach: »Wir haben lediglich jene zurückbehalten, die Verbrechen verübten, an Sabotageakten beteiligt waren, schwarze Rundfunkstationen einrichteten usw. Ich möchte nicht annehmen, dass es sich um die Leute handelt, denen Ihre Nachforschungen gelten?«

Botschafter Kot bemüht sich um diplomatische Verständigung: »Selbstverständlich nicht. Aber dessen ungeachtet kümmere ich mich auch deshalb um diese Listen, weil in manchen Fällen leidenschaftliche Patrioten und ganz unschuldige Leute angeklagt sind.« Molotow nickt, als ob er sagen wollte: Schon gut, schon gut, lassen Sie das, wir drehen uns im Kreis.

Sikorski hält den Zeitpunkt für gekommen, ein abschließendes Wort zu finden: »Wir würden es sehr schätzen, Herr Präsident, wenn Sie in dieser Angelegenheit persönlich tätig würden, um einen Wandel in der russischen Haltung gegenüber den Polen herbeizuführen. Wir möchten auch daran erinnern, dass diese Männer keine Touristen sind, sondern mit Gewalt aus ihrer Heimat verschleppt wurden. Es lag nicht in ihrer Wahl, hierherzukommen, und sie haben sehr harte Zeiten durchgemacht.«

Das letzte Wort hat Stalin: »Das soll in Ordnung gebracht werden. Es werden entsprechende Sonderanweisungen an die Vollzugsbehörden gehen. Andererseits dürfen Sie auch nicht vergessen, dass wir einen Krieg führen.«

Damit ist das Thema beendet. Eine höhere Gesprächsebene in den polnisch-sowjetischen Beziehungen als zwischen Sikorski und Stalin kann es nicht geben. Was die Aufklärung des Schicksals der Offiziere anbelangt, ist Sikorski keinen Millimeter weitergekommen. Der Verbleib der Offiziere wird weiterhin im Dunkeln bleiben.

Armee ohne Offiziere

Am Morgen des 22. Juni 1941 beginnt das »Unternehmen Barbarossa«. Deutsche Panzerverbände greifen auf breiter Front die Sowjetunion an und rollen scheinbar unaufhaltsam vor. In den ersten Tagen machen die Deutschen eine riesige Zahl von Gefangenen und erbeuten gewaltige Mengen an Waffen. Der Vormarsch geht noch schneller vonstatten als die »Blitzkriege« gegen Polen und Frankreich. Stalin ist in größter Bedrängnis. Er braucht jede Hilfe, auch die Großbritanniens, das wiederum die polnische Exilregierung unter General Wladyslaw Sikorski beherbergt.[2] London will auf jeden Fall eine Allianz gegen Deutschland unter Einbeziehung der polnischen Exil-Regierung.[3]

Unmittelbar nach dem deutschen Angriff auf die UdSSR wendet sich Premier Winston Churchill in einer Radio-Ansprache an die Sowjets und heißt sie als neue Bundesgenossen der demokratischen Nationen willkommen. Gleichzeitig spricht General Sikorski in einer nach Polen ausgestrahlten BBC-Sendung die Hoffnung aus, der deutsche Angriff auf die Sowjetunion möge zu einer Wiederherstellung der diplomatischen Beziehungen mit Moskau führen. Er macht auch deutlich, welche Chancen er sieht: die Besitzstandswahrung Ostpolens und »die Freilassung von mehr als einer Million in die UdSSR deportierter Polen, damit sie sich den alliierten Streitkräften im Kampf gegen Hitlers Unterdrückung anschließen mögen«.

Für Stalin kommt eine Rückkehr zu den Grenzen des Rigaer Vertrags von 1921 allerdings auf keinen Fall in Frage. Briten und Sowjets stimmen insofern überein, als sie eine Festlegung auf Nachkriegsgrenzen zu diesem Zeitpunkt für unangebracht halten. Insbesondere Churchill, Außenminister Anthony Eden und sein Staatssekretär Sir Alexander Cadogan dringen ungeduldig auf eine schnelle Übereinkunft hinsichtlich der Wiederaufnahme diplomatischer Beziehungen. Der polnische Exil-Außenminister August Zaleski hat den Eindruck, dass es Churchill auch darum gehe, auf die teilweise antisowjetische Haltung der britischen Öffentlichkeit einzuwirken. Eine Einigung würde zeigen, dass selbst die Polen bereit seien, mit den Russen zusammenzuarbeiten.[4] Druck kommt auch aus den USA. Der polnische Botschafter Jan Ciechanowski berichtet seiner Regierung nach einem Gespräch mit dem stellvertretenden Außenminister Sumner Welles, sowohl die russische Gruppe um den im amerikanischen Exil lebenden Alexander Kerensky, der 1917 in Moskau kurzzeitig Regierungschef war, als auch Litauer und Ukrainer starteten Initiativen gegen eine Rückkehr zu den Grenzen des Rigaer Vertrages.

Schließlich übt Anthony Eden massiven Druck auf Sikorski und Zaleski aus: »Ob Sie es wollen oder nicht, eine Übereinkunft mit der Sowjetunion muss unterzeichnet werden.« Als Sikorski in einer Rede an polnische Truppen in Schottland erklärt, mit der britischen Regierung sei er sich über die Grenzfrage einig, aber der sowjetische Botschafter Iwan Maisky mache gewisse Schwierigkeiten, lässt Eden Zaleski telefonisch wissen, dass diese Rede in keiner Zeitung in Großbritannien erscheinen werde. Daraufhin lenken Sikorski und die Mehrheit seines Kabinetts ein, erleben aber eine Regierungskrise: Außenminister August Zaleski, Gegner der britisch-sowjetischen Annäherung, Regierungsmitglied Marian Seyda und General

Unterzeichnung des polnisch-sowjetischen Abkommens.
Sitzend v.l.: Sikorski, Eden, Churchill, Maisky

Kazimierz Sosnkowsky, zuständig für die polnische Untergrundarmee, treten aus Protest zurück.
Am 30. Juli 1941 unterzeichnen General Sikorski und Iwan
Maisky eine polnisch-sowjetische Grundsatzvereinbarung
über die Wiederherstellung diplomatischer Beziehungen. Darin wird festgestellt, dass eine polnische Armee auf sowjetischem Territorium aufgestellt werden solle. In einem Zusatzprotokoll wird festgelegt, dass die UdSSR »allen polnischen
Bürgern, die gegenwärtig auf sowjetischem Gebiet ihrer Freiheit beraubt sind, entweder als Kriegsgefangene oder aus anderen gegebenen Gründen, Amnestie gewährt, sobald diplomatische Beziehungen wiederhergestellt sind«.
Die Polen schlucken besonders am Wort »Amnestie«, weil es an
die Aussetzung berechtigter Strafe und eine besondere Groß-
mütigkeit der Sowjetregierung denken lässt. »Amnestie« kann
sich auf Verbrecher, nicht aber auf Kriegsgefangene beziehen.
Doch den polnischen Vorschlag, das Wort »Amnestie« durch
»Freilassung« zu ersetzen, hatten die Briten als unnötig verzö-

gernd zurückgewiesen. Kaum ist das Abkommen unterzeichnet, erklärt Außenminister Eden im Unterhaus, gegenüber Polen gebe es »keinerlei Garantie von Grenzen durch die Regierung Seiner Majestät«. Jetzt kann Stalin sicher sein, dass Großbritannien seinen Vorstellungen über eine sowjetische Westgrenze nichts ernsthaft entgegensetzen wird.

Am 12. August 1941 verfügt das Politbüro die »Amnestie« aller polnischen Gefangenen in der Sowjetunion. Zwei Tage darauf folgt ein förmliches Militärabkommen. Mit der Aufstellung der polnischen Armee wird General Wladyslaw Anders betraut. Anders, der verwundet in Gefangenschaft geriet, wird unverzüglich aus dem Lubjanka-Gefängnis in Moskau entlassen – von Berija und Merkulow persönlich. Gleichzeitig tauchen in den 138 Gefangenenlagern, in denen Polen festgehalten werden, sowjetische Agitatoren auf, die behaupten, eigentliches Ziel der Amnestie sei ein kommunistisches Polen. Über Warschau werde die rote Fahne wehen. Die »polnische« Armee werde der Roten Armee gänzlich ein- und untergeordnet. Die Amnestierten sollten deshalb am besten gleich der Roten Armee beitreten und auch die sowjetische Staatsbürgerschaft akzeptieren.[5]

Sofort nach dem Amnestieerlass strömen aus den Lagern ausgehungerte oder an Ruhr erkrankte Soldaten in die drei Sammellager Buzuluk, Tatischtschewo und Tozkoje im inneren Russlands. Zumeist sind es solche, die zunächst in Litauen und Lettland interniert waren und nach der Annexion der baltischen Republiken in die sowjetischen Lager geschafft wurden. Ihnen schließt sich ein Treck aus Tausenden von Zivilisten an, die verschleppt wurden und nun ebenfalls unter die »Amnestie« fallen. Wer nicht kommt, das sind die Offiziere. Unter den Häftlingen außerhalb der Lager Koselsk, Starobelsk, Ostaschkow und Griasowietz waren vermeintlich noch 14 Generäle, aber nur zwei tauchen in einem Zustand schrecklicher Erschöpfung auf. Von 300 Stabsoffizieren erscheinen ganze sechs. General Anders' Stabschef, Major Soltan, trifft ebenfalls nicht ein. Auch nicht Major Fuhrmann, der jahrelang General Sikorskis Flügeladjutant war.

96 000 Mann sollen nach der Abmachung zwischen Sikorski und Stalin aufgestellt werden. In wenigen Monaten bringt Anders 75 000 Mann zusammen. Aber es fehlen 8300 Offiziere sowie etwa 7000 Unteroffiziere, Mannschaftsdienstgrade und einige Zivilkräfte. Bei der Aufstellung der Listen stellt sich heraus, dass die Vermissten sämtlich in den Lagern Koselsk, Starobelsk und Ostaschkow festgehalten wurden. Nur jene etwa 450 Häftlinge, die ins Sonderlager Griasowietz geschafft wurden, sind da. Zu ihnen gehört die Gruppe um Oberst Berling, die nun in die von General Anders geführte Armee eingegliedert werden soll.

Was macht Berling in dieser Situation? Er bietet den Sowjets seine Dienste noch einmal eigens an. In einem Befehl des polnischen Hauptquartiers wird Berlings Name daraufhin aus der Liste der Offiziere gestrichen. Zu Ende ist Berlings Karriere damit nicht. 1943, wenn die Armee unter Anders längst sowjetischen Boden verlassen haben wird, die Beziehungen Moskaus zur Sikorski-Regierung abgebrochen sein werden und die militärische Offensive aufseiten der Sowjets liegen wird, dann wird Stalin auf ihn zurückkommen und ihn zum General machen.

Niemand bei den polnischen Stellen ahnt in diesem Herbst 1941, dass die vermissten Offiziere bereits seit anderthalb Jahren tot sind. Die Polen glauben vielmehr, dass ihre Kameraden in Arbeitslager irgendwo fern im Norden der Sowjetunion gebracht wurden, da nach dem Mai 1940 viele Lager in die Region Murmansk und auf die Kola-Halbinsel zwischen dem Weißen Meer und dem Arktischen Ozean verlegt wurden. Von den sowjetischen Verbindungsoffizieren ist dagegen immer gleichlautend zu hören, viele Gefangene seien wohl schon 1940 in die Heimat entlassen worden.

Da vonseiten der Sowjets keine Unterstützung kommt, müssen die Polen selbst Nachforschungen anstellen. In seinem Hauptquartier hat General Anders ein Suchbüro einrichten lassen. Dort werden unter Leitung von Hauptmann Jan Kaczowski und Major Josef Graf Czapski Informationen gesammelt und Listen angelegt. Natürlich ist auch manches Gerücht, manche Vermutung dabei.[6] Das Suchbüro erhält Tausende von Briefen aus Polen, in denen Angehörige beklagen, dass sie seit Mitte April 1940 keine Post mehr erhalten hätten.

Die Sorge in Polen war vor allem seit der Zeit gewachsen, als vermehrt Post mit Vermerken wie »Zurück, Adressat unbekannt« zurückgekommen war. Angehörige, darunter auch solche, die selbst in die Sowjetunion verschleppt worden waren, wenden sich daher an die örtlichen Sowjetbehörden, das NKWD oder sogar an Stalin persönlich. Wenn sie überhaupt Antwort erhalten, dann solche wie diese: »Das Lager, in dem Ihr Vater interniert war, wurde im Frühjahr 1940 aufgelöst. Der jetzige Aufenthalt Ihres Vaters ist nicht bekannt.« Oder: »Bitte die Antragstellerin benachrichtigen, dass ihr Mann am 6. Mai 1940 in ein unbekanntes Lager verlegt worden ist.«[7]

Parallel zum Suchdienst unter General Anders schaltet sich die polnische Exilregierung ein, um auf diplomatischem Weg mehr über die Vermissten zu erfahren. Insgesamt 50 Vorstöße sollen es bis April 1943 werden. Sie alle enden mit nichtssagenden Antworten in dem immer gleichen Sinne, alle Polen seien aufgrund der Amnestie freigelassen worden.

Am 14. November 1941 glückt es Botschafter Kot in Moskau, Stalin persönlich im Beisein von Molotow zu treffen.[8] Nachdem er über einige andere Dinge gesprochen hat, kommt Kot vorsichtig und fast gewunden zum Thema: »Ich darf wohl annehmen, Herr Präsident, Sie sind der Urheber der den polnischen Bürgern auf UdSSR-Gebiet gewährten Amnestie. Wären Sie damit einverstanden, darauf zu bestehen, dass diese Ihre noble Geste voll durchgeführt wird?«

Stalin ruft, so als wäre er überrascht, in den Raum: »Wollen Sie damit sagen, es gäbe noch Polen, die nicht freigelassen worden sind?« Botschafter Kot fährt fort: »Vom Starobelsker Lager, das im Frühjahr 1940 aufgelöst wurde, haben wir bis jetzt noch keinen Mann gefunden …« Er kommt erst gar nicht dazu, auch die Lager Koselsk und Ostaschkow auch nur anzuführen, weil Stalin ihm ins Wort fällt: »Ich werde der Sache bestimmt nachgehen. Doch bei diesen Entlassungen geschehen oft komische Dinge. Wie war der Name des Generals, der die Verteidigung von Lwow leitete, General Langer, glaube ich?« Kot verbessert: »General Langner, Herr Präsident.«

Stalin versucht weiterhin, die Täuschung aufrechtzuerhalten: »Ja, natürlich, General Langner. Also: Wir haben ihn schon im vergangenen Jahr entlassen, brachten ihn sogar nach Moskau und führten mit ihm Gespräche. Schließlich entwich er ins Ausland. Wenn ich richtig informiert bin, nach Rumänien.« Molotow nickt bestätigend. »Es gibt keine Ausnahmen von der gewährten Amnestie; aber das Gleiche, was mit General Langner war, mag bei manchen anderen Militärs der Fall sein.«

Kot geht auf die Mutmaßungen nicht ein. »Wir haben Namenslisten. Zum Beispiel war es unmöglich, die Spur von General Stanislaw Haller zu verfolgen. Offiziere aus Starobelsk, Koselsk und Ostaschkow, die von dort im April und Mai 1940 abtransportiert wurden, werden vermisst. (…) Wir haben Beweisunterlagen, die belegen, wann sie aus den Lagern abtransportiert wurden.«

Plötzlich zeigt Stalin doch großes Interesse: »Haben Sie genaue Listen?« Er steht auf und fängt an, im Raum auf- und abzugehen. Kot antwortet sehr geschickt, indem er Stalin in die Pflicht nimmt: »Alle Namen sind von den russischen Lagerkommandanten, die täglich einen Appell sämtlicher Gefangenen abhielten, aufgeschrieben worden. Überdies hat das NKWD jeden der Gefangenen gesondert verhört. Wir sind nicht imstande, irgendeinen der Offiziere von General Anders' Armeestab, den er in Polen befehligte, zu finden.«

Stalin hält im Auf- und Abgehen inne und horcht aufmerksam auf diese letzten Worte. Er zündet sich eine Zigarette an und geht zum Telefon auf einem Beitisch, an dem Molotow sitzt. Mit einer raschen Gebärde hebt er den Hörer ab. Schweigen im Raum, während Stalin auf die Verbindung mit dem NKWD wartet. »Hier Stalin. Sind alle Polen aus den Gefängnissen freigelassen worden?« Stille. »Weil ich den polnischen Botschafter hier bei mir habe, der behauptet, es seien nicht alle entlassen worden.« Wieder hört Stalin eine Zeit zu, legt dann den Hörer auf. Er wendet sich zum Konferenztisch und wechselt das Thema. Nach einigen Minuten klingelt das Telefon. Stalin meldet sich selbst und hört schweigend zu, murmelt nur etwas vor sich hin. Dann legt er wieder auf. Doch diesmal bleibt er schweigsam. Der polnische Botschafter hat den Eindruck, eine Verlängerung der Besprechung sei zwecklos. Wen mag Stalin am Apparat gehabt haben? Berija? Merkulow? Was hat dieser Stalin gesagt? Die Episode macht alles nur noch undurchsichtiger für Botschafter Kot.

Zwei Wochen später, am 1. Dezember 1941, fliegt Sikorski nach Moskau. Am nächsten Morgen hält er eine Ausgabe der *Iswestija* in der Hand. Welch ein Zufall: Die Überschrift »Hört, polnische Brüder« springt ihm in die Augen. Der Text berichtet von einem Treffen von »Repräsentanten der polnischen Nation« in Saratow an der Wolga. Hauptrednerin war die polnische Schriftstellerin Wanda Wasilewska aus Lemberg, inzwischen Oberst der Roten Armee, verheiratet mit dem ukrainischen Revolutionsautor Alexander Kornejtschuk. Unter den »Patrioten« saß auch der Kollaborateur Oberst Berling. Ein »Manifest an die polnische Nation«, so heißt es in dem Artikel, teile den Polen mit, dass sich auf sowjetischem Boden eine »Union der Polnischen Patrioten« konstituiert habe.[9]

Sikorski ist aufgebracht, glaubt an ein taktisches Störmanöver gegen ihn. Damit verkennt er die wirkliche Bedeutung, nämlich dass Stalin ein doppeltes Spiel treibt: Nur wenige Wochen nach der Wiederherstellung diplomatischer Beziehungen mit der Exilregierung hat er eben diese längst abgeschrieben. Bei der »Union der Polnischen Patrioten« handelt es sich um den Kern der späteren Lubliner Marionettenregierung. Zur gleichen Zeit wird im Geheimen bereits die Kommunistische Polnische Arbeiterpartei (KPP) neugegründet, aus der die spätere Polnische Vereinigte Arbeiterpartei (PVAP) hervorgehen wird. Unter den Männern der ersten Stunde: der künftige Staatschef Boleslaw Bierut und der spätere Vizepremier und Parteichef Wladyslaw Gomulka.

Da das Gespräch zwischen Stalin und Sikorski vom 3. Dezember 1941 ergebnislos verläuft, verstärken die Polen die Bemühungen, über den Stab von General Anders Informationen über den Verbleib der vermissten Offiziere zu erhalten. Anfang 1942 macht sich Major Graf Czapski auf nach Tschkalow im Ural zum Hauptverwaltungsbüro der Arbeitslager (Gulag) unter dem NKWD-Offizier Viktor Nasiedkin. Czapski lässt an Deutlichkeit nichts zu wünschen übrig. Der Umstand, dass die Gefangenen trotz des Amnestie-Erlasses Stalins noch nicht freigelassen seien, sehe einem »Sabotageakt sehr ähnlich«. Nasiedkin speist ihn mit der Antwort ab, dass nur die Zentralbehörden Auskunft geben könnten. Doch auch in Moskau kann Czapski die Mauer des Schweigens der NKWD-Gegenüber nicht durchbrechen.

Der Bericht Czapskis für General Anders wird auch dem amerikanischen Botschafter in Moskau, Admiral William H. Standley, überreicht, der das Material seinerseits an das State Department weiterleitet. Als Botschafter Standley mit dem russischen stellvertretenden Außenkommissar Andrej Wyschinski zusammenkommt, greift er das Thema auf. Wyschinski gibt sich höflich. Er werde das Anliegen höheren Orts vortragen. Als Standley dasselbe Begehren einige Monate später bei Molotow selbst noch einmal anspricht, reagiert dieser ungewöhnlich barsch: »Zu viele stecken ihre Nase in die polnische Politik.«

Die Sowjets zeigen sich angesichts der Hartnäckigkeit der nicht enden wollenden polnischen Nachfragen zunehmend gereizt. Sie versuchen, das Thema loszuwerden, indem sie auch auf offizielle Anfragen nicht mehr antworten. Gleichzeitig gibt das Außenkommissariat am 10. Juli 1942 eine Erklärung heraus, die alles im Nebel der Unaufklärbarkeit verschwinden lassen will:

> »Es ist bekannt, dass viele polnische, sogar schon vor der Gewährung der Amnestie freigelassene Bürger die UdSSR verlassen haben und in ihr Land zurückgekehrt sind. Es muss auch erwähnt werden, dass viele von den freigelassenen polnischen Bürgern ins Ausland, einige davon nach Deutschland, geflüchtet sind. Schließlich ist in Folge unorganisierter, wegen wiederholter Warnungen des Volkskommissariats im Winter unternommener Einzelreisen eine gewisse Anzahl polnischer Bürger unterwegs erkrankt und musste auf verschiedenen Bahnstationen zurückbehalten werden. Nicht wenige davon sind gestorben. All diese angeführten Beispiele konnten natürlich zu der Tatsache beitragen, dass eine gewisse Anzahl polnischer Bürger kein Lebenszeichen von sich geben konnte.«[10]

Aber das Thema lässt sich nicht aus der Welt schaffen. Inzwischen interessieren sich auch die Geheimdienste der Briten und US-Amerikaner dafür, so auch die britische Special Operations Executive (SOE), eine Spezialeinheit, zu deren Aufgaben es gehört, über Untergrund- und Sabotageorganisationen in von Deutschland besetzten Ländern Nachrichten zu sammeln und gegebenenfalls auch im Rücken der deutschen Front zu operieren. In dieser Funktion bestehen auch Verbindungen zwischen der polnischen Armee und der SOE. Kuriere, Agenten und Fallschirmspringer, die, vom polnischen Generalstab ausgewählt, auf Missionen nach Polen geschickt werden, sind auf polnischem Boden automatisch Angehörige der polnischen im Untergrund arbeitenden Heimatarmee (Armia Krajowa) und unterstehen deren Kommando. Das gesamte Material, das per Funk, auf Mikrofilmen oder in anderer Form versteckt nach London gelangt, wird vom polnischen Generalstab an den britischen weitergegeben und von der SOE ausgewertet.[11]

Die Briten wiederum arbeiten mit den USA Hand in Hand. Der amerikanische Oberstleutnant Szymanski und der britische Oberstleutnant Hull stehen dabei als Verbindungsoffiziere in ständigem Kontakt mit der polnischen Exilregierung. Im Juni 1942 verstärken sie ihre Materialsammlung über die Vermissten. Jedem Bericht, den Szymanski an das Heereshauptquartier nach Washington schickt, legt er einen Bericht Hulls bei. In Washington lässt der Leiter der Osteuropa-Abteilung des US-Geheimdienstes, Oberst Ivan Downs Yeaton, von seinem polnischen Mitarbeiterstab ein eigenes Dossier »Katyn« anlegen, in dem auch die Berichte Szymanskis und Hulls abgelegt werden.

Die Entwicklung genau zu beobachten ist für Briten und Amerikaner auch deshalb wichtig, weil sie die Aufstellung und Einsatzmöglichkeit einer polnischen Armee direkt betrifft. Das ungeklärte Schicksal der Offiziere hat längst einen Stimmungswandel in der polnischen Armeeführung bewirkt, die sich nicht als Kanonenfutter an Stalins Front gegen die Deutschen missbrauchen lassen will. Gleichzeitig haben Stalin und sein Kreis eingesehen, dass sie die Polen nicht als fügsame Hilfstruppen für sich gewinnen können. Bereits im März 1942 hatte Stalin General Anders wissen lassen, dass er nur 44 000 polnische Soldaten ernähren könne, anstatt wie ursprünglich geplant ein Heer von 96 000 Mann, und diese unter dem Kommando der Roten Armee behalten wolle; die anderen könnten unter Anders' Kommando nach Persien gebracht werden, um unter dem Oberbefehl der britischen 8. Armee Ölfelder zu sichern.

Anders hingegen versucht, Sikorski zu überzeugen, dass es besser sei, die gesamten polnischen Streitkräfte aus der Sowjetunion herauszubringen. Aber Sikorski sperrt sich. Schließlich handelt

Anders auf eigene Faust: 77 000 Soldaten, nahezu ohne Offiziere, und 37 000 Zivilisten, Männer, Frauen und Kinder machen
sich auf den Weg in den Mittleren Osten. Im August 1942 hat
die gesamte polnische Armee unter Anders sowjetischen Boden
verlassen.

Es ist die Zeit im Sommer 1942, da General Anders eine bedrü-
ckende Äußerung macht: Er fürchtet, dass die vermissten Offiziere allesamt von den Sowjets umgebracht worden seien. Es ist
nicht nur eine dumpfe Ahnung, die Anders überkommt; inzwischen ist der polnische Geheimdienst der Wahrheit auf der
Spur. Die polnische Armeeführung hatte die Untergrundbewegung im deutschen Besatzungsgebiet eingeschaltet. Und die
wurde in diesen Tagen fündig: im Wald von Katyn.

Erste Gräberfunde

Am 16. Juli 1941 greifen deutsche Truppen Smolensk an. Das
NKWD muss das Dnjepr-Schlösschen am Forst von Katyn verlassen; die Einheimischen kriechen wieder durch den Zaun, um
Pilze und Beeren zu sammeln. Sie machen deutsche Dienststellen auf frühere Massenerschießungen und Gräber aufmerksam. Es geschieht jedoch nichts, obwohl deutsche Soldaten seit
November 1941 Oberst Friedrich Ahrends auf diese Angaben
hinweisen.

Im Sommer 1942 kommen wieder Polen in die Gegend. Sie
gehören zur »Organisation Todt«, die hinter der Front zu allen
möglichen Arbeiten, hauptsächlich zum Straßenbau herangezogen wird. Die Polen wurden in dem von Deutschland besetzten Teil Polens als Zwangsarbeiter verpflichtet. Es sind Fuhr-
leute, Fahrer und Bauarbeiter, darunter einige, die vom polnischen Untergrund in die »Organisation Todt« eingeschleust
wurden. Eine Gruppe ist mit dem Sammeln von Schrott beauftragt. Sie ist in einem Güterwagen auf dem Bahnsteig Breckij
Most, dem Abzweig nach Gniesdowo, untergebracht, also ganz

in der Nähe jenes Bahnhofs, auf dem sich die Spur der Gefangenen des Lagers Koselsk verlor.[12]

In der Nähe der »Ziegenhöhe« wohnt der 69-jährige Bauer Parfeon Gawrilowitsch Kisseljew in einem abgelegenen Haus. Im Juli 1942 erhält er ungewöhnlichen Besuch: Zehn polnische Zwangsarbeiter wollen wissen, was er über den Verbleib der polnischen Offiziere weiß. Er vertraut ihnen an, wie im Frühjahr 1940 die Gefangenentransporte in Gniesdowo ankamen, wie die Polen auf »Schwarze Raben« geladen wurden und er die Schüsse und Schreie bis in seine Kate hörte. Die Besucher bitten ihn, den Ort der Gräber genau anzugeben und ihnen Harke und Schaufel zu leihen. An der Stelle, an der junge Kiefern auf Erdwällen stehen, stoßen sie schnell auf die Überreste eines polnischen Offiziers. Sie füllen das Erdreich wieder auf und stellen zwei Birkenholzkreuze auf. Dann bringen sie Kisseljew seine Geräte zurück.

Die deutsche Einheit, der die Polen zugeteilt sind, verlässt die Gegend bald darauf. Die Polen müssen ihre Nachforschungen einstellen. Aber klar ist, dass es sich nach der Größe der Erdwälle um ein Massengrab handeln muss. Gewiss hat diese Nachricht schnell General Anders erreicht. Die polnische Heimatarmee (Armia Krajowa) steht außerdem in ständigem Funkkontakt mit der Exilregierung in London. Auch die Regierung Sikorski, davon darf man ausgehen, weiß bald von dem Fund, auch wenn zu beiden Vorgängen keine Dokumente vorhanden sind.

In den Wintermonaten 1942/43 beobachten sowohl Einheimische als auch deutsche Soldaten, wie Hunde und Wölfe an bestimmten Stellen im Wald von Katyn scharren. Der Boden ist zwar gefroren, aber die Überreste der Leichen sind teils mehr, teils weniger stark mit Erde bedeckt. Zudem gruben die polnischen Arbeiter im Sommer 1942 bereits dort, sodass die Tiere eine starke Spur haben müssen. Nachdem es auch die Hunde einer deutschen Reiterbrigade unter Major von Böselager immer zu einer bestimmten Stelle zieht, gibt dieser den Befehl, dort gründlich alles abzusuchen. So streifen Pioniere mit Minensuchgeräten durch den jungen Kiefernbestand und stoßen auf die Gräber. Aber dabei bleibt es.[13]

Zu jener Zeit fällt Iwan Kriwoserzow, der auf der Kolchose »Kranaja Zoria« (Morgenröte) arbeitet, ein deutsches Flugblatt in die Hände, das für eine Zusammenarbeit mit den Einheimischen wirbt. Kriwoserzow stellt sich dem russischen Ordnungsdienst zur Verfügung. Mitte Februar 1943 erscheint er bei der Geheimen Feldpolizei in Gniesdowo, bittet um einen Dolmetscher und erzählt, wie er selbst im Frühjahr 1940 auf dem Bahnhof Gniesdowo die Gefangenenwagen gesehen und seine inzwischen von der Roten Armee verschleppte Schwester die Verladung polnischer Soldaten in die »Schwarzen Raben« beobachtet habe. Kriwoserzow bringt zwei weitere Zeugen, die das Gleiche berichten. Feldpolizeisekretär Ludwig Voß lässt Hacken und Schaufel auf einen Panjewagen laden und fährt mit den Zeugen in den Katyn-Wald, um sich ein eigenes Bild zu machen. Anschließend nimmt der Polizeibeamte Gustav Plonka aus Wien die Aussagen zu Protokoll, auch die des alten Parfeon Kisseljew. Voß macht sich auf nach Smolensk zu höheren Dienststellen. Probegrabungen bestätigen die Aussagen der Einheimischen.

Doch noch ist der Boden gefroren. Erst am 29. März 1943 wird auf Befehl des Oberkommandos des Heeres (OKH) mit der systematischen Exhumierung begonnen. Aus den benachbarten Dörfern werden 35 Einwohner zu den Erdarbeiten beordert. Um Leichenplünderungen zu verhindern, halten sieben Mann vom russischen Ordnungsdienst nachts Wache. Die Leitung der Exhumierungen wird dem Oberstabsarzt bei der Heeresgruppe Mitte, dem Professor für Gerichtsmedizin und Kriminalistik an der Universität Breslau, Dr. Gerhard Buhtz, übertragen.[14]

In den Taschen der Soldaten und Offiziere werden Notiz- und Tagebücher gefunden. Alle Eintragungen enden zwischen dem

6. und 20. April 1940. Keine der Postkarten, die eigentlich nach Polen abgeschickt werden sollten, ist später als April 1940 datiert. In einem der Briefe, die bei den polnischen Opfern gefunden wurden, heißt es: »12. Februar 1940. Lieber Papa, der Krieg wird nun sicher bald zu Ende sein. Wir haben solche Sehnsucht nach dir und wir alle küssen und umarmen dich mit aller Kraft. Irene hat ihr Haar kurz geschnitten und Mami war deswegen sehr verärgert. Wohnst du in einem warmen Haus? Wir sind nämlich knapp mit Heizmaterial. Mami möchte dir gerne warme Wollhandschuhe schicken, (…).«[15]

Es werden auch ältere Leichen von Russen gefunden. Die Mordmethode war die Gleiche: Hände gefesselt, Tücher mit Sägemehl über den Kopf gestülpt, Genickschuss.

Während deutsche Dienststellen in Katyn und Smolensk weitere Zeugen vernehmen und Protokolle fertigen, tut sich Entscheidendes in Berlin. Ein Redakteur des Deutschen Nachrichtenbüros namens Hans Meyer, der bei einer Propaganda-Einheit der Heeresgruppe Mitte eingesetzt ist, meldet sich Ende März 1943 beim Leiter der Presseabteilung im Reichspropagandaministerium, Ministerialrat Werner Stephan. Meyer kennt Stephan schon länger und legt ihm einen ersten Bericht über die Gräber bei Katyn vor. Er sei nach Berlin gekommen, da »die ganze Sache nicht richtig angepackt wurde und den militärischen Stellen die Bedeutung der Angelegenheit entgangen« sei. Er sei der Ansicht, dass »die politischen Stellen dafür interessiert werden müssen« und bitte deshalb um nichts weniger als um eine Unterredung mit Propagandaminister Joseph Goebbels. Und Meyer wird tatsächlich von Goebbels empfangen.

Propagandakrieg

Als Joseph Goebbels den Katyn-Bericht von Redakteur Hans Meyer aufnimmt, erkennt er sofort die Brisanz und die propagandistischen Möglichkeiten. Er kann »sein Glück kaum fassen«, berichtet sein Ministerialrat Werner Stephan. Die Meldung kommt gerade Ende März 1943 wie gerufen. Im Februar ging die Schlacht um Stalingrad für die Wehrmacht vernichtend aus. Der Gedanke keimt auf, dass dies der Anfang vom Ende sein könnte. Zweifel an Hitlers militärischen Führungsqualitäten scheinen sich zu bestätigen. Am 18. Februar 1943 leitete Goebbels in seiner berühmten Sportpalast-Rede in Berlin (»Wollt Ihr den totalen Krieg?«) bereits die Phase der Aufbietung aller Reserven ein. In der Umgebung Hitlers nehmen Gedankenspiele über mögliche Separatfrieden mit der einen oder anderen Seite zu.

Der Massenmord ausgerechnet an Polen bietet die Möglichkeit, die Welt von der eigenen Unterdrückungspolitik abzulenken und gleichzeitig den Polen zu suggerieren, dass sie unter deutscher Herrschaft immer noch besser dran seien als unter kommunistischer. Und schließlich ließe sich in die Front der Alliierten ein Keil treiben, zumal die Unstimmigkeiten zwischen der polnischen Exilregierung und Großbritannien, den USA sowie der Sowjetunion bekannt sind. Darauf setzt Goebbels größte Hoffnungen. Der Ruf des US-Präsidenten auf der Konferenz in Casablanca am 23. Januar 1943 nach »bedingungsloser Kapitulation« Deutschlands lässt den Versuch einer Spaltung des alliierten Lagers um so dringlicher erscheinen. Goebbels spricht sich in der Sache mit Hitler ab und zieht dann das Thema an sich. In seinem Tagebuch notiert er:

»In der Nähe von Smolensk sind polnische Massengräber gefunden worden. Die Bolschewisten haben hier etwa 10 000 polnische Gefangene, unter ihnen auch Zivilgefangene, Bischöfe, Intellektuelle, Künstler usw., einfach niedergeknallt und in Massengräbern verscharrt. Über diesen Massengräbern haben sie Anlagen hergerichtet, um die Spuren ihres frevelhaften Tuns zum Verschwinden zu bringen. Durch Hinweise der Einwohner ist man hinter das Geheimnis dieser Erschießungen gekommen und nun zeigt sich eine grauenvolle Verwüstung der menschlichen Seele. Ich veranlasse, dass die polnischen Massengräber von neutralen Journalisten aus Berlin besucht werden. Sie sollen dort einmal durch eigenen Augenschein davon überzeugt werden, was ihrer wartet, wenn ihr vielfach gehegter Wunsch, dass die Deutschen durch die Bolschewisten geschlagen würden, tatsächlich in Erfüllung ginge.«[16]

Goebbels weist das Propagandaamt in Warschau an, eine Delegation aus Ärzten, Journalisten, Schriftstellern, Juristen und Geistlichen zusammenzustellen, die die Gräber von Katyn besichtigen sollen. Namhafte Polen werden zu Vorbereitungskonferenzen in Krakau und Lublin geladen. Den meisten Adressaten widerstrebt der Gedanke, an einer von den Deutschen organisierten Reise teilzunehmen. Das polnische Rote Kreuz verweigert zunächst eine Kooperation, weil man fürchtet, als neutrale Organisation von der deutschen Propaganda benutzt zu werden. Erzbischof Sapieha lehnt eine Beteiligung von Kirchenvertretern ab, Pater Kozubski findet eine Entschuldigung, ein angekündigter Vertreter des Paters sowie ein Jurist erscheinen erst gar nicht zum Abflug nach Smolensk.

Am 10. April 1943 trifft eine gemischte deutsch-polnische Delegation in Katyn ein. Zu den Teilnehmern zählen Ärzte, der Schriftsteller Ferdynand Goetel von der Polnischen Literarischen Akademie, sowie Edmund Seyfried, der Generaldirektor des polnischen RGO (Hauptfürsorgerat), einer karitativen Organisation für Kriegsgefangene. Sie dürfen bereits geöffnete Gräber und alle gefundenen Dokumente wie Tagebücher, Briefe und Ausweispapiere sichten. Nach Belieben können sie die Einheimischen ansprechen. Bereits diese erste Delegation kommt zu dem Schluss, dass die Morde nicht später als April 1940 geschehen sein können. An den offenen Gräbern hält Ferdynand Goetel eine Ansprache. Goebbels ist zufrieden. In seinem Tagebuch notiert er: »Jetzt hat der Führer auch die Erlaubnis gegeben, von uns aus eine dramatische Meldung an die deutsche Presse zu geben. Ich gebe Anweisung, dieses Propagandamaterial in weitestem Umfang auszunutzen. Wir werden einige Wochen davon leben können.«[17]

Am 13. April 1943, 15:15 Uhr mitteleuropäischer Zeit, 14:15 Greenwich Meantime, 9:15 New Yorker Zeit, meldet der Berliner Rundfunk für alle Radiostationen Großdeutschlands die Sensation:

>»Aus Smolensk wird berichtet, dass die einheimische Bevölkerung den deutschen Behörden einen Ort angezeigt hat, wo die Bolschewiken heimlich Massenexekutionen ausgeführt haben und wo die GPU 10 000 polnische Offiziere umgebracht hat. Die deutschen Behörden besichtigten den Platz, eine sowjetische Sommerresidenz, ›Kosji Gory‹ genannt, und machten eine ganz entsetzliche Entdeckung. Man fand eine große Grube, 28 Meter lang und 16 Meter breit, die mit zwölf Schichten von Leichen polnischer Offiziere angefüllt war, deren Zahl sich auf etwa 3000 beläuft. Sie waren in voller militärischer Uniform und während viele von ihnen an den Händen gefesselt waren, hatten alle Schusswunden am Hinterkopf, von Pistolenschüssen herrührend.

>Die Identifizierung der Leichen wird wegen der konservierenden Bodenbeschaffenheit keine große Schwierigkeiten machen, besonders, da die Bolschewiken den Leichen die Personalpapiere belassen hatten. Es wurde bereits mit Sicherheit festgestellt, dass sich unter den Ermordeten General Smorawinski aus Lublin befand. Diese Offiziere hatten sich vorher in Koselsk bei Orel befunden, von wo sie im Februar und März 1940 nach Smolensk und dort in Lastwagen nach Kosji Gory transportiert wurden, wo sie alle miteinander durch die Bolschewiken umgebracht wurden.

>Die Auffindung und Suche nach weiteren Massengräbern ist im Gange. Unter schon ausgegrabenen Schichten wurden neue gefunden. (…) Die Gesamtzahl der ermordeten Offiziere wird auf 10 000 geschätzt. Eine Zahl, die mehr oder weniger der Gesamtzahl polnischer Offiziere entspre-

chen würde, die von den Bolschewiken gefangengenommen wurden. Norwegische Presseberichterstatter, die zur Besichtigung des Ortes ankamen und mit eigenen Augen sich von der Wahrheit überzeugen konnten, haben über das Verbrechen an die Osloer Zeitungen berichtet.«

Die Propagandaschlacht ist eingeläutet. Einiges fällt auf. Vor allem die geschätzte Zahl von 10 000 Toten. Die Deutschen glauben offenbar, auf die Gräber sämtlicher vermisster Offiziere gestoßen zu sein. Nicht erwähnt wird, dass am Tatort Hülsen deutscher Munition gefunden wurden, ein Schwachpunkt der propagandistischen Ausnutzung des Verbrechens. Noch am 8. Mai 1943 wird Goebbels in seinem Tagebuch notieren: »Leider ist in den Gräbern von Katyn deutsche Munition gefunden worden. Es muss noch aufgeklärt werden, wie sie dorthin gekommen ist. Entweder handelt es sich um Munition, die von uns während der Zeit des gütlichen Übereinkommens an die Sowjetrussen verkauft worden ist oder die Sowjets haben selbst diese Munition hineingeworfen.«[18]

Als Berlin die Nachricht von Katyn verbreitet, sitzen in London Churchill und Sikorski beim gemeinsamen Lunch. Sikorski wird nun deutlich und sagt, er selbst besitze »eine Fülle von Beweisen« für die Verantwortlichkeit der Sowjets. Auch Churchill fällt nicht aus allen Wolken, sondern gibt trocken zu bedenken: »Wenn sie tot sind, wird alles, was Sie tun können, sie doch nicht mehr lebendig machen.«[19] Dem britischen Premier ist die Dimension klar. Die Tatsache, dass Stalin einen Großteil des polnischen Offizierskorps und der Elite Polens liquidieren ließ, könnte seine Anstrengungen, eine geschlossene Allianz gegen Deutschland zu formieren, die in der Wiederaufnahme der Beziehungen zwischen der Sikorski-Regierung und Moskau sowie in der Aufstellung einer polnischen Armee zur Unterstützung der britischen Mittelostarmee erste Erfolge zeitigte, mit einem Schlag zunichtemachen.

Churchill will unbedingt ein Zerwürfnis zwischen der polnischen Exilregierung und Moskau vermeiden. Im Gespräch mit Sikorski zwei Tage später fügt er daher an, die Meldungen verfolgten offensichtlich den Zweck, Zwietracht zwischen den Verbündeten zu säen. Er räumt jedoch gleichzeitig ein, dass »die deutschen Enthüllungen vermutlich leider wahr sind«. Und: »Die Bolschewiken können sehr grausam sein.«[20]

Churchill schaltet umgehend wieder die Pressezensur ein. Er will die inzwischen vorherrschende Linie der britischen Presse nicht gefährden: der Bolschewismus habe sich in den zurückliegenden Jahren gewandelt, die Sowjets verfolgten nicht mehr ernsthaft das Ziel der Weltrevolution, wollten auch nicht mehr anderen Völkern ihren Willen aufzwingen. In Großbritannien erfährt die Öffentlichkeit somit zunächst nichts von der Sensationsmeldung des Berliner Rundfunks zu den Funden in Katyn. Die Stille wird am 15. April ausgerechnet von der russischen Nachrichtenagentur TASS durchbrochen. In einer Erklärung, die über den sowjetischen Rundfunk verbreitet und in London vom *Sowjetinformbureau* als Bulletin Nr. 541 veröffentlicht wird, heißt es: »Die fraglichen Gefangenen waren in der Umgebung von Smolensk in besonderen Lagern untergebracht und beim Straßenbau beschäftigt. Da ihre Evakuierung zur Zeit des Herannahens der deutschen Truppen unmöglich war, fielen sie in deren Hände. Wenn sie also nun ermordet und tot aufgefunden worden sind, so hat das zu bedeuten, dass sie von den Deutschen ermordet wurden, die nunmehr aus provokatorischen Gründen behaupten, das Verbrechen sei von sowjetischen Stellen verübt worden.«

Die Kommentierung durch TASS prangert eine »ruchlose Erfindung« der deutschen Propaganda an und fährt fort: »Aha, nun wissen wir endlich, was mit den polnischen Kriegsgefangenen geschehen ist, die wir im Verlauf der Kampfhandlungen in der Gegend von Smolensk, wo sie mit dem Straßenbau beschäftigt waren, zurücklassen mussten. Die germano-faschistischen Kanaillen haben sie umgebracht und haben jetzt die Frechheit,

uns armen unschuldigen Sowjets, den Vorkämpfern für Recht und Freiheit, das Verbrechen in die Schuhe zu schieben.«
Die britische Regierung weist die Medien an, auf die TASS-Erklärung zu reagieren. Die BBC meldet umgehend:

> »In einer heute durch Radio Moskau verbreiteten Sendung wird amtlich und mit aller Entschiedenheit die Nachricht bestritten, die von den Deutschen über die angebliche Erschießung polnischer Offiziere durch Sowjetbehörden vermeldet wurde. Diese Lügen beziehen sich auf das Schicksal der Offiziere, die die Deutschen im Jahre 1941 mit Bauarbeiten in der Umgebung beschäftigten.«

Die BBC »verbessert« sogar insofern die sowjetische Version, als sie die Aussage der Sowjets, die polnischen Offiziere seien von ihnen zu Bauarbeiten herangezogen worden, in eine Beschäftigung der Polen durch die Deutschen ummünzt. BBC geht davon aus, dass »sich diese schrecklichen, von der deutschen Propaganda ausgestreuten Nachrichten wieder einmal, wie schon so oft in der Vergangenheit, als Lügen erweisen«.
Die Fronten im Propagandakrieg um die Katyn-Morde stehen. Im deutschen Besatzungs- und Einflussbereich gilt die Version des Reichspropagandaministeriums, im gesamten alliierten Lager die sowjetische Version. TASS wartet dabei mit der abstrusen Vermutung auf, bei den deutschen Funden handle es sich wahrscheinlich »um archäologische Ausgrabungen historischer Gräber«. Die Leichen seien »Skelette aus der Steinzeit, die die Deutschen in polnische Uniformen gekleidet haben«.[21]
Die von den Deutschen kontrollierten Radiostationen verbreiten täglich neue Einzelheiten. Insbesondere der deutsche *Transozean*-Sender funkt die Nachrichten auf Kurzwelle in die ganze Welt. Die deutsche Propaganda zieht dabei ihre schrillsten Register. Der *Völkische Beobachter* macht am 15. April 1943 mit der Schlagzeile »Der Massenmord von Katyn: Das Werk jüdischer Schlächter« auf. In deutschen Zeitungen ist von den

68

»Untermenschen der GPU« zu lesen. Auch heißt es: »Judas'
Blutschuld wächst ins Unermessliche« und: »Für die Mentalität
der bolschewistischen Massenmörder ist es bezeichnend, dass
sich am Rande der Hinrichtungsstätte, kaum 500 Meter von
den Massengräbern entfernt, ein Erholungsheim für höhere
GPU-Funktionäre männlichen und weiblichen Geschlechts
befand, in dem nach Aussagen der Ortsansässigen der näheren
Umgebung Orgien gefeiert wurden.«
Besonders hervorgehoben werden die Namen der »jüdisch-bol-
schewistischen Mörder«. In einer Flugschrift mit dem Titel
»Massenmord im Katyn-Wald« heißt es: »Niemand wird über
die Tatsache erstaunt sein, die durch Zeugenaussagen über jeden
Zweifel erhaben ist, dass sämtliche Mörder ohne Ausnahmen
Juden waren (…).« Ein Beweis dafür wird freilich nicht
erbracht. Im Gegenteil ist der Anteil jüdischer Opfer mit rund
800 sehr hoch.[22]
Die Regierung in Berlin weiß, dass den deutschen Angaben
grundsätzlich wenig Glauben geschenkt wird. Also sucht man
eine Bestätigung der sowjetischen Täterschaft durch eine international unanfechtbare Institution wie das Internationale Komitee
vom Roten Kreuz (IKRK). Dann geriete die sowjetische und britische Propaganda in Schwierigkeiten. Allein eine Anfrage an das
IKRK würde zeigen, dass die Deutschen eine unparteiische
Untersuchung nicht scheuten. Folglich telegrafiert der Geschäfts-
führer des Deutschen Roten Kreuzes, Ernst-Robert Grawitz[23], an
das IKRK in Genf die Bitte um eine Untersuchung der Morde vor
Ort. Präsident Max Huber antwortet, das IKRK sei dazu grundsätzlich bereit, Voraussetzung sei aber, dass alle anderen betroffenen Parteien ein ähnliches Ersuchen an das IKRK richteten.
Unabhängig vom Tätigwerden der Deutschen will sich die polnische Exilregierung an das IKRK wenden. Unter ihren Minis-
tern sind mehrere, die Angehörige unter den Toten zu beklagen
haben. Bereits am 15. April 1943, zwei Tage nach der Bekannt-
gabe des Fundes durch deutsche Medien und am Tage der

TASS-Meldung, fordert General Anders vom Nahen Osten aus per Telegramm die Exilregierung in London auf, »in dieser Angelegenheit zu intervenieren und eine offizielle Erklärung von den Sowjets zu verlangen, zumal unsere Soldaten überzeugt sind, dass der in der UdSSR verbliebene Rest unseres Volkes ebenfalls ausgerottet wird«.

Doch was kann die Exilregierung tun? Einerseits ist die Sowjetunion Verbündete und es dürfen keine Zweifel an der polnischen Loyalität innerhalb der Allianz aufkommen. Andererseits ist die Hinnahme eines solchen Verbrechens nicht denkbar. So beschließt die Exilregierung, sich ohne Abstimmung mit den Briten an das IKRK als eine anerkannte, über allen kriegführenden Mächten stehende Organisation mit der Bitte um eine Untersuchung zu wenden. Man einigt sich auf ein Kommuniqué, das so abgefasst ist, dass es der sowjetischen Version nicht widerspricht und die deutsche Propaganda angreift. So müsste es auch die Briten zufriedenstellen. Gleichzeitig soll dem sowjetischen Botschafter in London nochmals eine Note mit der Anfrage übergeben werden, ob die Sowjets Licht in die Vorwürfe bringen könnten.

Der Ansatz wirkt geschickt. Damit käme Bewegung in die Propagandafronten, weil nicht mehr Aussage gegen Aussage stünde. Außerdem gewänne der Fall international an Aufmerksamkeit – wenn da nicht ein Störfeuer wäre: Noch vor Herausgabe des Kommuniqués berichtet ein Journalist des *Daily Telegraph* das Ergebnis der internen polnischen Kabinettssitzung. Die Meldung wird unverzüglich von *Globreuter*, dem internationalen Dienst der Nachrichtenagentur *Reuters*, übernommen. Im polnischen Kommuniqué heißt es:

> »Kein Pole kann sich der tiefen Erschütterung entziehen, die die nunmehr von den Deutschen der gesamten Öffentlichkeit mitgeteilte Nachricht verursacht hat. (…) Die polnische Regierung hat ihrem Vertreter in der Schweiz die Weisung erteilt, das Internationale Rote Kreuz in Genf zu

ersuchen, eine Abordnung mit der Aufgabe zu entsenden, an Ort und Stelle zum wirklichen Sachverhalt eine Untersuchung vorzunehmen. (…) Die geheuchelte tiefe Entrüstung der deutschen Propaganda vermag nicht, der Welt die zahlreichen und wiederholten grausamen Verbrechen gegen das polnische Volk, die zudem noch andauern, zu verheimlichen.«[24]

Nun wissen die Deutschen, dass sich auch die Polen an das IKRK wenden wollen. Hitler gibt umgehend die Anweisung, dem IKRK »sofort« eine zweite Einladung zugehen zu lassen. Das Telegramm wird vom Präsidenten des Deutschen Roten Kreuzes, Herzog von Coburg und Gotha, unterzeichnet, der in England aufgrund seiner verwandtschaftlichen Beziehungen einen Namen hat. Damit erweckt die deutsche Propaganda den Eindruck eines mit der polnischen Exilregierung abgestimmten Vorgehens. Zufrieden notiert Goebbels, die polnische Absicht, das IKRK anzurufen, stelle »eine grundsätzliche Wendung des ganzen Falles Katyn« dar.

Am selben Tag gibt der polnische Verteidigungsminister Marian Kukiel, der früher an der Krakauer Universität Geschichte lehrte, eine eigene Erklärung heraus. Er verweist darin auf die Gefangennahme der polnischen Offiziere durch die Sowjets, ihre Deportation in die drei Lager und die erfolglosen Anfragen der Exilregierung nach dem Verbleib der Soldaten. Kukiel schließt: »Wir sind an die Lügen der deutschen Propaganda gewöhnt und wir verstehen den mit den neuesten Enthüllungen verfolgten Zweck. In Anbetracht überreichlicher und genauer deutscher Informationen bezüglich der Entdeckung der Leichen vieler Tausender polnischer Offiziere bei Smolensk und angesichts der entschiedenen Behauptung, diese seien von den Sowjetbehörden im Frühjahr 1940 ermordet worden, hat sich jedoch die Notwendigkeit ergeben, die entdeckten Massengräber zu untersuchen und die Tatsachenbehauptungen auf ihre Wahrheit zu prüfen und zwar durch eine kompetente internationale Körperschaft, wie es das Rote Kreuz ist.«[25]

Ebenfalls am selben Tag überreicht der stellvertretende Repräsentant des Polnischen Roten Kreuzes in Genf, Fürst Stanislaw Radziwill, das Gesuch seiner Regierung um eine Untersuchung. Zu seiner Überraschung erfährt Fürst Radziwill nun, dass die deutsche Regierung bereits am Vortag ein ähnliches Gesuch nach Genf telegrafierte.

Zunächst macht sich das IKRK daran, eine Kommission zusammenzustellen. Schwedische, portugiesische und schweizer Sachverständige sollen unter Vorsitz eines Spezialisten aus der Schweiz nach Katyn reisen. Daraus wird aber nichts, denn dem IKRK sind letztlich die Hände gebunden: Erstens kann es nicht ohne Zustimmung aller Beteiligten, also auch der Sowjetunion, Nachforschung durchführen und zweitens versucht man zu eben dieser Zeit, über die Sowjetbotschaft in Ankara und Teheran mit Außenkommissar Molotow über die Kriegsgefangenen in der Sowjetunion ins Gespräch zu kommen. Das IKRK muss befürchten, dass Moskau die Verhandlungen abbricht, falls es die Sowjetregierung selbst auffordert, die Untersuchung zu erlauben, denn Moskau hat zwar die Genfer Verwundetenkonvention von 1929, nicht aber die Kriegsgefangenenkonvention ratifiziert. Die meisten Offerten des Repräsentanten des IKRK für internationale Fragen, Carl Jacob Burckhardt, für eine Kooperation auf dem Gebiet der Kriegsgefangenenfürsorge waren von den Sowjets nicht einmal beantwortet worden.[26]

Unter der Hand erfährt Radziwill, dass das IKRK unter Druck gesetzt wird. Es sei »über dritte Mächte« darüber informiert worden, dass die Sowjetunion eine Untersuchung sehr übel aufnehmen würde. Ein sowjetischer Diplomat in London fordert den ehemaligen polnischen Botschafter in Moskau und jetzigen Informationsminister Stanislaw Kot sogar »auf Anweisung des Kremls« auf, eine Erklärung zu veröffentlichen, die

Deutschen hätten das Massaker in Katyn begangen. Dazu sind die Polen natürlich nicht bereit.[27]

Das IKRK ist in Zugzwang. In seinem Kommuniqué vom 23. April 1943 heißt es: »Gemäß dem Geiste des Memorandums vom 12. September 1939 kann das Internationale Rote Kreuz prinzipiell die Beteiligung an dem technischen Verfahren der Leichenidentifizierung durch seine eigenen Sachverständigen nicht in Erwägung ziehen, ohne die Zustimmung aller betroffenen Parteien zu besitzen.« Mit anderen Worten: Keine Zustimmung der Sowjetunion, keine Untersuchung. Immerhin: Die Haltung der Sowjetunion kann als indirektes Schuldbekenntnis gewertet werden.

Die westliche Öffentlichkeit ist zu dieser Zeit allerdings prosowjetisch gestimmt und daher eher gewillt, der sowjetischen als der deutschen Version zu glauben. Eine der wenigen von der vorherrschenden Meinung abweichenden Betrachtungen findet sich in der Schweizer *Liberté*: »Die Sowjetunion hat erklärt, dass die im Wald von Katyn aufgefundenen Leichen polnischer Offiziere Opfer einer von den Deutschen begangenen Gräueltat wären. Warum widersetzt sie sich dann einer Untersuchung? Warum verwirft sie eine solche schon im vornhinein und bezeichnet sie als Komödie? Alles dies ist nichts weiter als ein plumper Vorwand.«[28]

Derweil stellt das Propagandaministerium eilends eine Gruppe von Offizieren aus deutschen Offiziersgefangenenlagern (Oflags) zusammen, die Katyn besichtigen sollen. Es sind neben mehreren Polen die beiden Briten Captain Gilder und Oberstleutnant Stevenson sowie die Amerikaner Oberstleutnant John F. Van Vliet und Oberstleutnant B. Stewart. Die polnischen Offiziere sollen nach dem Willen der Deutschen Ansprachen halten, die auf Grammophonplatten aufgenommen und anschließend für Propagandaeinsätze in polnischen Kriegsgefangenenlagern in Deutschland genutzt werden sollen. Die polnischen Offiziere lehnen dies jedoch nicht nur ab, sondern stellen vor ihrer

Abreise Bedingungen: keine Ansprachen, keine Interviews, keine Veröffentlichung ihrer Namen.

Auch US-Oberstleutnant John Van Vliet, Gruppenältester von etwa 125 Gefangenen des Oflag IX/AZ in Rothenburg, weigert sich zunächst, nach Katyn zu reisen. Er ist überzeugt, es handle sich um »eine Verschwörung«, um nichts als reine Propaganda. Er schreibt an die Schweiz als Schutzmacht der Genfer Konvention, dass er nur unter Protest gehe und man seine Teilnahme nicht als Vertretung des Gefangenenlagers, der amerikanischen Armee oder gar der amerikanischen Nation sehen dürfe.

Die Delegation fliegt nach Smolensk und begibt sich von dort aus nach Katyn. Die Polen dürfen selbst Leichen freilegen und identifizieren. Die menschlichen Überreste sind durch die Verwesungssäure zusammengeklumpt, müssen mit Eisenhaken und Schaufeln voneinander getrennt werden. Die Taschen lassen sich nicht öffnen und müssen aufgeschnitten werden. Die gefundenen Gegenstände werden in Beutel gesteckt, jede Leiche nummeriert und dazu ein maschinengeschriebenes Protokoll verfasst. Mehrere Polen identifizieren frühere Regimentskameraden.

Da etliche der mitgereisten polnischen Offiziere fließend russisch sprechen, können sie sich ohne Dolmetscher mit den Einheimischen unterhalten. Einer von ihnen ist im Zivilberuf Förster. Er entdeckt, dass eine alte Kiefer an einem Grubenrand neue Triebe geschlagen hat, die in die zusammenklebende Leichenmasse hineingewachsen sind. Er schneidet einen Trieb ab und kommt zu dem Schluss, dass er mindestens drei Jahre alt sein müsse, die Morde also nicht erst nach 1940 geschehen sein können, wie von den Sowjets behauptet. Unter den Mitgliedern der polnischen Delegation befinden sich verdeckt auch Angehörige der Heimatarmee (Armia Krajowa). Heimlich nehmen sie mehrere Hanfstricke an sich, mit denen das NKWD Gefangene gefesselt hatte, sowie einige Tagebücher.

Auch US-Oberstleutnant Van Vliet macht eine interessante Beobachtung: Die Absätze der polnischen Offiziersstiefel sind kaum abgenutzt. Das wäre so gut wie unmöglich, wären die Polen erst im Herbst 1941 und nicht schon anderthalb Jahre früher ermordet worden. Viele Jahre später wird Van Vliet bekennen: »Ich glaubte daran, dass es die Russen waren. Ich hasste die Deutschen und wollte ihnen keinen Glauben schenken. Ich war überzeugt, die Deutschen würden alles tun, um mich davon zu überzeugen, dass die Russen schuldig wären. (…) Nur mit großem Widerstreben entschied ich schließlich, dass es doch so ist.«

Doch der Plan der Deutschen, diese Offiziere zu propagandistischen Zwecken zu nutzen, geht nicht auf. Die Eindrücke der aus den Kriegsgefangenenlagern nach Katyn Delegierten bedeuten für die Meinungsbildung in den Heimatländern USA und Großbritannien praktisch nichts. An der Gesamtlage können auch die Pressevertreter aus neutralen Ländern nichts ändern. Die Zeitung *Stockholms Tidningen* zögert sogar, den Bericht ihres eigenen Korrespondenten Christer Jaederlund zu drucken, weil er den Verantwortlichen zu unglaublich erscheint.

Mehr verspricht sich die deutsche Propaganda von der Idee, populäre Schriftsteller aus neutralen, besetzten oder befreundeten Ländern anzusprechen. Noch während die Gruppe der Offiziere in Katyn ist, trifft eine Delegation von Schriftstellern aus Norwegen, Schweden, der Schweiz, den Niederlanden, Spanien, Belgien und Ungarn ein.[29] Auch deren Wirkung bleibt sehr begrenzt.

Die Polen allerdings greifen jede Nachricht umso interessierter auf. In der von den deutschen Besatzungsbehörden im »Generalgouvernement« kontrollierten Tagespresse wie im *Nowy Kurier Warszawski* werden Namen von Exhumierten genannt und Fotos veröffentlicht. Die Ansprache des Mitglieds der Polnischen Literarischen Akademie Ferdynand

Goetel an den Gräbern wird zitiert. Die Teilnehmer der polnischen Delegation und Journalisten kommen aus Katyn zurück und bestätigen die Nachrichten. Das Polnische Rote Kreuz wird mit Briefen überschwemmt. Familien wollen Angehörige überführen, andere bitten um die bei den Leichen gefundenen Briefe und Personalpapiere. Wieder andere erkundigen sich nach den Vermissten der beiden anderen Lager Starobelsk und Ostaschkow.

Angesichts der brutalen Unterdrückungs-, Ausbeutungs- und Umsiedlungspolitik unter Generalgouverneur Hans Frank und SS-Obergruppenführer Friedrich Wilhelm Krüger können die Meldungen über Katyn den Hass auf die deutschen Besatzer jedoch nicht mindern. Morde an ihnen nehmen in erschreckender Weise zu. Frank wird schließlich am 10. Dezember 1943 in seinem Tagebuch festhalten, »dass die Propaganda im Fall Katyn keine durchschlagende Wirkung gezeigt« habe.

Ähnliches ergibt die Auswertung der Presse und der Stimmungslage im »Reich« durch das Amt III beim Chef der Sicherheitspolizei und des SD. Zunächst habe »die Nachricht vom Massengräberfund im Walde von Katyn als sensationelle Neuigkeit einen großen Teil der Volksgenossen stark beschäftigt«, weil sie die Angst verstärke, dass es Deutschen nach einem Sieg der Sowjets ähnlich ergehen könnte. Gleichwohl sähen es vor allem konfessionell gebundene Kreise als heuchlerisch an, wenn die deutsche Propaganda auf einmal ihr Herz für Polen entdecke, wo deutscherseits doch viel mehr Polen und Juden beseitigt worden seien. Dem NS-Staat ablehnend gegenüberstehende Personen würden es auch als Ablenkungsmanöver für zunehmende militärische Niederlagen ansehen. Es komme zudem nicht gut an, wenn zu sehr übertrieben werde, zum Beispiel durch Überschriften wie »Die Genickschussorgie von Katyn«. Wenig erfolgreich sei auch die Delegation der Schriftsteller gewesen; ironisch werde manchmal vom »Dichtertreffen in Katyn« gesprochen.[30]

Die Auswerter befassen sich ferner mit der Stimmung unter polnischen Zwangsarbeitern. Besonders in der Industrie arbeitende Polen hätten jede Einzelheit mit betontem Interesse verfolgt, während die in der Landwirtschaft tätigen Polen teilweise über Katyn überhaupt nicht unterrichtet gewesen seien. Es sei auch zu Schlägereien zwischen Polen und »Ostarbeitern« aus der Sowjetunion gekommen. Erfreulich sei festzustellen, dass »die Arbeitswilligkeit und das Benehmen seit Katyn sich beachtlich gebessert« hätten. Neben der großen Zahl der polnischen Arbeiter, die den deutschen Berichten Glauben schenken würden, seien aber »noch genug Polen vorhanden, die Katyn als eine aufgebauschte deutsche Zweckpropaganda hinstellten«, vor allem »kommunistische Elemente« unter ihnen, stellen die Auswerter fest.[31]

Anders als das Reichspropagandaministerium in Berlin sähen die Regierungen in London und Washington es lieber, wenn sie das Thema Katyn ganz aus den Medien heraushalten könnten. Doch das ist besonders in den USA schwierig, da dort fast sechs Millionen Amerikaner polnischer Herkunft leben. Wie die deutschen und italienischen Gruppen verfügen dort auch die Polen über Rundfunkprogramme in ihrer Muttersprache, in denen manches anders gesehen und dargelegt wird, als es die US-Regierung wünscht. Zwar gibt es im Krieg eine Bundesbehörde zur Überwachung der nicht englischsprachigen Medien, aber die Kontrolle ist lückenhaft und kann oft erst im Nachhinein ausgeübt werden. Als der polnische, antikommunistisch eingestellte Rundfunksprecher Marian Kreutz die Sowjets als Täter beschuldigt, wird er von der Fremdsprachenabteilung aufgefordert, sich auf die Wiedergabe von Nachrichten »seriöser amerikanischer Nachrichtenagenturen« zu beschränken. Anschließend wird er nicht mehr als Rundfunksprecher eingesetzt.[32]

Das Dilemma der alliierten Propaganda beschreibt der Leiter des amerikanischen Office of War Information (OWI) in

London, Wallace Carroll, so: »Wenn wir die ganze Wahrheit sagen wollten, würden wir die Deutschen ermutigen, unsere Freunde entmutigen. Wenn wir offen über die Uneinigkeit über Polen sprächen, würden wir Goebbels in die Hände arbeiten, den Widerstand der Deutschen stärken und das Leben alliierter Soldaten aufs Spiel setzen.« Das OWI war vom Außenministerium in Washington instruiert worden, in der Katyn-Angelegenheit »besser keinen festen Standpunkt zu beziehen«.[33]

Was in keinem Medium der Welt berichtet wird, ist eine Begebenheit, die sich in Lübeck zugetragen haben soll. Im dortigen Kriegsgefangenenlager sind Polen und Belgier interniert. Dann wird, so ein späterer Zeugenbericht, ein Russe oder Georgier eingeliefert, der einen Raum für sich erhält. Vor seinem Fenster wird ein besonderer Posten aufgestellt. Sein Name ist Jakow Iossifowitsch Dschugaschwili, der Sohn Stalins. Er war als Artillerieoffizier am 16. Juli 1941 in deutsche Gefangenschaft geraten. Die internierten Offiziere drängen sich, ihn besuchen zu dürfen. Der polnische Oberleutnant Georg Lewszecki, der fließend Russisch spricht, fragt ihn, ob er etwas über das Schicksal der polnischen Offiziere wisse. Stalins Sohn antwortet schnoddrig: »Was soll all das Geschrei um 10 000 oder 15 000 Polen? Bei der Kollektivierung der Ukraine gingen rund drei Millionen Menschen zugrunde. Was sollen uns die polnischen Offiziere (…). Es war die Intelligenzia, das gefährlichste Element für uns, sie mussten ausgeschaltet werden.« Zum »Trost« versichert er, sie seien »auf eine menschliche Art, nicht mit den brutalen Methoden der Deutschen« liquidiert worden.

Legende oder nicht: Am 14. April 1943 stirbt Dschugaschwili im KZ Sachsenhausen. Eine Version lautet, er sei erschossen worden, angeblich auf eigenen Wunsch; eine andere, er habe Selbstmord verübt, indem er bewusst in den elektrisch geladenen Zaun gelaufen sei. Genau am Tag zuvor gab die deutsche Propaganda den Gräberfund von Katyn bekannt.[34]

Zwischen allen Stühlen

Während die Scharfmacher der deutschen Propaganda glauben, immer mehr Spannungen zwischen den Alliierten zu entdecken, ist Stalin fest entschlossen, die Auseinandersetzung um Katyn als Vorwand zu nutzen, die polnische Exilregierung auszuschalten. Folglich schießt sich die sowjetische Propaganda auf die polnische Exilregierung ein. Der Leitartikel der *Prawda* erscheint am 19. April 1943 unter der Überschrift »Hitlers polnische Kollaborateure«. Die polnische Exilregierung wird darin einer »aktiven Teilnahme an einem Verleumdungsfeldzug gegen die Sowjetunion« und einer »verbrecherischen Kollaboration mit dem Kannibalen Hitler« bezichtigt. Man sei in Moskau »sehr empört«, dass sich die Exilregierung »zum Erstaunen aller« an das IKRK gewandt habe. Die polnischen Führer seien offensichtlich »Dr. Goebbels auf den Leim gegangen«. Das Gesuch an das IKRK sei »als direkte und offenkundige Unterstützung der Hitlerschen Provokateure« anzusehen.[35]
Über die sowjetischen Radio-Sender wird der *Prawda*-Artikel weiterverbreitet. TASS fügt eine eigene Erklärung hinzu:

> »Die Tatsache, dass die gegen die Sowjetunion gerichtete Kampagne gleichzeitig in der deutschen und polnischen Presse begann und nach ein- und demselben Plan verläuft – eine äußerst erstaunliche Tatsache –, lässt nur die Annahme zu, dass die Antisowjetkampagne nach vorhergehender Vereinbarung zwischen den deutschen Okkupanten und den hitlerfreundlichen Elementen in den Kreisen der Regierung Sikorski durchgeführt wird.«

Schwereres propagandistisches Geschütz lässt sich nicht auffahren. Stalin weiß, dass der britischen Regierung die Allianz mit ihm wichtiger ist als der polnische Verbündete. Hatte Churchill Stalin doch erst vor Monaten das größte Kompliment bereitet, das ein Engländer machen kann, indem er ihm »einen ausgezeichneten Sinn für Humor« bescheinigte. Und bald wird

Seine Majestät König Georg VI. Stalin einen Ehrensäbel mit goldenem Griff zur Konferenz nach Teheran schicken. Churchill wird sich noch steigern. In einer Rede vor dem Unterhaus wird am 24. Mai 1944 aus seinem Mund zu hören sein:

> »Grundlegende Wandlungen haben in Sowjet-Russland stattgefunden. Die trotzkistische Form des Kommunismus ist völlig ausgetilgt worden. (…) Die religiöse Seite russischen Lebens hat eine wunderbare Wiedergeburt erfahren. Disziplin und militärische Verhaltensformen der russischen Armeen sind unübertroffen. Es gibt eine neue Nationalhymne, deren Melodie mir Premier Stalin geschickt hat, und ich habe die BBC gebeten, sie zu den vielen Anlässen zu spielen, wenn große russische Siege zu feiern sind (…).«[36]

Nicht weniger blumig werben US-Präsident Franklin D. Roosevelt und ein Großteil der amerikanischen Medien um Stalins Gunst. Selbst das Magazin *Life* schmückt am 29. März 1943 seine Titelseite mit einem Bild Stalins. Im Innenteil wird er neben einem ganzseitigen Foto gar als »vielleicht größter Mensch der Neuzeit« gepriesen. Das sowjetische NKWD, so *Life*, sei so etwas wie die amerikanische Bundespolizei FBI.

In einer Botschaft, die »persönlich, geheim« deklariert ist, wendet Stalin sich am 21. April 1943 an Roosevelt und Churchill. Darin heißt es, da die antisowjetische Propaganda in der deutschen und polnischen Presse zur selben Zeit begonnen habe und ein- und derselben Linie folge, müsse dies als »unbezweifelbarer Beweis für den Kontakt und das heimliche Einverständnis zwischen Hitler (…) und der Regierung Sikorski (…) gewertet werden. Die Regierung Sikorski holt zum Schlag aus, sie verrät die Sowjetunion (…).« Dann behauptet Stalin ganz unverfroren mit Blick auf Katyn: »Die Sikorski-Regierung hat es nicht für nötig erachtet, an die Sowjetunion auch nur Fragen zu richten oder bei ihr in dieser Sache Erkundigungen einzubeziehen.«

Nach Erhalt dieses Schreibens erhöht Churchill den Druck auf die Exilpolen. Zu Sikorski sagt er: »Ich prüfe die Möglichkeit, jene polnischen Zeitungen in diesem Land zum Schweigen zu bringen, die die Sowjetunion angreifen.« Vor dem Kabinett erklärt Churchill: »Keine Regierung, die unsere Gastfreundschaft in Anspruch nimmt, hat das Recht, Artikel zu veröffentlichen, die (…) diese Regierung in Schwierigkeiten bringen. (…) Die gegenwärtigen Umstände in dieser Sache lassen es geraten sein, die Zügel ein wenig anzuziehen.«[37]

Den polnischen Zeitungen in Großbritannien werden Auflagen erteilt. Die kommunistische Presse im Land hingegen kann ungehindert die sowjetische Kampagne unterstützen, so etwa der *Daily Worker*, der von der britischen KP, die mit mehr als 55 000 Mitgliedern zu jener Zeit relativ stark ist, herausgegeben wird. Die antipolnischen Ausfälle steigern sich derart, dass der britische Informationsminister den Kommunisten eine Rüge wegen Verleumdung erteilen muss. Gleichzeitig wirft er der polnischen Presse vor, Uneinigkeit unter den Alliierten stiften zu wollen.

Die Kommunisten mobilisieren auch die britischen Gewerkschaften, die nun Entschließungen gegen die polnische Exilregierung verfassen. 3000 Arbeiter eines Flugzeugwerkes in Birmingham unterzeichnen eine Resolution, in der es heißt: »Wir sind nicht länger gewillt, jenen Kreisen, die Hitlers Propaganda gegen die Sowjetunion fördern, noch Asyl und Unterstützung zu gewähren.« Selbst nicht kommunistische Gewerkschaften und Ortsverbände der Labour Party decken das Regierungsviertel in London mit Telegrammen und Briefen ein, in denen sie fordern, nicht »die nazifreundlichen Handlungen der polnischen Regierung zu dulden« und »ihr zu untersagen, das Spiel Goebbels fortzusetzen«.

Churchill persönlich nimmt sich noch einmal Sikorski vor. Genau am Karsamstag, dem 24. April 1943, so rät Churchill, solle der polnische Regierungschef eine offizielle Erklärung

abgeben, in der die Möglichkeit einer Ermordung der Offiziere durch die Sowjets bestritten und die Vorwürfe gegen sie als
deutsche Propaganda bezeichnet werde. Sikorski erhält zudem
von Churchill die »Empfehlung«, in der Frage Katyn alle weiteren Untersuchungen einzustellen.[38]
Sikorski zeigte sich stets kompromissbereit. Jetzt sitzt er zwischen allen Stühlen. Er weigert sich, Churchills Spiel mitzuma-
chen. Für Stalin ist das der Moment, den Bruch zu vollziehen.
Am 25. April 1943 mittags bestellt Molotow den neuen polnischen Botschafter Tadeusz Romer zu sich ins Kommissariat für
Auswärtige Angelegenheiten. Er hält eine fatale Note in der
Hand und liest sie vor:

>> »Herr Botschafter, im Auftrage der Regierung der Union
der sozialistischen Sowjetrepubliken habe ich die Ehre, der
polnischen Regierung Folgendes zur Kenntnis zu bringen:
Die ungeduldige Haltung der polnischen Regierung gegenüber der Sowjetunion wird von der Sowjetregierung als
unbedingt anomal und im Widerspruch zu allen Regeln
und Gepflogenheiten in den Beziehungen zwischen zwei
alliierten Ländern stehend betrachtet. Die von den deutschen Faschisten ausgelöste feindliche Kampagne gegen die
Sowjetregierung im Zusammenhang mit den polnischen
Offizieren, die bei Smolensk von ihnen selbst auf einem von
den Deutschen besetzten Gebiet ermordet wurden, ist von
der polnischen Regierung unverzüglich aufgegriffen und
von der offiziellen polnischen Presse in jeder Weise aufgebauscht worden.
Nicht nur hat es die polnische Regierung unterlassen, die
niederträchtigen faschistischen Verleumdungen gegen die
Sowjetunion zurückzunehmen, sondern sie hielt es nicht
einmal für notwendig, von der Sowjetregierung Erklärungen über eine Untersuchung zu verlangen. Die nationalsozialistischen Behörden, die hinsichtlich der polnischen
Offiziere von einem Verbrechen sprechen, verfügen jetzt
Nachforschungen, die als Komödie bezeichnet werden
müssen, und zu diesem Zweck bedienen sie sich faschistisch
eingestellter polnischer Elemente, die im besetzten Polen

eigens ausgesucht wurden, wo jedermann unter dem Joche Hitlers steht und wo kein aufrichtiger Pole es wagen kann, sich frei und offen auszudrücken.

Zur Teilnahme an diesen Nachforschungen haben die polnische und die deutsche Regierung das Internationale Rote Kreuz eingeladen. Dieses ist damit gezwungen, unter den Verhältnissen, wie eine Terrorherrschaft sie mit sich bringt, an dieser von Hitler organisierten Untersuchungskomödie teilzunehmen. Eine derartige, hinter dem Rücken der Sowjetunion durchgeführte Untersuchung, kann augenscheinlich kein Vertrauen bei aufrichtigen Menschen finden.

Der Umstand, dass die gegen die Sowjetunion gerichtete Kampagne gleichzeitig von der deutschen und der polnischen Presse ausgelöst wurde und von den beiden im gleichen Geiste geführt wird, lässt keinen Zweifel daran zu, dass zwischen Hitler, dem Feinde der Alliierten, und der polnischen Regierung eine Fühlungnahme und eine Verständigung über die Weiterführung dieser Kampagne besteht.

Während die Bevölkerung der Sowjetunion ihr Blut im schweren Kampfe gegen Deutschland vergießt und alles in ihrer Kraft Stehende für die Niederlage des gemeinsamen Feindes des russischen und des polnischen Volkes wie überhaupt aller freiheitsliebenden demokratischen Nationen tut, führt die polnische Regierung einen heimtückischen Schlag gegen die Sowjetunion.

Die Sowjetregierung weiß, dass diese Kampagne von der polnischen Regierung eingeleitet wurde, um Druck auf die Sowjetregierung auszuüben, damit diese Polen territoriale Zugeständnisse zum Nachteil der Interessen der Sowjetukraine, Weißrusslands und Sowjetlitauens zugestehe.

Durch diese Umstände wird die Sowjetregierung gezwungen, den Standpunkt einzunehmen, dass die gegenwärtige polnische Regierung, die sich auf dem Weg der Verständigung mit der Regierung Hitlers begeben hat, in Wirklichkeit die Bündnisbeziehungen beendete, wie sie aus dem Bündnis mit der Sowjetunion sich ergeben, und dass sie damit eine feindselige Einstellung gegen Sowjetrussland eingenommen hat. Aus diesen Erwägungen hat die Sowjetregierung beschlossen, die Beziehungen zur polnischen Regierung abzubrechen.

Ich bitte Sie, Herr Botschafter, den Ausdruck meiner vorzüglichsten Hochachtung entgegenzunehmen.«[39]

Der polnische Botschafter verweigert die Annahme der Note und geht. Mitten in der folgenden Nacht klopft es laut an Romers Tür. Ein Bote überreicht ihm einen Brief und macht sich, ohne eine Antwort abzuwarten, wieder davon. Im Umschlag liegt Molotows Note.

In der sowjetischen Erklärung wird der Abbruch der Beziehungen nicht allein mit der angeblichen Kollaboration mit Deutschland in der Frage der Katyn-Morde begründet. Wichtig ist auch der Vorwurf, mit der Forderung nach Wiederherstellung der Vorkriegsgrenzen Ansprüche auf sowjetisches Territorium zu stellen. Ein Verzicht auf Ostpolen ist für die Regierung Sikorski nicht annehmbar. Dagegen kann Stalin in dieser Frage auf Briten und Amerikaner zählen. Erst am 15. April 1943 erklärte der amerikanische Außenminister Cordell Hull in Washington auf einer Pressekonferenz, er wisse nichts davon, dass Roosevelt und Eden darüber übereingekommen wären, Polens Vorkriegsgrenzen wiederherzustellen. Wäre es so, wäre er wohl darüber unterrichtet.

Stalins gibt in dem Schreiben an den polnischen Botschafter zudem verdeckt zu verstehen, dass er mit einer Regierung zusammenarbeiten würde, die den Fall Katyn ruhen ließe und die Annexion Ostpolens anerkennen würde. Korrespondenten in Moskau »entdecken« prompt eine sprachliche Finesse in der Note, auf die sie von dortigen Regierungsstellen extra aufmerksam gemacht wurden: Das entscheidende Wort »abbrechen« könne auch als »aufheben«, »unterbrechen« oder »suspendieren« ausgelegt werden. Dies deute die Möglichkeit einer Wiederaufnahme der Beziehungen an, vorausgesetzt, dass die polnische Regierung ihr Gesuch an das IKRK zurückziehe und Moskau-kritische Mitglieder entfernt würden.«[40]

Die polnische Exilregierung , die nach der sowjetischen Note zunächst nur kurz erklärte, dass »die Verhandlungstüren zwischen den Polen und den Sowjets keinesfalls endgültig verschlossen« seien und dass Polen »nach Kriegsende keinerlei sowjetisches Gebiet in Besitz zu nehmen gedenkt«, tritt am 28. April 1943 mit einer ausführlichen Stellungnahme an die Öffentlichkeit. Darin verweist sie darauf, dass sie trotz des Einmarsches der sowjetischen Truppen im September 1939 die Einigkeit der Verbündeten gegen Deutschland »als den Eckpfeiler des künftigen Sieges« betrachte und »ihre Verpflichtungen gewissenhaft« erfülle. Dann wird der Ton sehr entschieden: »Im Lichte der in der ganzen Welt bekannten Tatsachen haben es die polnische Regierung und das polnische Volk nicht nötig, sich gegen den Vorwurf einer Fühlungnahme oder eines Einvernehmens mit Hitler zu verteidigen.« Die polnische Regierung und das polnische Volk wünschten dringlich die Freilassung von Tausenden in der Sowjetunion befindlichen Familien sowie von Angehörigen der Streitkräfte. Die polnische Regierung »behält sich das Recht vor, die Sache aller Polen vor dieser Welt zu verteidigen«. Sie fordere auch nicht »irgendwelche sowjetrussischen Gebiete«, sondern verteidige lediglich »die Rechte Polens und der polnischen Staatsbürger«.[41]

Das Echo in der britischen Presse ist negativ. Der *Daily Telegraph*, Sprachrohr des Kabinetts Churchill, beispielsweise kommentiert: »Auf der Basis der polnischen Regierungserklärung lässt sich kein Fortschritt zur Lösung des russisch-polnischen Konfliktes erkennen. Die polnische Regierung nimmt mit dieser Erklärung den Bruch als gegeben an und ersucht um die Expatriierung ihrer Staatsangehörigen aus der Sowjetunion. Der unmittelbare Anlass zum Streit, Polens Appell an das Internationale Rote Kreuz, wird übergangen und es werden keine Vorschläge gemacht, wie sich die Beziehungen wiederherstellen lassen.«

Unter diesem politischen und medialen Druck lässt die polnische Exilregierung am 29. April 1943 ihren an das IKRK gerichteten Antrag endgültig fallen.

Goebbels weist unterdessen die deutschen Medien an, angesichts des Bruches zwischen Moskau und der polnischen Exilregierung aus taktischen Gründen keine Triumphgefühle zu zeigen. Am Tag zuvor vermerkte er jedoch in seinem Tagebuch, wie sehr gerade er selbst solche verspüre:

> »Einheitlich ist die Meinung aller Feindsender und Feindzeitungen darüber, dass der Bruch als ein totaler Erfolg der deutschen Propaganda, insbesondere meiner Person, anzusehen sei. Man bewundert die außerordentliche List und Geschicklichkeit, mit der wir es verstanden haben, an dem Fall Katyn eine hochpolitische Frage aufzuhängen. In London ist man über die Erfolge der deutschen Propaganda auf das Äußerste bestürzt. Man sieht jetzt mit einem Male Risse im alliierten Lager auftauchen, die man vorher nicht wahrhaben wollte. Man spricht von einem vollkommenen Sieg Goebbels'. Sogar die maßgeblichen USA-Senatoren geben sehr ernste Kommentare.«[42]

Infolge dieser Einschätzung versucht die deutsche Propaganda weiter, Spannungen zwischen London und Moskau zu schüren. Außenminister Ribbentrops Beauftragter für Propaganda, Karl Megerle, lässt über deutsche Vertretungen in neutralen Ländern das Gerücht ausstreuen, das polnische Ersuchen an das IKRK um eine Untersuchung sei auf Empfehlung der britischen Regierung zustande gekommen.

Während in Großbritannien zumindest nach außen hin noch die Rede davon ist, dass der sowjetisch-polnische Bruch möglichst irgendwie gekittet werden sollte, visiert Moskau bereits das nächste Ziel an: die Aufstellung einer sowjetpolnischen Armee ohne Störfaktoren wie General Anders. Für die »neue« polnische Armee steht auch schon ein Oberbefehlshaber bereit: Der inzwischen zum »General« in der Roten Armee beförderte Berling. Er stellt die Division »Tadeusz Kosciuszko« auf.

Dass bereits zu diesem Zeitpunkt, nicht erst nach den Konferenzen von Teheran Ende 1943, Jalta Anfang 1945 oder gar Potsdam im Sommer 1945, auch für Außenstehende erkennbar ist, wohin die Reise geht, belegt die klarsichtige Analyse der *Neuen Zürcher Zeitung*:

>»(…) Die Gereiztheit, die aus den Moskauer Verlautbarungen sprach (…), ist nicht allein mit der Kränkung zu erklären, die Russland durch die Verdächtigung, dass es tatsächlich die ›Liquidierung‹ der polnischen Offiziere vorgenommen haben könnte, zugefügt wurde. Man darf wohl annehmen, dass (…) der ›Fall‹ von Katyn für Stalin auch einen willkommenen Anlass darstellt, um die Kontroverse mit Polen, die bisher aus Rücksicht auf die angelsächsischen Verbündeten immer noch in diplomatischen Formen fortgesetzt werden musste, nunmehr gewaltsam abzubrechen. (…) Durch die Ernennung des ukrainischen Dichters Kornejtschuk, der unlängst Polens Anspruch auf die Westukraine und Weißrussland als ›lächerlich‹ bezeichnet hatte, zum stellvertretenden russischen Außenkommissar, hat Stalin zu verstehen gegeben, dass er diese 1939 einverleibten Gebiete nach seinem Siege nicht wieder an Polen herausgeben werde. (…) Die angelsächsischen Mächte, die (…) wohl am liebsten jede Diskussion über den Massenmord von Katyn vertagen würden, stehen nun, da der Gegensatz zwischen Russland und Polen so unverhüllt zum Ausbruch gekommen ist und sich leicht wieder zu dem alten russisch-europäischen Antagonismus auswachsen könnte, vor einem der schwersten Probleme, die ihnen während dieses Krieges erwachsen sind.«[43]

Briten und Amerikaner sehen Stalins Betreiben der Bildung einer polnischen Gegenarmee und der Aussicht auf eine polnischen Gegenregierung mit Unbehagen zu, stützen aber weiterhin dessen Position. Inzwischen hat Roosevelt eine Sondermission seines alten Freundes und ehemaligen Botschafters in Moskau, des ausgesprochen sowjetfreundlichen Joseph E. Davies, vorbereitet. Mit einer Botschaft des Präsidenten soll er zusammen mit dem Sonderbeauftragten Wendell Willkie in den nächsten Tagen zu Stalin reisen. Roosevelt verweigert vor der Mission jede Auskunft über Einzelheiten und teilt mit, dass selbst Davies von dem Inhalt des Schreibens keine Kenntnis habe. Erst bei der Übergabe an Stalin werde er den Inhalt erfahren und könne ihn dann mit dem Sowjetführer diskutieren. Ein höchst ungewöhnlicher Vorgang, denn Roosevelt übergeht damit seinen eigenen Botschafter in Moskau, Admiral William Standley. Nicht einmal bei der Übergabe des Briefes wünscht Roosevelt dessen Anwesenheit.

Erst neun Jahre später wird der Inhalt des Briefes an Stalin bekannt werden. Roosevelt schlägt Stalin darin vor, sich irgendwo in der Nähe der Bering-Straße zu treffen – und zwar ohne Churchill. Stattdessen sollte sein enger Berater Harry Hopkins, der maßgeblich am Zustandekommen des Leih- und Pachtgesetzes zur Belieferung der Kriegsverbündeten beteiligt war, dabei sein. Roosevelt schreibt jedoch auch: »Ich hoffe, Churchill kann Sikorski dazu bewegen, in Zukunft mehr gesunden Menschenverstand an den Tag zu legen.« Lage und Person offensichtlich verkennend, ersucht Roosevelt Stalin, seinen Schritt gegenüber der Exilregierung den Charakter der Einstellung von Gesprächen und nicht eines völligen Abbruchs zu geben.

Stalin geht zunächst sogar auf den Vorschlag ein und nennt den 15. Juli 1943 für ein Treffen. Als er aber hört, dass die Eröffnung der zweiten Front verschoben werden soll, sagt er ab; auch dieser Umstand sollte erst viel später bekannt werden.[44]

Die gesamte Aufmerksamkeit in London und Washington konzentriert sich auf die Frage, wie der Bruch Moskaus mit der polnischen Exilregierung zu bewältigen sei. Die Frage nach den Mördern der polnischen Offiziere spielt dabei keine Rolle, geht es doch allein um die Aufrechterhaltung der Allianz. Wie sehr die Moral auf der Strecke bleibt, macht ein bewegender »Offener Brief« von Kazimierz Schally, der als Generalmajor bei der Exilregierung dient, sehr deutlich.[45] Schally will vermitteln,

»wie die überwiegende Mehrheit der in England lebenden Polen über die Ermordung der polnischen Offizieren denkt«. Bezeichnend ist, dass der Text nicht in der *Times* oder im *Daily Telegraph*, sondern in der schottischen Zeitung *Scotsman* in Edinburgh veröffentlicht wird:

> »Der Tod dieser 10 000 Offiziere ist für das polnische Volk eine nationale Tragödie und in tiefer Trauer lehnen wir jede Propaganda ab. Wir fordern Gerechtigkeit und hoffen, dass die Mörder bestraft werden. Überrascht aber sind wir und können es nicht begreifen, dass die Führer der zivilisierten Welt – die Ihr Engländer und Amerikaner sein wollt – von diesem Verbrechen nicht beeindruckt sind. Wir hatten erwartet, dass alle zivilisierten Nationen in einen Schrei der Entrüstung und des Entsetzens ausbrechen würden. Wir dachten, dieses schwere Verbrechen würde sofort in entschiedener Weise verurteilt, und dass die zivilisierte Welt eine genau Nachprüfung verlangte. (…) Das englische und das amerikanische Volk behaupten, in erster Linie für die christlichen Lebensideale des einzelnen und der Nation zu kämpfen. Warum übergeht man da dieses fürchterliche Verbrechen, das an 10 000 polnischen Offizieren verübt wurde, mit Stillschweigen? Wir erwarten von Euch, dass Ihr mithelft, damit man die Mörder der Gerechtigkeit ausliefert.«[46]

Kein Zweifel an der Täterschaft

Allen Beteiligten ist klar, dass das Internationale Komitee vom Roten Kreuz nicht tätig werden kann, weil die Zustimmung Moskaus nicht zu erhalten ist. Deshalb trifft das deutsche Propagandaministerium von vornherein und parallel zu einer Anfrage an das IKRK Vorbereitungen, um eine internationale Kommission gerichtsmedizinischer Sachverständiger europäischer Universitäten zur Begutachtung an die Mordstätte einzuladen. Federführend ist der Chef der Reichsärztekammer, Reichsgesundheitsführer Dr. Leonardo Conti, mit der Abwicklung des Vorhabens über die jeweiligen Auswärtigen Ämter der einzelnen Länder beauftragt.[47] Der Wunsch der Deutschen, möglichst viele Experten aus Ländern außerhalb der deutschen Machtsphäre zu gewinnen, lässt sich jedoch nicht erfüllen. Vertreter aus Spanien, Portugal und der Türkei sagen zwar zunächst zu, lassen sich dann aber wegen transporttechnischer oder gesundheitlicher Probleme entschuldigen. Die Kommission setzt sich schließlich aus folgenden zwölf Mitgliedern zusammen:

Belgien: Dr. Reimond Speleers, Ordentlicher Professor der Augenheilkunde an der Universität Gent;
Bulgarien: Dr. Marko Markow, Dozent für Gerichtsmedizin und Kriminalistik an der Universität Sofia;
Dänemark: Dr. Helge Tramsen, Prorektor am Institut für Gerichtsmedizin an der Universität Kopenhagen;
Finnland: Dr. Arno Saxen, Ordentlicher Professor der pathologischen Anatomie an der Universität Helsinki;
Italien: Dr. Vincenzo Mario Palmieri, Ordentlicher Professor der Gerichtsmedizin und Kriminalistik an der Universität Neapel;
Kroatien: Dr. Eduard Miloslavic, Ordentlicher Professor der Gerichtsmedizin und Kriminalistik an der Universität Agram;
Niederlande: Dr. Herman Maximilien de Burlet, Ordentlicher Professor der Anatomie an der Universität in Groningen;
Protektorat Böhmen und Mähren: Dr. Frantisek Hajek, Ordentlicher Professor der Gerichtsmedizin und Kriminalistik der deutschen Universität in Prag;
Rumänien: Dr. Alexandru Birkle, Gerichtsarzt des rumänischen Justizministeriums und Erster Assistent am Institut für Gerichtsmedizin und Kriminalistik der Universität Bukarest;
Schweiz: Dr. François Naville, Ordentlicher Professor der Gerichtsmedizin an der Universität Genf;
Slowakei: Dr. Frantisek Subik, Ordentlicher Professor der pathologischen Anatomie an der Universität in Preßburg

(Bratislava), Chef des staatlichen Gesundheitswesens der Slowakei;
Ungarn: Dr. Ferenc Orsos, Ordentlicher Professor der Gerichtsmedizin und Kriminalistik an der Universität Budapest.

Von deutscher Seite begleitet Dr. Buhtz, Professor für Gerichtsmedizin und Kriminalistik an der Universität Breslau, die Kommission. Er nahm im Auftrag des Oberkommandos der Wehrmacht bereits die ersten Exhumierungen der Leichen kurz nach der Entdeckung der Gräber vor. Außerdem wird der Medizin-Inspektor Dr. Costedost von der französischen Vichy-Regierung beauftragt, den Arbeiten der Kommission beizuwohnen. Die Gruppe wählt Dr. Orsos zu ihrem Sprecher, weil er mit ungewöhnlich vielen Obduktionen die größte Erfahrung mitbringt und außerdem fließend Russisch spricht.[48]

Der einzige Teilnehmer aus einem nicht von Deutschland besetzten oder verbündeten Land ist Professor Naville aus der Schweiz. Er war von dem Auftrag nicht angetan, weil er befürchtete, vor den deutschen Propagandakarren gespannt zu werden. Weil es aber um die Wahrheitsfindung im Interesse der Polen ging, sagte er schließlich zu, nachdem er sich alle möglichen Ermächtigungen von polnischen und eidgenössischen Stellen besorgt und betont hatte, dass er als Privatperson reise.

Dass die Deutschen die Teilnahme des Dänen Tramsen akzeptiert hätten, wenn ihnen bewusst gewesen wäre, dass er dem dänischen Widerstand angehört, ist äußerst unwahrscheinlich. Tramsen stimmte einer Teilnahme erst zu, nachdem er sich mit der Führung des Widerstands besprochen hatte. 1944 wird er an einem Überfall auf ein deutsches Waffenlager beteiligt sein. Er landet in einem Internierungslager, wird aber als Teilnehmer der Katyn-Delegation von der Gestapo nicht hingerichtet.

Die Kommission kommt am 27. April 1943 in Berlin im Hotel *Adlon* zusammen und fliegt am nächsten Tag mit mehreren Maschinen nach Smolensk. Tramsen notiert über den ersten

Abend in der schwer zerstörten Stadt: »Vorzügliches Essen mit reichlich Wein und französischem Champagner in einem Offizierskasino.«[49] Am nächsten Tag obduzieren die Mediziner im Katyn-Wald neun von den Deutschen unberührte Leichen. Zudem untersuchen sie zahlreiche der 982 bereits exhumierten Toten und bei den Leichen gefundene Schriftstücke. Deutsche Stenotypistinnen stehen für die Protokollierung bereit. Dr. Buhtz fasst später in seinem Bericht zusammen:

> »In jedem Falle war das Material infolge restloser Durchtränkung mit später eingedickten Fäulnisflüssigkeiten und Leichenfettsäuren fest miteinander verklebt und von den Rändern her zumeist krustig verbacken. In der Regel gelang es demzufolge nicht, auf mechanischem Wege die einzelnen Schriftstücke unversehrt voneinander zu lösen. Spiritus als lösendes Mittel zu verwenden, schien nicht angeraten, sonst wären Tinten- und Kopierstiftschriften beseitigt worden. Die Dokumente wurden vielmehr zunächst mit Xylol oder Petroläther, dann mit Chloroform bei Zimmertemperatur behandelt, wodurch erwartungsgemäß infolge Ablösung reichlicher Fettsäuremengen eine bequeme Isolierung der einzelnen Schriftstücke erreicht und infolge starker Aufhellung auch bereits in weitem Maße die Möglichkeit erschlossen wurde, Schriftteile und ganze Texte zu lesen. (…)
> Zweifel bei der Identifizierung schriftlicher Eintragungen oder Aufzeichnungen ließen sich nach der beschriebenen Vorbehandlung der Urkunden mittels der Ultralampe oder auf dem Wege der Infrarotfotografie beheben. In wichtigen Fällen wurden auch chemische Hilfsmittel zur Wiedersichtbarmachung von Namenszügen in Ausweisen, auf Familienurkunden u. dergl. angewandt. So gelang es beispielsweise in einem Falle, die über einer Überschrift lagernde Schicht eines Lichtbildes nach Ausweichung in heißem Wasser mittels Zyankali zu gleichzeitiger Erhaltung der Unterschrift zu beseitigen, während in anderen Fällen ausgebleichte Tintenschriften durch Begasung mit Rhodanwasserstoff wieder deutlich lesbar hervortraten.«[50]

Im April 1943: Aufnahme von den Ausgrabungsarbeiten an der Mordstätte von Katyn

© Bundesarchiv (Bild 101I-152-1845-11A / Ludwig Knobloch)

Besonderes Gewicht kommt bei der Untersuchung der Toten den Feststellungen Dr. Orsos zu. Er entwickelte bereits Jahre zuvor eine Methode, mit der sich anhand der Entkalkung des Gehirns der Zeitpunkt des Todeseintritts mit beachtlicher Genauigkeit feststellen lässt. Er verweist darauf, dass sich an den Schädeln der Polen eine mehrschichtige, kalkhaltige Kruste gebildet hatte. Dieser Prozess sei nur möglich, wenn ein Schädel mindestens drei Jahre lang vergraben liege. Da an den Leichen keine Insekten oder Reste davon zu finden sind, die aus der Zeit der Einscharrung stammen könnten, steht zudem fest, dass die Ermordung in einer kalten Jahreszeit erfolgt war.

Dr. Tramsen aus Dänemark obduziert eine Leiche und identifiziert sie anhand des Wehrpasses als die des Chemikers Ludwig

Szyminski aus Krakau-Miasto. Dessen Schädel trennt er ab, um ihn als Beweisstück mitzunehmen. Auf dem Rückweg wird er sich in Berlin mit einem Mittelsmann des dänischen Widerstandes treffen, der ihm einen Umschlag mit Fotos von der Möhne- und der Edertalsperre zusteckt. Diese Fotos schmuggelt Tramsen nach Kopenhagen – versteckt unter dem Schädel von Katyn. Zwei Wochen später bombardieren die Briten die Talsperren, mehr als 1000 Menschen sterben.[51]

Am 30. April 1943 legen sich die Sachverständigen einstimmig darauf fest, dass die polnischen Offiziere im Jahr 1940 ermordet wurden. Das von allen unterzeichnete Gutachten enthält neben den medizinischen Schlussfolgerungen den Hinweis auf den Umstand, dass in den Taschen keine Papiere mit späteren Daten als vom April 1940 gefunden wurden, Zeugenaussagen der Einheimischen und schließlich die Feststellung des als Sachverständigen hinzugezogenen Forstmeisters von Herff, dass die Kiefern auf den Gräbern vor drei Jahren umgepflanzt worden sein müssen, da sich zwischen dem Kern und den äußeren drei Jahresringen eine dunkle Abgrenzung ausmachen lasse.

In den ersten Maitagen folgt ein Kommuniqué der Forschergruppe mit einem ausführlichen Bericht über die Untersuchungen in Katyn. Daran anschließend gibt die deutsche Informationsstelle des Auswärtigen Amtes unter dem Titel »Amtliches Material zum Massenmord von Katyn« eine 331 Seiten starke Dokumentation, angereichert mit 67 Fotos, im Berliner Parteiverlag *Franz Eher* heraus.[52] Die Frage der Täterschaft ist nun durch internationale Wissenschaftler zwar eindeutig geklärt, aber die Hoffnungen der deutschen Führung in die propagandistische Wirkung dieser Begutachtung erfüllen sich nicht, vor allem, weil sich die Wissenschaftler diesbezüglich nicht instrumentalisieren lassen. Die gesamte Kommission beschließt, es bei dem Gutachten zu belassen und keine öffentlichen Erklärungen abzugeben. So weist Professor Naville aus der Schweiz den deutschen Wunsch zurück, im Rundfunk über seine Eindrücke von Katyn zu sprechen. Entsprechend lehnt der Däne Tramsen das Angebot des deutschen Reichskommissars Werner Best ab, für 50 Dollar pro Veranstaltung Vorträge im »Deutschen Institut« zu halten. Allerdings berichtet Tramsen seine Katyner Erfahrungen dem dänischen Widerstand, der diese Informationen wiederum nach England weitergibt. Lediglich Frantisek Hajek aus Prag spricht im tschechischen Regionalrundfunk über seine Reise nach Katyn.

Durch diese Verweigerung kann die Untersuchung der internationalen Ärztekommission in der westlichen Öffentlichkeit kaum Wirkung entfalten und schon gar keinen Einfluss auf die politische Haltung Großbritanniens und der USA ausüben. Allerdings will Churchill doch Genaueres wissen. Er schickt eine persönliche Botschaft an seinen Außenminister, um über den britischen Botschafter bei der polnischen Exilregierung Auskünfte anzufordern: »Mir scheint, Sir O'Malley sollte in aller Heimlichkeit gebeten werden, seine Meinung über die Untersuchung im Wald von Katyn zu äußern. Was hat man von dem Argument, die Birken seien vor einer bestimmten Zeit auf die Gräber verpflanzt worden, zu halten? Hat irgendjemand die Birken gesehen?«[53]

Entsprechend fertigt Owen O'Malley im Mai 1943 unter Einbeziehung von Material der polnischen Exilregierung einen geheimen Bericht für das Foreign Office an, der die Untersuchung der durch Deutschland zusammengestellten Kommission stützt. Der Ständige Staatssekretär des Foreign Office, Alexander Cadogan, zeigt sich nach der Lektüre erschüttert, leidet unter Gewissensbissen und notiert: »Dies ist eine tief beunruhigende Angelegenheit. Und ich gebe zu, dass ich mich auf feige Weise von der Szene in Katyn abgewandt habe, aus Angst vor dem, was ich dort hätte vorfinden können. Vielleicht ist noch unbekanntes Beweismaterial vorhanden, das in eine andere Richtung weist, aber angesichts der Beweise, die uns vorliegen, kann man sich schwerlich der Vermutung einer russischen Schuld entziehen. (…) Falls sich die russische Schuld erweisen sollte, können wir dann noch erwarten, dass die Polen in den kommenden Generationen Seite an Seite mit den Russen zusammenleben? Ich fürchte, auf diese Frage gibt es keine Antwort.« Klarsichtig formuliert er weiter, der Gedanke sei ihm entsetzlich, dass »wir womöglich, nach Vereinbarung und Zusammenarbeit mit den Russen, gegen die ›Kriegsverbrecher‹ der Achsenmächte einen Prozess führen und sie vielleicht sogar hinrichten, während wir diese Gräuel stillschweigend vergeben. Ich muss zugeben, dass es mir sehr schwerfallen würde, dies schlucken zu müssen.«[54] Doch weiter geschieht nichts.

Auch US-Präsident Roosevelt ist nicht auf den Bericht der Internationalen Ärztekommission angewiesen, um sich ein Bild über die Hintergründe der Morde von Katyn zu machen, beschäftigt sich aber ebenfalls erst jetzt mit der Schuldfrage. Der amerikanische Geheimdienst verfügt über eine Anzahl von Berichten; einmal vom Botschafter bei der polnischen Exilregierung und in Belgien, Anthony J. Drexel Biddle, weiterhin vom britischen Verbindungsoffizier Hull und schließlich vom Verbindungsoffizier zur polnischen Exilarmee, dem Militärattaché bei der US-Botschaft in Kairo, Oberstleutnant Szymanski.

Letzterer hatte sich inzwischen nach Palästina und in den Irak begeben, wo ihm General Anders umfangreiches Material über die vermissten Offiziere übergab. Am 30. April 1943 schickt Szymanski einen Bericht an den Chef des amerikanischen Nachrichtendienstes, General George V. Strong. Doch damit zieht er den Unmut seiner Vorgesetzten auf sich. Am 19. Dezember 1943 wird das Pentagon ein Telegramm an die US-Heerestruppen im Nahen Osten funken, in dem Szymanski schärfstens kritisiert wird. Er liefere zu wenige Informationen, heißt es – gemeint ist: nicht die gewünschten, genehmen Informationen. Denn in einem Atemzug folgt der Vorwurf gegen ihn, »für die antisowjetische Gruppe von Polen voreingenommen zu sein«. Abgesehen von dem Material, das die US-Geheimdienste zu

© Bundesarchiv (Bild 209-06 / Jakob Jahn)

Von den Deutschen exhumierte Leichen im Wald von Katyn

Katyn bisher gesammelt haben, kommt Roosevelts persönlich ausgewählter Mitarbeiterstab unter Leitung von John F. Carter, dem auch Deutschland-Experten angehören, aufgrund eigener Untersuchungen zu dem Schluss, dass die deutsche Propaganda sich im Falle Katyn mit der Wahrheit deckt.

In Katyn gehen die Exhumierungen noch bis zum 6. Juni 1943 weiter. Sie werden von einer polnischen Rot-Kreuz-Delegation unter Leitung von Dr. Marian Wodzinski aus Krakau durchgeführt, der Mitglied des polnischen Untergrundes ist. Den Abbruch der Grabungen begründen die deutschen Behörden mit dem drückenden Gestank in der Hitze und mit der herrschenden Fliegenplage. Aber es gibt noch einen anderen Grund. Die Propaganda sprach stets von 10 000 bis 12 000 Toten im Katyner Wald. Die Deutschen ließen etwa 50 sowjetische Kriegsgefangene an verschiedenen Stellen graben, um weitere Tote zu finden, aber es wurde schnell klar, dass in Katyn nur knapp 4500 Menschen begraben sind. Ein Abbruch der Exhumierungen kann die genaue Zahl verschleiern. Am Ende sind

4143 Leichen exhumiert, 2815 konnten vom Polnischen Roten Kreuz identifiziert werden. Der deutsche Feldpolizeisekretär Ludwig Voß verfasst einen Abschlussbericht. Darin wird die Gesamtzahl der Toten auf 8000 bis 9000 geschätzt, bleibt also unter der deutschen Propagandazahl und überschreitet gleichzeitig die tatsächlich gefundene Totenzahl.

Zur selben Zeit, da die Exhumierungen eingestellt werden, versucht Sikorski in London, doch wieder mit Stalin ins Gespräch zu kommen. Er bittet die amerikanische und die britische Regierung um Vermittlung. Mitte Juni 1943 macht er sich zu einem Besuch der polnischen Truppen unter General Anders im Nahen Osten auf. Im Hauptquartier des polnischen Vertreters in Kairo geht er auf einen Balkon, um etwas frische Luft zu schöpfen. Dem kleinen Kreis der Vertrauten offenbart er dort, wie sehr er sich ermattet und enttäuscht fühle.[55]

Am folgenden Tag fliegt Sikorski nach Gibraltar. Zeitgleich weilt der sowjetische Botschafter in London, Iwan Maisky, beim britischen Gouverneur von Gibraltar. Sikorski wird im Hause der Briten so untergebracht, dass er Maisky nicht begegnen kann. Als Sikorskis Liberator-Maschine am 4. Juli 1943 um 23:00 Uhr in der Dunkelheit von Gibraltar abhebt, stürzt sie ins Meer. Die Steuersäule klemmt. Sikorski, seine Tochter, sein Beraterstab und ein englisches Parlamentsmitglied sterben. Nur der tschechische Pilot Edward Prchal kann sich retten. Die Hintergründe werden nie geklärt. Zu der Zeit waren britische Geheimdienstleute am Flugplatz. Ein Postsack wurde nicht wie vorgesehen mitgenommen, sondern auf dem Flugfeld gefunden. Der Pilot von Sikorskis Maschine trug eine festgeschnürte Schwimmweste – als einziger. Der US-Unter-Staatssekretär Sumner Welles äußerte noch Jahre später: »Das war bestimmt Sabotage.«

Häufig wurde Churchill in den Verdacht gerückt, etwas mit dem »Unfall« zu tun zu haben. Auch der Schriftsteller Rolf Hochhuth will überzeugende Informationen eines Zeitzeugen besitzen, dass Sikorski umgebracht wurde und Churchill in die Sache verwickelt war, weil er nicht wollte, dass Stalin »aus dem Krieg herausgeärgert« würde und zu einem Separatfrieden mit Deutschland bereit sein könnte.[56] Die britischen Akten zur Untersuchung des Absturzes bleiben bis 2041 unter Verschluss, was nur bösen Verdacht nähren kann. Übrigens war zu der Zeit beim britischen Geheimdienst Kim Philby für den Mittelmeer-Raum zuständig. Später stellte sich heraus: Er arbeitete für die Sowjets.

Sikorskis Nachfolger als Premierminister wird sein bisheriger Stellvertreter Stanislaw Mikolajczyk, Oberbefehlshaber über die polnischen Streitkräfte General Marian Kukiel. Als Mikolajczyk seinen Antrittsbesuch bei Churchill macht, erklärt der britische Premier: »Ich werde für die Freiheit Polens kämpfen. Ich werde kämpfen für ein starkes und unabhängiges Polen; und ich werde niemals aufhören, dafür zu kämpfen. Wir werden viel Ärger mit ihnen (den Russen, d. Verf.) haben, glauben Sie mir. Aber glauben Sie mir auch, wenn ich sage, dass ich stets an Ihrer Seite sein werde.«[57] Es sind noch 19 Monate bis Jalta. Dann werden sich Stalin, Churchill und Roosevelt als »Die Großen Drei« darauf verständigen, die kommunistische Gegenregierung, das Lubliner Komitee, zum Kern der »Polnischen Provisorischen Regierung der Nationalen Einheit« zu machen. Am 6. Juli 1945 werden sie der polnischen Exilregierung die Anerkennung entziehen.

Der Wechsel der polnischen Exilregierung ist nicht der einzige Wandel im Sommer 1943 mit Blick auf Katyn. Die deutschen Truppen bereiten den Rückzug aus der Gegend von Smolensk vor. Diejenigen Einheimischen, die vor den deutschen Behörden Aussagen machten, die etlichen Delegationen als Gesprächspartner zur Verfügung standen, packt die Angst. Das NKWD hat seine Agenten und die Parteigänger der Kommunisten angewiesen, alles zu tun, um die Zeugen zum Bleiben zu bewegen. Nichts werde ihnen geschehen, wird verbreitet, wenn sie nur sagen würden, dass sie von den Deutschen zu ihren Aussagen gezwungen worden seien. Auch der alte Bauer Kisseljew, der den polnischen Zwangsarbeitern der »Organisation Todt« die entscheidenden Hinweise zur Auffindung der Gräber gab, und Iwan Kriwoserzow, der den Deutschen behilflich war, hören freundliche Worte. Kisseljew bleibt. Er ist ein alter Mann. Später werden ihn NKWD-Leute aus Rache schlagen, dass er auf einem Ohr taub bleibt, und ihm einen Arm brechen.

Am 24. September 1943 sehen sich Kisseljew und Kriwoserzow zum letzten Mal, schütteln sich die Hände und wünschen sich ein Lebewohl. Kriwoserzow nimmt seine Mutter sowie seine kleine Nichte und bittet eine deutsche Lastwagenkolonne, sie mitfahren zu lassen. In Minsk trifft er überraschend Iwan Andrejew und Eugen Sieminekow aus seiner Heimat, die ebenfalls als Zeugen vor den deutschen Behörden ausgesagt hatten und sich entschlossen, vor der Roten Armee zu fliehen.

Auch Goebbels weiß, was die Rückeroberung der Gegend von Katyn nach sich ziehen wird. Er erteilt Anweisung, das Beweismaterial, das in Smolensk gelagert wird, zu sichern und in Richtung Westen zu transportieren. Er notiert in sein Tagebuch inzwischen recht kleinlaut: »Unglücklicherweise mussten wir Katyn aufgeben. Die Bolschewisten werden zweifellos bald ›ermitteln‹, dass wir 12 000 polnische Offiziere erschossen hätten. Diese Episode scheint sich so zu entwickeln, dass sie uns in Zukunft einige Schwierigkeiten machen wird.«[58]

Die Inszenierung der Lüge

14. Februar 1946, der 59. Verhandlungstag der Nürnberger Prozesse gegen die Hauptkriegsverbrecher. Im Saal 600 des Justizpalastes wird die Anklage wegen Gräueltaten an Kriegsgefangenen vorgetragen. Die USA hatten davon abgeraten, den Fall Katyn vor dem Gericht zu behandeln, die Sowjets jedoch darauf bestanden.

Der Vorsitzende, Lordrichter Sir Geoffrey Lawrence, erteilt dem sowjetischen Ankläger Oberst Juri Pokrowsky das Wort.[1] Der erhebt sich behäbig, beginnt den Beweisvortrag und gelangt zu dem Punkt, dass die »deutsch-faschistischen Eindringlinge« für die bei Katyn begangene »Massenhinrichtung polnischer Kriegsgefangener« verantwortlich seien. Pokrowsky nimmt einen Umweg, indem er über andere Punkte redet, die Vorgänge miteinander vermischt, sodass Konkretes und Erdachtes, Wahres und Falsches nur sehr schwer auseinanderzuhalten sind.

»Gemäß Artikel 21 des Statuts unterbreite ich dem Gerichtshof als Beweisstück USSR-87 das Urteil eines Bezirks-Militärgerichts. (...) Das Urteil wurde in Smolensk am 19. Dezember 1945 verkündet. Der Gerichtshof verurteilte zehn Nazis, die an zahlreichen Verbrechen in der Stadt und im Gebiet Smolensk beteiligt waren und zwar zu verschiedenen Strafen: von zwölf Jahren Zwangsarbeit angefangen bis zum Tode durch den Strang.«

Pokrowsky redet von »ungefähr 10 000 halblebenden erschöpften Menschen« aus dem »Dulag[2] 126 Süd«, die, weil sie arbeitsunfähig waren, erschossen wurden. Dann kommt er zum Thema Katyn, allerdings verwoben in andere Zusammenhänge und entstellt: »Ich möchte mich jetzt mit den Grausamkeiten beschäftigen, die von den Hitleristen gegenüber den Angehörigen der tschechoslowakischen, polnischen und jugoslawischen Armeen begangen wurden. Wir ersehen aus der Anklageschrift, dass eine der wichtigsten verbrecherischen Handlungen, für die die Hauptkriegsverbrecher verantwortlich sind, die Massenhinrichtung polnischer Kriegsgefangener war, die in den Wäldern von Katyn bei Smolensk von den deutsch-faschistischen Eindringlingen vorgenommen wurde. Ich unterbreite dem Gerichtshof als Beweis für dieses Verbrechen die amtlichen Dokumente der Sonderkommission, die mit der Feststellung und Untersuchung der den Erschießungen zugrunde liegenden Umstände beauftragt war. Es würde zu viel Zeit in Anspruch nehmen, wenn ich das ausführliche Dokument, das das Ergebnis dieser Untersuchungen darstellt, das ich jetzt als USSR-54 vorlege, vollständig verlesen wollte. (…)«

Pokrowsky liest anschließend nur die allgemeinen Schlussfolgerungen in acht Punkten des sowjetischen Untersuchungsberichts von Anfang 1944 zu Katyn ab, der in »unwiderlegbarer Klarheit« beweise, dass die Deutschen im Herbst 1941 die Polen erschossen hätten. Beschuldigt wird »eine deutsche Militärbehörde unter dem Decknamen ›Stab des Baubataillons 537‹, an dessen Spitze der Oberleutnant Arnes und seine Mitarbeiter Oberleutnant Rex und Leutnant Hott standen«. Mitten im Vortrag bei Punkt sechs unterbricht Lordrichter Lawrence: Mittagspause.

Punkt 14 Uhr fährt Pokrowsky exakt da fort, wo er aufgehört hatte: »Im Punkt 7 der allgemeinen Schlussfolgerungen der Kommission wird gesagt: Die Schlussfolgerungen, die aus den Zeugenaussagen und aus dem gerichtsmedizinischen Gutachten über die Erschießungen der kriegsgefangenen Polen durch die Deutschen im Herbst 1941 gezogen wurden, werden durch die in den Gräbern von Katyn aufgefundenen Beweisstücke und Dokumente in vollem Umfange bestätigt.

Punkt acht: Indem die deutsch-faschistischen Eindringlinge die polnischen Kriegsgefangenen im Wald von Katyn erschossen, führten sie folgerichtig ihre Politik der physischen Ausrottung der slawischen Völker durch.«

Das war es also. Der sowjetische Untersuchungsbericht von Anfang 1944 wird als Beweis unter der Dokumentennummer USSR-54 der großen Bühne von Nürnberg vorgelegt. Was mancher im Saal für wahrscheinlich oder gar gewiss hält, ist, dass er vom NKWD fabriziert wurde, um die Geschichtslüge zu stützen. Was aber Briten, Amerikaner und Franzosen nicht einmal ahnen, ist der Umstand, dass der sowjetische Hauptankläger, General Roman Rudenko, selbst zum Täterkreis gehört: Er war im Frühjahr 1940 als Staatsanwalt an der Ermordung der Inhaftierten des Lagers Starobelsk im NKWD-Gebäude in Charkow direkt beteiligt, indem er die Liste freigab.

Folglich kommt es ihm nicht gelegen, dass die deutsche Verteidigung beantragt, drei Zeugen in der Sache Katyn vorzuladen. Er möchte sein Gewicht als Chefankläger in die Waagschale werfen, um dies zu verhindern, doch weil sein Auftritt nicht vorgesehen ist, schickt er den britischen Ankläger Sir David Maxwell-Fyfe vor. 3. Juni 1946, Nachmittagssitzung. Der Vorsitzende Lordrichter Lawrence ruft Sir David auf. Der baut Rudenko die Brücke: »Herr Vorsitzender, darf ich (...) den ersten Antrag auslassen, weil sich mein Freund, General Rudenko, mit ihm beschäftigen wird?« Der Vorsitzende: »Jawohl.«

Rudenko, ein Mann wuchtiger Statur, erhebt sich. Er spricht wohlartikuliert und manchmal in sehr gedehnten Sätzen: »Hoher Gerichtshof! Die sowjetische Anklagebehörde hat sich bereits mehrere Male zu den Anträgen der Verteidiger geäußert, Zeugen über die Erschießung polnischer Kriegsgefangener durch die faschistischen Verbrecher in den Wäldern von Katyn vorladen zu lassen (...).«

Rudenko versucht, die drei Zeugen als unglaubwürdig abzuwerten und greift den Verweis auf den Untersuchungsbericht auf: »Die sowjetische Anklagebehörde (möchte) besonders auf die Tatsache hinweisen, dass die bestialischen Verbrechen der Deutschen in

Katyn von einer besonderen, kompetenten staatlichen Untersuchungskommission mit der größten Sorgfalt untersucht worden
sind. Als Ergebnis dieser Untersuchung ist die Tatsache festgestellt
worden, dass das Verbrechen in den Wäldern von Katyn von Deutschen verübt wurde und nur ein Glied darstellt in der Kette vieler
bestialischer Verbrechen, die von den Nationalsozialisten begangen wurden und über die dem Gerichtshof bereits zahlreiche
Beweise vorgelegt worden sind. Aus den von mir dargelegten
Gründen besteht die sowjetische Anklagebehörde unbedingt auf
Ablehnung des Antrages des Verteidigers.«

Rudenko, Generalstaatsanwalt der ukrainischen Sowjetrepublik,
klagt als Vertreter der UdSSR ein Verbrechen an, das er persönlich
mitzuverantworten hat. Wie konnte es zu dieser Ungeheuerlichkeit
kommen?

Die sowjetische »Untersuchung«

Sofort nach der Rückeroberung des Raumes Smolensk durch
die Rote Armee im September 1943 erhält die seit 1942 tätige
»Außerordentliche Staatliche Kommission zur Feststellung
und Untersuchung der Verbrechen der deutsch-faschistischen
Eroberer und ihrer Helfershelfer« eine neue Aufgabe. Zu die-
ser Kommission gehören der renommierte Mediziner und
Leibarzt Stalins, Generaloberst Nikolai N. Burdenko, der Vor-
sitzende des Schriftstellerverbandes Alexej Tolstoi und der
Metropolit Nikolai. Diese Kommission erweitert sich zur
»Sonderkommission zur Feststellung und Untersuchung des
Tatbestandes der Erschießung kriegsgefangener polnischer
Offiziere durch die faschistischen deutschen Okkupanten im
Wald von Katyn«. Sie beruft fünf leitende Gerichtsmediziner
hinzu.[3] In der erweiterten Burdenko-Kommission sind
weiterhin vertreten: Generalleutnant Alexander S. Gundo-
row, Präsident des Panslawistischen Komitees; S. A. Kolessni-

kow, Vorsitzender des Exekutivkomitees des Roten Kreuzes und des Roten Halbmondes; Wladimir P. Potemkin[4], Volkskommissar für das Erziehungswesen der russischen Sowjetrepublik; Generaloberst Jefim. I. Smirnow, Leiter der Hauptverwaltung des Sanitätswesens der Roten Armee; R. J. Melnikow, Vorsitzender des Smolensker Distrikt-Exekutivkomitees. Die Zusammensetzung dieser Kommission spricht für sich. Alle Mitglieder sind Sowjets. Nicht einmal polnische Kommunisten werden beteiligt.

Am 26. September 1943 treffen die ersten Mitglieder der Kommission im Katyner Forst ein. Wichtiger aber sind die NKWD-Offiziere. Die künftige Darstellung muss erdacht, Geschichten der Zeugen müssen erfunden werden, die Zeugen selbst ihre Aussagen einüben. An den Gräbern arbeiten vier NKWD-Angehörige, nicht aus Smolensk, sondern aus Minsk, der Hauptstadt Weißrusslands. Sie erhalten ihre Anweisungen von Wsewolod Merkulow, den Stalin 1940 persönlich mit der Umsetzung des Mordbefehls beauftragte und der seit April 1943 Kommissar für Staatssicherheit ist. Im Januar reist Merkulow mit seinem Stellvertreter Sergej Kruglow selbst nach Katyn, offensichtlich, um den schon vorbereiteten Abschlussbericht vor Ort auf Brauchbarkeit zu prüfen und freizugeben.[5]

Die Sowjets laden auch Moskau-Korrespondenten zu einer Reise nach Katyn ein, damit sie den gerichtsmedizinischen Untersuchungen beiwohnen können. 17 Pressevertreter aus alliierten Ländern melden sich an. Am 15. Januar 1944 trifft die Gruppe in Katyn ein, prominent besetzt mit Vertretern der Londoner *BBC,* der *New York Times*, des kanadischen *Toronto Star* und der Nachrichtenagentur *Reuters*. Zur Delegation zählt neben dem dritten Botschaftssekretär der US-Botschaft, John Melby, auch Kathleen Harriman, die 25-jährige Tochter des US-Botschafters in Moskau, W. Averell Harriman. Sie ist auf persönlichen Wunsch ihres Vaters mit von der Partie.

Am selben Tag reist ferner eine Gruppe polnischer Militärs an, die an der Seite der Roten Armee stehen. Zu Ehren der Toten zelebriert ein polnischer Feldkaplan eine Messe. Anschließend spricht ein General. Es ist Zygmunt Berling. »Diejenigen, deren Andenken wir heute ehren, sind dem unversöhnlichen Feind, Deutschland, in die Hände gefallen. (…) Die Gräber der von den Deutschen ermordeten Polen schreien nach Rache. Uns fällt es zu, sie zu rächen. Und wir werden sie rächen.« Dann spricht ein NKWD-Major an den Gräbern. Es wird beschlossen, Geld für eine Panzereinheit zu sammeln, die den Namen »Rächer von Katyn« erhalten soll.[6] Der Abend wird nett gestaltet. Es gibt Kaviar-Schnittchen.

Am nächsten Tag beginnen die medizinischen Untersuchungen. Im Katyner Forst stehen vier grau-grüne Zelte. Es riecht darin ausgesprochen unangenehm. Gerichtsmediziner Posorowski vom Volkskommissariat für Gesundheitswesen öffnet die Leiche Nr. 808, schneidet ein Stück vom Gehirn ab, sticht in die Brust, zieht ein sichtlich geschrumpftes Organ heraus. »Herz«, sagt er und hält es Fräulein Harriman hin. Dann schlitzt er einen Beinmuskel ab. »Sehen Sie, wie gut das Fleisch erhalten ist?« Die sowjetischen Ärzte betonen, dass die Körper keinesfalls schon im März 1940 in den Gräbern gelegen haben können.

Zum Abschluss der Reise wird eine Pressekonferenz abgehalten. Kommissionsleiter Burdenko sitzt mit verschränkten Armen da, weicht jeder Frage aus und verweist auf den anstehenden Abschlussbericht. Ein Reporter stört das Possenspiel und sorgt für Verwirrung. Er merkt an, dass die Leichen lange, schwere Unterwäsche und Mäntel trügen, was doch eher für die deutschen Angaben vom April 1940 und gegen die sowjetischen von August oder September 1941 spräche. Ärzte und russische Offiziere tuscheln kurz miteinander. Dann einigen sie sich auf die Antwort: Die Witterungsverhältnisse in Russland seien so unsicher, dass Pelze, Mäntel und lange Unterhosen recht gut auch im September getragen werden könnten – in Wahrheit sind Temperaturen um 30 Grad im August durch das Kontinentalklima im Raum Smolensk keine Seltenheit.

Die Journalisten bestreiten in ihren Artikeln die sowjetischen Angaben nicht offen, bleiben in ihren Einschätzungen aber vorsichtig. Jedoch sorgt die Moskauer Zensurstelle dafür, dass einschränkende Bemerkungen – »Ich bin kein medizinischer Fachmann, aber die Ärzte sagen« – ebenso wie sämtliche Ausdrücke, die Raum für Zweifel lassen – »wahrscheinlich« oder »die beigebrachten Unterlagen scheinen zu beweisen« – entfernt werden. Nur die nackten Anschuldigungen bleiben. Das Ergebnis ist, dass die Berichte, die ins westliche Ausland gehen, denen der *Prawda* gleichen. US-Reporter Henry Gates Cassidy wird einige Jahre später zugeben: »Wir kamen zurück mit dem Gefühl, dass das, was die Russen uns gezeigt hatten, kein Beweis für ihre Darstellung gewesen war. Ich glaube, es gibt dafür schon ein Vorbild aus der russischen Geschichte und zwar die Geschichte mit den Potemkinschen Dörfern.«

Ein Delegationsmitglied jedoch glaubt den Sowjets, ohne den leisesten Zweifel zu spüren: Kathleen Harriman. Zurück in Moskau setzen sich Vater Harriman, Tochter Kathleen und Botschaftssekretär Melby zusammen. Harriman schickt ein Telegramm an den Außenminister in Washington: »Allgemeiner Augenschein nicht überzeugend, aber Kathleen und Botschaftsmitglied halten für wahrscheinlich, dass Massaker von Deutschen begangen.« Kathleen Harriman schreibt einen persönlichen Bericht, der zwar nicht in den Zeitungen veröffentlicht wird, aber dafür bei Präsident Franklin D. Roosevelt besonderes Gewicht hat. Das Schreiben gelangt auch ins Außenministerium, wo es Aufsehen erregt. Es wird dort als einziger offizieller Bericht der US-Regierung behandelt. Kurz und bündig fasst Miss Harriman zusammen: »Meiner Meinung nach wurden die Polen von den Deutschen umgebracht.« Sie fügt das sowjetische »Untersuchungsergebnis« bei. Auch Melby versichert devot: »Alles in allem wirkt die Version der Russen trotz einiger Ausflüchte überzeugend.«

Am 24. Januar 1944 legt die Burdenko-Kommission ihren Abschlussbericht vor, zwei Tage später verkünden *Radio Moskau* und die *Prawda* das Ergebnis. Im Kern werden die Behauptungen des Kommuniqués vom 15. April 1943 nach der Entdeckung der Gräber wiederholt: Polnische Gefangene sind den vorrückenden Deutschen zuhauf in die Hände gefallen und von ihnen ermordet worden – und zwar im Spätherbst 1941. Diese These wird nun weiter ausgeschmückt, doch strotzt der Bericht vor Lügen und Ungereimtheiten.[7]

Im Abschlussbericht, als »Mitteilung der Sonderkommission« bezeichnet, wird das berüchtigte NKWD-Gelände, in dem seit der Revolutionszeit Erschießungen stattfanden, so beschrieben: »Seit jeher war der Wald von Katyn ein beliebter Ausflugsort, in dem die Einwohner von Smolensk an Feiertagen auszuspannen pflegten. Die Bevölkerung der Umgebung ließ ihr Vieh im Wald von Katyn weiden und sammelte dort Brennholz. Verbote oder Einschränkungen für das Betreten des Waldes von Katyn gab es nicht.« Das habe sich erst mit der deutschen Besetzung geändert. Der Bericht erwähnt drei »besondere Lager« mit der Bezeichnung »1-ON, 2-ON und 3-ON« für kriegsgefangene polnische Offiziere und Soldaten, die zum Straßenbau herangezogen worden seien. Sie werden »25 bis 45 Kilometer westlich von Smolensk« verortet, genauere Angaben fehlen. Hier verquickt die sowjetische Propaganda Wahres und Falsches. Es gab bei Smolensk sowjetische Lager für polnische Soldaten und Unteroffiziere, die in der Umgebung im Straßenbau arbeiteten. Aber diese Soldaten wurden etwa ein dreiviertel Jahr vor der deutschen Invasion evakuiert und hatten auch nichts mit dem Lager Koselsk zu tun. Die erwähnten deutschen Lager hat es dagegen nie gegeben.

Des Weiteren fand die sowjetische Untersuchungskommission bei den Leichen angeblich sogar Dokumente, die vom Herbst

1940 und Sommer 1941 stammen: einen Brief, zwei Postkarten, Quittungen, ein kleines Christus-Bild. Es könnte sich um einen Brief handeln, der aus Polen abgeschickt, jedoch von den sowjetischen Poststellen zurückgehalten und später dem NKWD übergeben worden war. Eine der Karten stammt angeblich von Stanislaw Kuczinski. Nur war Kuczinski gar nicht im Lager Koselsk, sondern bereits 1939 aus dem Lager Starobelsk fortgeschafft und seither nicht mehr gesehen worden. Wahrscheinlich wurde er von den Sowjets woanders festgehalten und lebte am fraglichen 20. Juli 1941 tatsächlich noch.

Einen Großteil des Berichts nehmen Schilderungen von Zeugen ein. Mehr als 100 seien vernommen worden, heißt es. So berichtet Bauer Kisseljew, der im Herbst 1942 die polnischen Arbeiter der »Organisation Todt« zu den Gräbern führte, von Schlägen der deutschen Okkupanten, die ihn fast taub machten und den rechten Arm erlahmen ließen. Der Untersuchungsbericht gibt den Aussagen von Kisseljew viel Raum, weil er in der Untersuchung der durch die Deutschen veranlassten Kommission einer der Schlüsselzeugen war. Kisseljew sage nun, so heißt es in dem Bericht, er habe damals vorgegebene Aussagen auswendig lernen müssen. Als dann aber die von den Deutschen geschickten Delegationen unerwartete Fragen gestellt hätten, habe er alles durcheinandergebracht. Am Schluss hätten ihn die Deutschen deshalb davongejagt.

Das russische Personal bei der deutschen Einheit im Dnjepr-Schlösschen habe bald gemerkt, so heißt es in dem Untersuchungsbericht weiter, dass sich »irgendwelche dunklen Dinge« abspielten. Die Zeugin A. M. Alexejewa will Schüsse gehört haben, als »Ende August und längere Zeit im September 1941« Lastwagen kamen und dann in den Wald fuhren. Anschließend hätten die zurückgekehrten Deutschen stets gebadet und Saufgelage veranstaltet. An der Kleidung von zwei Gefreiten habe sie mehrmals »frische Blutspuren« bemerkt. Ihre Freundin O. A. Michailowa bekundet ähnliches. Auch zahlreiche andere Zeugen, darunter der Geistliche der Kuprinoer Kirche, sprechen von polnischen Kriegsgefangenen in der Gegend von Smolensk, so als ob ihre Existenz allgemein bekannt gewesen wäre. Nach allen Aussagen wurden die Erschießungen im August und im September 1941 durchgeführt. In dem medizinischen Gutachten des Untersuchungsberichts heißt es dann jedoch, »dass die Erschießung in eine Zeit fällt, die etwa zwei Jahre zurückliegt, d. h. zwischen September und Dezember 1941 stattfand«. Wie konnte es zu diesem Widerspruch kommen? Keiner der Zeugen hatte etwas von Oktober, November oder gar Dezember gesagt.

Mit der Datierung im Gutachten werden gewisse Schwächen des sowjetischen Kommuniqués vom 15. April 1943 beseitigt, in dem es hieß, die Deutschen hätten die Polen im August und im September 1941 ermordet. Diese Version war insofern nicht ganz durchdacht, als die Polen Winterkleidung trugen. Also musste das NKWD alles ein wenig mehr gen Winter verlegen. Der Vorgang macht offenbar, dass die Zeugenaussagen schon lange vor der Abfassung des Untersuchungsberichtes vorbereitet worden waren, die zeitliche Korrektur jedoch vergessen wurde.

Ganz erstaunlich mutet die Geschwindigkeit an, mit der die Untersuchungen vonstatten gegangen sein sollen: 925 Leichen wollen die Gerichtsmediziner in nur einer Arbeitswoche bewältigt haben. Ferner übernimmt der sowjetische Bericht die von der deutschen Propaganda genannte Zahl von 11 000 Toten im Wald von Katyn und weicht dadurch Fragen nach weiteren Gräbern aus. Die sowjetische Denkschrift von Ende Januar 1944 bleibt als amtliche Version mehrere Jahrzehnte lang gültig und wird auch vielfach im Westen gestützt und geglaubt.[8]

Die Schauprozesse

Bevor die Untersuchungen der Kommission abgeschlossen sind, ja die gerichtsmedizinische Prüfung überhaupt begonnen hat, läuft in Charkow, wo das NKWD für die Ausführung des

Massenmordes an den Gefangenen des Lagers Starobelsk verantwortlich war, ein erster großer Schauprozess an. Mitte Dezember 1943 stehen deutsche Kriegsgefangene vor dem Militärgericht. Zum Schein gibt es alles, was zu einem internationalen Prozess gehört: Verteidiger, Dolmetscher, Zeugen, in- und ausländische Presse. Angeklagt sind der deutsche Hauptmann der Wehrmacht Wilhelm Langheld, der Untersturmführer der Waffen-SS Hans Ritz, der Wachtmeister der Polizei, Feldwebel Reinhard Retzlaff, und ein Russe als Kollaborateur. Wegen Morden an Zivilisten sowie an polnischen Gefangenen bei Katyn werden am 18. Dezember 1943 alle zum Tode durch den Strang verurteilt. Die Bevölkerung wird aufgefordert, dem Schauspiel am nächsten Tag beizuwohnen. Vor rund 50 000 Zuschauern werden die Verurteilten bei eisiger Kälte auf dem Marktplatz von Charkow gehängt. Die Leichen bleiben bis Mitte Januar 1944 an den Galgen.

Das gesamte Verfahren sowie die Hinrichtungen werden gefilmt und unter dem Titel »Das Gericht kommt« zu einer einstündigen Dokumentation zusammengeschnitten, in mehrere Sprachen synchronisiert und den Alliierten zur Verfügung gestellt. Der Öffentlichkeit gezeigt wird der Streifen erstmals am 15. Januar 1944. Ebenso wird das Protokoll der »Verhandlung« in mehrere Sprachen übersetzt und verteilt.

Die sowjetischen Propagandaaktionen fallen in die Zeit unmittelbar nach der Konferenz der »Großen Drei« von Teheran. Vom 27. November bis zum 1. Dezember 1943 trafen sich Stalin, Roosevelt und Churchill dort, um die Nachkriegsordnung zu beraten. Es war ihre erste persönliche Begegnung, sie sprachen von der »Weltfamilie demokratischer Nationen« und einem Frieden für »viele Generationen« in Freiheit. Auf dieser Konferenz nahmen Roosevelt und Churchill Stalins Forderung auf Anerkennung der Annexion ganz Ostpolens billigend zur Kenntnis. Churchill ließ sich sein berühmtes Streichholzspiel, die »Verschiebung« des Staates Polen nach Westen, einfallen, um die »Entschädigung« Polens durch die deutschen Ostprovinzen zu illustrieren. Vor diesem Hintergrund stören Nachfragen Katyn betreffend »ganz oben« nur. Abgeordnete sowohl des US-Kongresses als auch des britischen Unterhauses, die ihre Ministerien um Material aus eigenen oder polnischen Quellen bitten, blitzen ab. Meist wird ihnen nur mitgeteilt, die Akten dazu seien geheim. Oder es heißt, das gewünschte Material existiere nicht oder sei nicht auffindbar.[9]

Im Mai 1944 ergibt es sich, dass Roosevelts Sonderbotschafter für den Balkan in der Türkei, George Howard Earle, seinen Präsidenten persönlich sprechen kann. Dank seiner guten Kontakte in Bulgarien und Rumänien erhielt Earle von dortigen hohen Rot-Kreuz-Vertretern umfangreiches Material einschließlich Fotografien zu den Katyn-Morden, das die Sowjets schwer belastet. Diese Dokumente legt er Roosevelt vor, aber der Präsident will damit erst gar nicht behelligt werden: »George, das ist doch alles deutsche Propaganda und von den Deutschen ausgeheckt. Ich bin überzeugt, dass es die Russen nicht waren.«[10]

Die »Großen Drei« beschließen auf der Konferenz von Jalta die Neuordnung Europas. Vorn v.l.: Churchill, Roosevelt, Stalin

Earle ist bestürzt. Die Sache mit Katyn beschäftigt ihn weiter. Am 22. März 1945, als die Abmachungen von Jalta getroffen sind und das Ende des Krieges in Europa bevorsteht, schreibt er Roosevelt, dass er einen Artikel über die Morde von Katyn veröffentlichen wolle. Die Antwort Roosevelts liegt zwei Tage später auf Earles Schreibtisch: »Ich wünsche es nicht nur nicht, ich verbiete Ihnen ausdrücklich, über einen Verbündeten irgendeine Information oder irgendeine Ansicht zu veröffentlichen, die während Ihrer Dienstzeit als Gesandter oder als Offizier der US-Marine zu Ihrer Kenntnis gelangt sein mag.«[11] Roosevelt versetzt den erfahrenen, weltläufigen Diplomaten nach Amerikanisch-Samoa im Pazifik.[12]

Um die von US-Amerikanern und Briten gebilligte Version der »Wahrheit« zu stützen, sind die Sowjets hochgradig daran interessiert, das in deutschem Besitz befindliche Material, das diese in Smolensk zusammenstellten, in ihre Hände zu bekommen. Der polnische Untergrund will das Material ebenfalls unbedingt an sich bringen. Die Deutschen wiederum tun alles, um genau das zu verhindern: Goebbels befahl daher ausdrücklich, die Beweismittel in Richtung Westen zu schaffen. Neun große Holzkisten mit Tausenden von Briefen, Kennkarten, Fotos und persönlichen Habseligkeiten wurden im Herbst 1943 streng bewacht zunächst nach Krakau ins Polnische Institut für Gerichtsmedizin und Wissenschaftliche Kriminologie geschafft. Leiter dort ist Dr. Werner Beck, Assistent von Prof. Buhtz, der die Aufsicht der Exhumierungen in Katyn führte. Dort analysieren Fachleute die Unterlagen noch einmal. Von vielen Dokumenten werden Abschriften angefertigt. An den Arbeiten ist auch der Generalsekretär des Polnischen Roten Kreuzes, Kazimiers Skarzynski, persönlich beteiligt. Wieder gehören einige der Polen dem Untergrund an. Die Polen befürchten, das Material könne den Sowjets in die Hände fallen, da sich die Niederlage der Deutschen immer deutlicher abzeichnet. Sie denken sich einen abenteuerlichen Plan aus: Sie lassen Kisten zimmern, die den ursprünglichen äußerlich genau gleichen. Innen sind die neuen, luftdicht verschließbaren Kisten mit Zinn ausgeschlagen. Das Material soll von den deutschen Kisten in die polnischen wandern, um in einem See versenkt zu werden, bis der Krieg vorbei ist. Doch die Deutschen decken den Coup auf. Als die Sowjets in einer Zangenoperation die Einnahme Krakaus vorbereiten, weist der Chef der deutschen Polizei den Institutsleiter Dr. Beck an, das Beweismaterial lieber zu vernichten, als es den Sowjets zu überlassen. Ein letzter Versuch, die Beweisstücke durch Lagerung in Privathäusern in Krakau zu retten, scheitert. Der Gestank ist zu groß.[13] Beck beschließt, alles nach Deutschland zu schaffen. Auf zwei Lastwagen werden Mitte Januar 1944 14 Kisten verladen. Auf dem Weg nach Deutschland bricht sich Beck ein Bein und muss zurück nach Krakau. Dort erfahren die Polen von Beck den Bestimmungsort: die Universität von Breslau, an der Prof. Buhtz lehrt.

Halbwegs genesen, macht sich Beck nach Breslau auf, um sich seiner Kisten wieder anzunehmen, die inzwischen im ersten Stock der dortigen Universität ungeschützt abgestellt wurden. Unterdessen erobert die Rote Armee Krakau. Auch die sowjetischen Agenten wissen offensichtlich über die Kisten Bescheid und suchen in der Stadt nach ihnen, freilich vergebens.

Kaum ist die »Festung« Breslau ebenfalls gefallen, tauchen dort sowohl Angehörige des NKWD als auch des polnischen Untergrundes auf, um die Kisten aus der Universität zu holen, aber dort sind keine Kisten mehr. In den letzten Tagen vor der Einnahme der Stadt transportierte ein SS-Kommando sie weiter westwärts. Beck ist immer noch bei »seinen« Kisten, er will sich nach Berlin durchschlagen, kommt jedoch zunächst nur bis Dresden. Dort wird das Material auf einen anderen vom Gestapo-Hauptquartier gestellten Lkw umgeladen. Vor sowjetischen Flugzeugen muss Deckung gesucht werden. Einmal versperren Flüchtlingsmassen die Straßen, dann wiederum sind es die letzten Panzer, die von einer Frontstelle zur nächsten fahren. Anfang Mai 1945 steht der Lkw in Radebeul. Der totale Zusammenbruch ist abzusehen. Wozu noch nach Berlin, das vor der Eroberung durch die Rote Armee steht?

Beck lässt die Kisten auf dem Bahnhof lagern und erteilt den Befehl, sie im Falle einer sowjetischen Einnahme der Stadt »vollständig zu verbrennen«. Er selbst macht sich nach Prag auf, in der Hoffnung, dort Vertreter des Internationalen Roten Kreuzes oder der amerikanischen Armee zu erreichen, denen er die Kisten anvertrauen könnte. Beck kommt bis Pilsen, wo er sich mit dem Kommandeur einer US-Einheit in Verbindung setzt. Zu spät: Als die Sowjets vor Radebeul stehen, zündet der Bahnhofsspediteur gemäß dem Befehl die Kisten an. Er und seine Familie werden von den Sowjets verhaftet und nie mehr gesehen.

Natürlich wollen die Sowjets Beck in ihre Hände bekommen. Überall, wo er Station machte, fahndet die sowjetische Sicherheitspolizei nach ihm. Sein Elternhaus und die Wohnungen seiner Freunde, bei denen er während der Flucht aus Krakau untertauchte, werden mehrmals durchsucht. Selbst seine 62-jährige Mutter wird über ein halbes Jahr lang gefangen gehalten, weil die Sowjets glauben, über sie seinen Aufenthaltsort in Erfahrung bringen zu können. Dennoch gelingt es Beck, nach Westdeutschland zu gelangen.

Inzwischen bildet sich in Warschau am 28. Juni 1945 eine Koalitionsregierung unter Edward Osobka-Morawski. Stellvertretender Premierminister ist der Vorsitzende der Bauernpartei Stanislaw Mikolajczyk. Er war Ministerpräsident der Exilregierung in London nach dem Tod General Sikorskis. Bereits im Juli 1945 wird die Regierung von den wichtigsten Ländern des Westens anerkannt, der noch bestehenden Exilregierung in London hingegen die Anerkennung entzogen. Kaum ist Mikolajczyk in Warschau angekommen, tritt der kommunistische Generalstaatsanwalt Jerzy Sawicki mit der Idee eines Schauprozesses an ihn heran. »Der Gedanke an Katyn«, sagt Sawicki, »hat sich in den Herzen des polnischen Volkes festgesetzt. Wir sollten einen Prozess durchführen.« Mikolajczyks stimmt zu: »In der Tat. Ich bin sehr dafür, dass in einem öffentlichen Prozess alle Dokumente beigebracht werden. In einem fairen Prozess muss sich herausstellen, wer die Mörder waren.«

Sawicki zögert einen Augenblick, dann fragt er Mikolajczyk, was für eine Aussage dieser machen würde, sollte er als Zeuge gehört werden. Der antwortet: »Ich würde darauf hinweisen, dass der russische Botschafter Bogomolow ein Jahr nach der Ermordung unserer Offiziere offiziell erklärte, dass man sie ›entlassen‹ habe. Und ich würde die Bemühungen schildern, die von den sich zurückziehenden Deutschen gemacht wurden, um alle auf diese Verbrechen bezüglichen Dokumente zu retten.«

Ein sichtlich besorgter Sawicki will nun wissen, was Mikolajczyk denn über vorhandene Dokumente wisse. Mikolajczyk zeigt sich außerordentlich gut über die Reise der Materialkisten informiert, nimmt jedoch an, sie seien von den US-Amerikanern gefunden worden. Sawicki beendet die Unterhaltung, anschließend teilt er die Unterredung der polnischen Sicherheitspolizei mit und begibt sich mit Justizminister Swiatkowsky nach Moskau. Nach dieser Demarche wird das ganze Prozessprojekt aufgegeben.

So wie die Sowjets nach dem Beweismaterial jagen, versuchen sie auch, all derjenigen habhaft zu werden, die Genaues über die Katyn-Morde wissen. Die Verfolgung wird auch in den künftigen Satellitenstaaten betrieben. Nachdem die Rote Armee 1944 in Bulgarien einmarschierte, wird Professor Marko Markow von der Universität Sofia, der als Gerichtsmediziner an der internationalen Ärztekommission beteiligt war, als »Volksfeind« verhaftet. Nach mehreren Monaten Haft sagt er vor Gericht aus, er sei gezwungen worden, nach Katyn zu fahren und das Smolensker Protokoll zu unterschreiben. Alle Mitglieder der Internationalen Kommission seien überzeugt gewesen, dass das Beweismaterial gefälscht sei. Nach diesem »Bekenntnis« lässt das Gericht die Anklage fallen.

Auch der Prager Gerichtsmediziner Frantisek Hajek, der 1943 wie Markow zur internationalen Ärztekommission gehörte, widerruft seine damalige Aussage in einem Beitrag »Katyn – eine Tat der Deutschen« im *Zielony Sztandar*. In Warschau fordern die Behörden den Schriftsteller Ferdynand Goetel auf zu unterschreiben, dass er 1943 zwangsweise nach Katyn gebracht worden sei und sich des Eindrucks nicht hätte erwehren können, die Deutschen hätten das Massaker verübt. Goetel flüchtet schleunigst in den Westen.

Derweil ist in Moskau Andrej Wyschinski, Jurist und stellvertretender Außenkommissar, damit beschäftigt, die Anklagen für die Nürnberger Prozesse gegen die Hauptkriegsverbrecher vorzubereiten. Er kennt Stalin schon seit Ende der Zarenzeit. 1935 bis 1939 war er Generalstaatsanwalt der UdSSR und damit einer der Hauptverantwortlichen der großen »Säuberungen«. Wyschinski vertritt marxistisch-leninistisch den Grundsatz, dass alles Recht lediglich Ausdruck des Willens der herrschenden Klasse sei. Wer gestand, auch unter Folter, ist für ihn schuldig.[14] Im November 1945 entscheidet Wyschinski, in acht Städten der UdSSR zwischen Dezember 1945 und Februar 1946 Schauprozesse gegen Kriegsverbrecher zu veranstalten: in Kiew, Riga, Minsk, Brjansk, Nikolajew (ukrainisch Mykolajin), Leningrad, Welikije Luki und Smolensk.

Die Prozesse verlaufen ähnlich wie schon 1943 der Schauprozess von Charkow. Im Zusammenhang mit Katyn sind der Leningrader und der Smolensker Prozess von Bedeutung. Das Muster ist bei allen gleich: Die Angeklagten haben »Anwälte«, die sie allerdings so gut wie nicht gesprochen haben. Die meisten »Zeugen«, unter ihnen auffallend viele Frauen und Kinder, haben sie noch nie gesehen. Dolmetscher übersetzen die »Geständnisse«, nicht aber entlastende Einlassungen. Die Urteile sind jeweils endgültig, Berufungsmöglichkeiten gibt es nicht. Die Todesurteile »Erhängen durch den Strang« werden am nächsten Tag vollstreckt. Die Bevölkerung ist wie schon 1943 in Charkow aufgefordert, auf dem Marktplatz zuzuschauen. In der Regel finden sich Zehntausende ein. Die Leichen bleiben oft mehrere Wochen hängen.

In Leningrad stehen elf Angeklagte vor Gericht. Das Ergebnis: acht Todesurteile, zweimal 25 Jahre Arbeitslager, einmal 15 Jahre Arbeitslager. Am 5. Januar 1946 werden gehängt: Die Hauptleute Heinrich Remmlinger und Karl-Hermann Strüffling, die Oberfeldwebel Fritz Enkel und Ernst Böhm, ohne Dienstgradnennung Eduard Sonnenfeld, Ernst Geherer, Herbard Janike und Erwin Skotki. Weil sie eine Beteiligung an den Morden von Katyn »gestehen«, kommen Erich Paul Vogel, Arno Düre und Franz Wiese mit Zwangsarbeit von 15 bis 20 Jahren davon.[15] In Smolensk lauten die Katyn-Urteile: siebenmal Tod durch Strang, dreimal 20 Jahre Arbeitslager.[16]

Die Schauprozesse helfen den Sowjets, die Version von der deutschen Verantwortung für Katyn zu verbreiten. Überschriften in deutschen Tageszeitungen zum Leningrader Prozess lauten so: »So war Katyn« (*Nordwest-Nachrichten*) oder »Katyn-Massenmord von deutschem Offizier zugegeben« (*Neue Hamburger Presse*). Im Text heißt es: »Die Nazischuld an dem Massenmord in Katyn wurde von einem deutschen Offizier vor einem Leningrader Gerichtshof zugegeben. Aus einer Gruppe von deutschen Offizieren, die in Leningrad unter der Anklage des Kriegsverbrechens vor Gericht stehen, beschrieb der Angeklagte Düre, wie russische Frauen, Kinder und Greise von den flüchtenden deutschen Truppen ermordet wurden und erklärte, dass dabei im Wald von Katyn 15 000 bis 20 000 Menschen, darunter polnische Offiziere und Juden, von den deutschen Truppen erschossen und begraben wurden. (…) Ein anderer Angeklagter, Janicke, bestätigte, dass ein Befehl von Generalmajor Remlinger (gemeint ist wohl Remmlinger, d. Verf.) die

Niederbrennung aller Dörfer auf dem Rückwege und die Ausrottung aller Zivilisten anordnete, die sich ihrer Verschleppung nach Deutschland widersetzten. Bevor der Gerichtshof sich vertagte, gab ein anderer Angeklagter, der ehemalige Stabschef Wiese, die Plünderungen der Nahrungsmittel- und Viehbestände der Bevölkerung zu.«

Farce in Nürnberg

Im Sommer 1945 einigen sich die vier Siegermächte auf einer Sondersitzung in London über das Vorgehen bei der Verfolgung und Aburteilung der »Hauptkriegsverbrecher« der Achsenmächte. Es soll eine Arbeitsteilung gelten: Die Amerikaner verfolgen die Vorbereitung und Führung von Angriffskriegen, Großbritannien die auf hoher See begangenen Verbrechen und die Verletzung von Verträgen, die Sowjetunion und Frankreich ahnden zusammen »Verbrechen gegen die Menschlichkeit«, wobei die UdSSR Verbrechen im Osten und Frankreich solche im Westen anklagt.

Die Morde von Katyn, die während des Krieges das Propagandageschehen monatelang prägten, können dabei nicht einfach unerwähnt bleiben. Im Gegenteil bietet sich der Sowjetunion eine große Chance: Da ohnehin allein deutsche Verbrechen zur Verhandlung stehen, besteht keine Gefahr, dass der Schuss nach hinten losginge und die Sowjets beschuldigt würden. Die verabredeten Verfahrensregeln lassen dies von vornherein gar nicht zu. Außerdem hatten schwere nationalsozialistische Verbrechen in Polen und der Sowjetunion dazu beigetragen, dass man die Täterschaft der Deutschen kaum bezweifeln würde. Gerade im rückwärtigen Bereich der Heeresgruppe Mitte im Gebiet von Smolensk hatten Einsatzgruppen des SD (Sicherheitsdienst) Massaker verübt, eines davon in der Nähe von Borissow, wo der Stab der Heeresgruppe im Sommer 1941 kampierte. 5000 Juden wurden dort mithilfe lettischer SS-

Truppen ermordet, was für einige Offiziere der Heeresgruppe Anlass war, sich dem Widerstand um Hennig von Tresckow anzuschließen.

Die Westalliierten könnten einer Anklage gegen die Deutschen zudem kaum entgegentreten, da sie während des Krieges die sowjetische Propagandaversion deckten. Eine gemeinsame Verurteilung der Deutschen vor dem Nürnberger Tribunal würde die Westalliierten nun jedoch auf Dauer an die sowjetische Lüge binden, jede Korrektur zumindest gewaltig erschweren.

Die Anklage gegen die Deutschen wird von den Sowjets stümperhaft eingefädelt. Bei der Vorbereitung der Anklageschrift kommt Katyn erst auf der Schlusssitzung in London zur Sprache. Die sowjetischen Vertreter verlangen dort, die Ermordung von 925 polnischen Offizieren im Wald von Katyn miteinzubeziehen. Das ist jedoch lediglich die Anzahl der Leichen, die von der sowjetischen Untersuchungskommission als von ihr exhumiert angegeben wurde. Davon abgesehen ist den britischen und amerikanischen Vertretern die Brisanz der Angelegenheit sofort klar. Sie protestieren gegen die Einbeziehung des Themas Katyn. Aber die Sowjets bleiben bei ihrer Forderung.

Zwölf Tage später verlangt der sowjetische Chefankläger Roman Rudenko, dass von 11 000 ermordeten polnischen Offizieren die Rede sein solle. Die Panne mit der Zahl war also noch rechtzeitig bemerkt worden.

Der amerikanische Chefankläger Robert H. Jackson ist jedenfalls bestens im Bilde. Polen aus dem Umkreis der Exilregierung lassen ihm ihre Unterlagen zukommen. Polnischstämmige US-Senatoren wenden sich an ihn. Vom US-Militärgouverneur General Lucius D. Clay erhält Jackson einen streng vertraulichen Bericht zugestellt, den die US-Botschaft in Warschau zusammenstellte. Ferner verfügt er über »geheime Dokumente« zum Fall Katyn. Doch er behält die darin enthaltenen Informationen für sich. Jackson wird sein Wissen später herunterspielen und es so darstellen, als habe er viele

Unterlagen gar nicht erhalten. Indes zeigt seine Ablehnung, den Fall Katyn in die Anklage aufzunehmen, was er von der ganzen Sache hält.

Es gibt sogar einen ganz besonderen Zeugen, der sich den Amerikanern selbst anbietet, doch auch seine Aussage wird nicht in den Prozess in Nürnberg einfließen.[17] Es ist Iwan Kriwoserzow, der den Deutschen 1943 die Gräber gezeigt hatte und anschließend vor der anrückenden Roten Armee geflohen war. Danach lebte er als Zwangsarbeiter mit »Arbeitskarte« in Deutschland und war seit Mitte 1944 in Berlin in Werkstätten eingesetzt. Als die Rote Armee auf Berlin vorrückte, zog er es vor, der »Befreiung« durch die Sowjets abermals zu entgehen und machte sich zu Fuß nach Hamburg und anschließend nach Bremen auf. Dort erfuhr er, dass in Nürnberg der Massenmord von Katyn verhandelt werden solle.

Mit einem anderen Russen, der als mehrsprachiger Ingenieur als Dolmetscher vermitteln kann, meldet sich Iwan Kriwoserzow beim US-Hauptquartier in Bremen. Dort erzählt Iwan Kriwoserzow seine Geschichte zu Katyn zwei US-amerikanischen Soldaten. Zuerst grinsen die beiden Amerikaner, dann brechen sie in schallendes Gelächter aus. Einer wird schnell wieder ernsthaft: »Ich glaube, wir sollten ihn lieber wieder zur russischen Front zurückschicken. Die werden sicher wissen, was sie mit all dem anfangen und wie sie seine Zeugenaussage verwerten können (…).« Kriwoserzow macht sich auf und davon.

Kriwoserzow sagt auch vor dem britischen Geheimdienst aus und sucht General Anders auf. Schließlich nimmt er den Namen Michail Loboda an und lässt sich in Bristol an der südenglischen Küste nieder. Am 30. Oktober 1947 findet man ihn erhängt im Geräteschuppen eines Obstgartens. Der Gerichtsbeamte erkennt auf »Selbstmord«. Dazu gibt der polnische Autor Rudolph Chelminski zu bedenken: »Leute, die die Arbeit des NKWD kennen, glauben, dass er ermordet wurde.« Der beste Freund Kriwoserzows, ein Landsmann, verschwindet spurlos.[18]

In Nürnberg wird der Massenmord von Katyn kurzerhand in die Anklageschrift gegen Hermann Göring eingebaut.[19] Oberst Pokrowsky trägt Mitte Februar 1946 den Anklagepunkt vor. Das Gericht billigt Anklage und Verteidigung jeweils drei Zeugen zu. Einer der Zeugen der deutschen Verteidigung ist Reinhard von Eichborn, gelernter Wirtschaftsprüfer und Lexikograph, der inzwischen als Gerichtsassessor in Bayern tätig ist. Er las einen Bericht über die sowjetischen Anklagen in der amerikanisch lizensierten *Neuen Zeitung*, die in München erscheint. Von Eichborn sah sofort, dass mit »Stab 537, Pionierbataillon« das Nachrichtenregiment 537 der Heeresgruppe Mitte gemeint sein musste, in dem er selbst als Leutnant von Dezember 1941 bis Januar 1943 Fernsprechsachbearbeiter gewesen war. Er erkannte auch, dass mit »Arnes« Oberst Ahrends, mit »Rechts« Oberleutnant Rex und mit »Hott« Leutnant Hoth gemeint waren. Ihm war klar, dass allen die Auslieferung an die Sowjets drohte, was ihren sicheren Tod bedeuten würde. Deshalb stellte er sich als Zeuge zur Verfügung.

Der Vorschlag der deutschen Verteidigung, den ehemaligen Hauptmann Böhmert vom 537. Nachrichtenregiment vorzuladen, scheitert am Einspruch General Rudenkos: »Der frühere Adjutant, Hauptmann Böhmert, ist selbst Teilnehmer an den Verbrechen in den Wäldern von Katyn. Er war Mitglied der Pioniereinheit, die die Hinrichtungen durchführte. Da er persönlich an der Sache interessiert ist, kann er keine objektive Aussage über diesen Gegenstand machen.«[20] Deshalb wird der frühere Oberst Friedrich Ahrends benannt. Dritter deutscher Entlastungszeuge ist der ehemalige Generalleutnant Eugen Oberhäuser, der Nachrichtenführer in verschiedenen Heeresgruppen war und gegen Ende September 1941 mit seinem Stab in der Nähe von Katyn lag.

Görings Verteidiger Dr. Stahmer ist bei der ganzen Sache nicht wohl. Er fürchtet, die Sowjets könnten die Massaker des SD von Borissow mit Katyn vergleichen und den Katyner Massenmord dann ebenso der Wehrmacht anlasten.

Im März 1946, zu Beginn der Beweisaufnahme der Anklage gegen Göring, beantragt Stahmer daher, den Fall Katyn nach Abschluss der Beweisaufnahme von den anderen Anklagepunkten getrennt zu behandeln. Die sowjetische Seite bietet Stahmer einen Kuhhandel an. Zur »Verkürzung des Prozesses« solle auf eine mündliche Verhandlung verzichtet und stattdessen lediglich Affidavits, also Versicherungen an Eides statt, eingereicht werden.

Von Eichborn gewinnt den Eindruck, dass Stahmer sich darauf einlassen will. Mitten in der Nacht setzt er einen offenen Brief an Stahmer auf. Durchschläge sind für sechs andere Verteidiger bestimmt. Für sich und Oberst Ahrends stellt er in dem Schreiben fest, dass die Anklage im Fall Katyn die Ehre der deutschen Wehrmacht berühre, das Verhältnis zu Polen belaste und Deutschlands Ansehen in der Welt noch mehr schädige. Angesichts der historischen Bedeutung der Angelegenheit sei es unangebracht, auf Vermittlungsangebote der Sowjets einzugehen. Die Zeugen jedenfalls fürchteten das Kreuzverhör nicht. Halte Stahmer selbst die Sache für zu gefährlich, sollte er sein Mandat abgeben. Von Eichborn verlangt eine klare Antwort und droht, den Sachverhalt der Weltöffentlichkeit vorzutragen.

Als von Eichborn den Verteidigungsraum im Nürnberger Justizpalast erreicht, teilt ihm Stahmers Assessor Bross mit, die Sache sei leider schon gelaufen. Stahmer habe den Verzicht auf eine mündliche Verhandlung schriftlich niedergelegt und wolle gleich in den Gerichtssaal. In aller Eile verteilt von Eichborn die Durchschläge seines Briefes und greift zu einem Bluff: Er sei mittags mit einem Korrespondenten der *Times* verabredet. In Wirklichkeit weiß er nicht einmal, ob es überhaupt einen in Nürnberg gibt. Eilig beraumen die Verteidiger eine Besprechung an, lassen Richter und Angeklagte einfach warten. Stahmer zieht den Verzicht zurück. Er teilt dem Gericht mit, man wünsche eine öffentliche Verhandlung des Anklagepunktes Katyn.[21]

Von Eichborn greift weiter in den Prozess ein: Es gelingt ihm, das polnische Weißbuch »Report on the Massacre of Polish Officers in Katyn Wood« (Bericht über das Massaker an polnischen Offizieren im Wald von Katyn) dem amerikanischen Richter Francis Biddle zu übergeben. Zwar besitzt auch Stahmer ein Exemplar – auf dem Weg von seinem Amtszimmer zum Gerichtssaal steckte es ihm ein polnischer Offizier in amerikanischer Uniform mit der Bemerkung zu: »Bitte sagen Sie nicht, dass Sie es von mir haben« –, doch er traut sich nicht, das Dokument dem Gericht zu übergeben. Von Eichborn hat das Weißbuch so präpariert, dass alle wichtigen Stellen schnell zu finden sind. Biddle macht sich bei der Durchsicht immerhin Notizen. Als der sowjetische Ankläger Rudenko das sieht, wird er so wütend wie nie zuvor. Zitternd vor Erregung protestiert er gegen das »faschistische Propagandapapier«. Hilfe findet er in Richter Jackson, der dafür sorgt, dass das polnische Weißbuch aus dem Prozessverlauf wieder herausmanövriert wird.[22]

Die sowjetische Anklage stellt als Belastungszeugen Professor Viktor Basilewski von der Universität Smolensk und Direktor des dortigen Observatoriums vor. Er war während der deutschen Besatzungszeit stellvertretender Bürgermeister von Smolensk. Der zweite Zeuge ist Professor Marko Markow aus Sofia, der 1943 der internationalen Ärztekommission angehörte und das gemeinsame Protokoll von Smolensk mit unterzeichnete. Als letzten Zeugen bieten die Sowjets den Gerichtsmediziner Viktor Ilja Posorowski auf, der zur sowjetischen Untersuchungskommission von 1943 gehörte.

Die Vernehmungen bringen im Sinne der Wahrheitsfindung nichts. Am Ende steht Aussage gegen Aussage. Manche Schilderung hat den Ruch des Fabulierens. So sagt Markow aus, das

Protokoll der Kommission von 1943 sei während eines Aufenthaltes auf einem verlassenen Flugplatz verfertigt worden.

Die sowjetischen Ankläger bieten sich an, weitere Zeugen vorzuladen, wenn nötig 120. Aber Lordrichter Lawrence erklärt die Beweisaufnahme für geschlossen. Dann passiert noch etwas, was die Katyn-Verhandlung endgültig als Farce entblößt. Hans Laternser, Verteidiger des deutschen Generalstabs und des Oberkommandos der Wehrmacht, erkundigt sich: »Ich bitte, die Anklagebehörde zu fragen, wem der Fall Katyn zur Last gelegt werden soll?« Lordrichter Lawrence: »Ich habe nicht die Absicht, solche Fragen zu beantworten.«[23] Mit der Frage führt Laternser die sowjetische Anklage vor. Sie hatte zwar den Massenmord von Katyn aufgeführt, konnte ihn aber nicht irgendeinem der vorhandenen Angeklagten zuordnen.

Die Möglichkeit eines Freispruchs mangels Beweises ist nach der Nürnberger Verfahrensordnung ausgeschlossen. Das Gericht entscheidet mit Mehrheit, ein ganz besonderes Urteil zu fällen: gar keines. Am 30. September und 1. Oktober 1946 wird Katyn weder im Plädoyer noch im eigentlichen Urteil mit auch nur einem Wort erwähnt.

Dass es im Rahmen der Nürnberger Prozesse zu keinem Urteil in Sachen Katyn kam, ist vor allem auf das Eingreifen Reinhard von Eichborns zurückzuführen. Die Folgen eines Schuldspruches wären für die Aufhellung der Wahrheit über Katyn, die Bekämpfung der Manipulation und Tabuisierung auch durch westliche Historiker, Publizisten und Politiker sicher fatal gewesen.

Von Eichborn merkte im Rückblick an: »Eigentlich war es eine Frechheit von mir. Ein kleiner Oberleutnant dreht am Rad der Weltgeschichte. Aber ich fühlte mich meinen Regimentskameraden, meinen Freunden aus der Widerstandsbewegung und dem deutschen Volke verpflichtet, den Gerichtshof dabei zu unterstützen, die Wahrheit herauszufinden. Und gerade als Schlesier konnte es mir nicht gleichgültig sein, dass nach all den fürchterlichen Verbrechen, die wir Deutschen den Polen zugefügt haben, auch noch dieses einer Versöhnung der beiden Nachbarvölker im Wege stehen sollte.«[24]

Der britische Autor F. J. P. Veale, selbst Jurist, fragte einige Jahre nach Nürnberg, warum die Sowjets überhaupt und auf diese Weise den Fall Katyn vor das Nürnberger Tribunal brachten. Wenn sie wirklich eine Verurteilung von Deutschen hätten erreichen wollen, so hätten sie dies durchsetzen können. Schließlich habe die Charta dem Gericht ermöglicht, »alle Regeln der Beweisführung außer acht zu lassen und jedes ihm vorgelegte Beweismittel, von dem es glaubte, es sei beweiskräftig, anzunehmen. (…) Die sowjetische politische Polizei hätte so viele eidesstattliche Erklärungen von Augenzeugen des Verbrechens beigebracht, wie der Gerichtshof nur Geduld gehabt hätte zu lesen. Wäre es gewünscht worden, so hätten eidesstattliche Versicherungen vorgelegt werden können, (…) die beschworen hätten, dass Reichsmarschall Göring selbst mit seiner eigenen Pistole das Blutbad angerichtet habe.«

Die Suche nach dem tieferen Motiv der sowjetischen Anklage, die scheitern musste, führt den Autor zu folgendem Gedanken: »Von Anfang an haben die sowjetischen Behörden sich kaum die Mühe gemacht, ihre Meinung zu verhehlen, dass die Kriegsgerichtsverfahren, auf denen ihre kapitalistischen Verbündeten beharrten, nichts anderes seien als ein prunkvoller und scheinheiliger Ersatz für die einfache Art des Verfügens über ihre gefangengenommenen Feinde, wie sie von Stalin auf der Konferenz von Teheran vorgeschlagen wurde, nämlich sie ›sofort nach ihrer Gefangennahme vor ein Erschießungskommando zu stellen‹. (…) So erklärte der sowjetische Richter General Nikitschenko seinen Kollegen, die die Nürnberger Verfahren vorbereiteten, ganz offen seinen eigenen Standpunkt und denjenigen seiner Regierung in diesem Prozess. Die Angeklagten, so erklärte er, seien schon von den Vertretern der bei den Konferenzen in Moskau und Jalta anwesenden Regierungen für schuldig befunden worden. Die einzige Pflicht des

Gerichtes bestehe darin, ihre Strafe zu bestimmen und sie auszusprechen.«

Veale weiter:»Wenn der Leser einen Augenblick versuchen will, das Gerichtsverfahren mit den Augen des Generals Nikitschenko zu betrachten, wird er erkennen, welch alberne Komödie dieses Gerichtsverfahren, das sich über mehr als zehn Monate erstreckte, für die sowjetischen Vertreter sein musste. (…) Die Wichtigkeit, die die Vertreter der Westmächte sich selbst und anderen beimaßen, muss marxistischen Augen äußerst drollig vorgekommen sein. (…) Die Feierlichkeit, mit der sie die Gesetzesvorschriften diskutierten und die unbedeutendsten Einzelheiten der Beweisführung erwogen, muss einem Marxisten einfach lächerlich vorgekommen sein.«[25]

Die Urteilsverkündung in den Nürnberger Prozessen steht unmittelbar bevor, als die kommunistische Partei der Arbeit (PdA) in der Schweiz eine Rufmordkampagne gegen Professor François Naville startet. Er ist die international gewichtigste Stimme der Ärztekommission von 1943. Die Stellung der Kommunisten in der Schweiz ist aus heutiger Sicht erstaunlich stark. Die PdA gewann bei den ersten Nachkriegswahlen im Herbst 1945 auf Anhieb 36 der 100 Mandate im Großen Rat des Kantons Genf und war dort die stärkste politische Kraft.

Am 11. September 1946 äußert der PdA-Abgeordnete und Rechtsanwalt Jean Vincent im Regionalparlament des Kantons Genf den Verdacht, Naville habe damals an den Schweizer Behörden vorbei gehandelt, sich von der Gestapo einspannen lassen und von den Deutschen Geld angenommen. Der sowjetische Untersuchungsbericht stelle eindeutig die Schuld der Deutschen fest und Professor Markow habe seine Unterschrift unter das deutsche Protokoll im Gegensatz zu Naville widerrufen. Vincent fragt, ob dies mit der Würde eines Genfer Professors vereinbar sei, fordert Navilles Rücktritt und seine Entfernung aus der Universität.

Naville betont in seiner schriftlichen Entgegnung, dass er aus seinen antideutschen Gefühlen seit 1914 und erst recht seit 1933 nie einen Hehl gemacht habe. Natürlich habe er weder ein Honorar, Geschenke noch irgendwelche anderen Zuwendungen erhalten. Die Unterschriften, auch Markows, seien frei erfolgt. Am sowjetischen Untersuchungsbericht seien Zweifel sehr berechtigt.

Der ganze Vorgang ist außenpolitisch brisant, weil erst sieben Monate zuvor nach äußerst schwierigen Verhandlungen die Wiederherstellung diplomatischer Beziehungen zur Sowjetunion erreicht wurde. Der Fall Naville beschäftigt deshalb auch das Schweizer Bundesparlament und das Außenamt. Der für Universitätsangelegenheiten zuständige Direktor im Kanton Genf, Staatsrat Albert Picot, erklärt schließlich im Namen der Kantonsregierung, Professor Naville habe in voller Übereinstimmung mit den ethischen Grundsätzen seines Berufes gehandelt. Am Schluss kann Picot sich eine ironische Bemerkung nicht verkneifen: »Sollte es wahr sein, dass Dr. Markow durch Druck zu seinem Verhalten veranlasst wurde, so bleibt es fraglich, ob der Druck vor drei Jahren durch deutsche Bajonette ausgeübt wurde oder ob es sich um einen Druck handelt, der jetzt (…) durch sowjetische Bajonette ausgeübt wird.« [26]

Damit ist der Fall jedoch noch nicht ganz erledigt. Der Gesandte des nunmehr kommunistischen Polens und sein sowjetischer Kollege beim Schweizer Außenamt protestieren: Der Präsident eines Kantonsparlaments und zudem Vizepräsident des Nationalrates habe die Katyn-These der Nazis vertreten. Die von Picot dargestellte feindselige Haltung gegenüber der Sowjetunion sei geeignet, normale diplomatische Beziehungen zwischen der Schweiz und der Sowjetunion unmöglich zu machen. Allerdings lässt man die Angelegenheit seitens der UdSSR dann doch ruhen.

Nicht nur Prof. Naville ist den Sowjets ein Dorn im Auge. Auch Wladyslaw Kawecki, der als Leutnant in der polnischen

Armee diente, im Auftrag des Polnischen Roten Kreuzes als Journalist zweimal die Gräber von Katyn aufsuchte und jetzt im italienischen Riccione lebt, soll dazu gebracht werden, sich von seiner damaligen Aussage zu distanzieren. 1947 taucht bei ihm ein Alex Dobrowolski auf, Adjutant beim polnischen Militärattaché in Rom. Er bringt ein Angebot mit: Rund 2000 US-Dollar, wenn Kawecki seine Aussagen von 1943 widerruft und die Schuld der Wehrmacht zuschiebt. Dobrowolski hat auch schon eine vorbereitete, maschinengeschriebene Erklärung in zwei Ausführungen dabei. Es fehlt nur noch eine kleine Unterschrift. Der Militärattaché schiebt ein Bündel mit Dollarnoten über den Tisch, aber Wladyslaw Kawecki rührt das Geld nicht an.

In Polen selbst greift die kommunistische Regierung unter Jozef Cyrankiewicz den Plan eines großen Schauprozesses wieder auf. Anfang 1947 schickt Generalstaatsanwalt Jerzy Sawicki den Krakauer Anwalt Roman Martini, der dem Regime recht wohlwollend gegenübersteht, nach Moskau zur Untersuchung der Morde von Katyn. Martini erhält von den Sowjets sogar die Erlaubnis, an die Mordstätte zu fahren und dort die Gräber ein weiteres Mal zu öffnen.

Doch Martini kommt mit einem ganz anderen Ergebnis zurück, als es sich seine Auftraggeber vorgestellt hatten: Sämtliche Offiziere seien während der Monate März, April und Mai 1940 erschossen worden. In Warschau übergibt Martini seinen Bericht Justizminister Henryk Swiatkowski. Ein paar Tage später, als Martini wieder in Krakau ist, wird er in seiner Wohnung in der Krupnica-Str. 10 ermordet. Der Mord erregt zu viel Aufsehen, um verheimlicht werden zu können. Die Täter werden gefasst. Es sind zwei fanatische Jungkommunisten: der 19-jährige Stanislaw Wroblewski und seine 17 Jahre alte Verlobte Jolanta Slapianka Maklakiewicz, Tochter des bekannten Kommunisten und Dirigenten der Philharmonischen Orchester von Krakau und Warschau. Es dauert wieder nur wenige Tage, dann können die Mörder dem St.-Michaels-Gefängnis, eine der best-bewachten Haftanstalten Polens, entkommen.[27]

Die Sache scheint für die Desinformanten in Warschau und Moskau erledigt zu sein. Doch sie haben Roman Martini unterschätzt. Der Anwalt schickte eine Kopie seines Berichts einem befreundeten Landsmann und Kollegen in Stockholm zu. Der übergibt das Material der Zeitung *Dagens Nyheter*. Am 13. Februar 1948 erscheint ein aufsehenerregender Artikel unter der Überschrift »Der Katyner Massenmord – ein russisches Verbrechen«. Die Zeiten haben sich gewandelt. Es herrscht Kalter Krieg.

Im Kalten Krieg

18. September 1976, ein sonniger Samstagmorgen auf dem Londoner Gunnersbury-Friedhof. Es herrscht Gedränge. Überall Händeschütteln, Handküsse, Umarmungen. Hunderte von Exil-Polen aus Großbritannien, polnische Abordnungen aus aller Welt sowie Vertreter des britischen öffentlichen Lebens haben sich eingefunden. Alle Generationen sind vertreten. Ein buntes Bild von Zivilkleidung, Uniformen, Pfadfinderhemden, Priestergewändern, Trachten. Dazwischen große und kleine weiß-rote Fahnen und Standarten.

Jahrelang kämpfte der »Fonds für das Katyn-Denkmal« in London und musste Widerstände aller möglichen Art überwinden, um das Denkmal verwirklichen zu können. Um 10 Uhr an diesem Vormittag wird es feierlich eingeweiht. Es ist ein Symbol für Polen in aller Welt, die sich als eine große »Katyn-Familie« verstehen.

Eine Abordnung der amerikanischen Katyn-Komitees aus Chicago ist angereist. Die US-Botschaft ist durch den Diplomaten Louis Dale vertreten. Ein Schotte ist in Missachtung der Weisung seiner Regierung in voller Uniform erschienen. Der ehemalige Leutnant Tadeusz Kryska-Karski, dessen Vater in der Erde von Katyn liegt, steht in kompletter Felduniform von 1939 mit Stahlhelm, Stiefeln, Sporen und Säbel da. Er führt die Pfadfinder mit ihren Standarten zu ihren Plätzen im hinteren Halbkreis am noch verhüllten Denkmal, während Trompeter Fanfaren aus Andrzej Panufniks »Sinfonia Sacra« spielen.

Die Anwesenden singen die polnische Nationalhymne »Jeszcze Polska nie zginela« (Noch ist Polen nicht verloren), anschließend die britische, »God Save the Queen«. Das Tuch, das den Obelisken

Der Abgeordnete Winston Churchill bei der Einweihung des Katyn-Denkmals in London am 18. September 1976

umhüllt, ist aus dem Union Jack und der weiß-roten Fahne Polens zusammengesetzt. Die Totenklage des Dudelsackpfeifers ist gerade verhallt, als Beifall aufkommt. Er gilt dem Abgeordneten Winston Spencer Churchill, Enkel des Kriegspremiers. Churchill jun. legt einen Kranz nieder. Lord Barnby, Vorsitzender des Fonds, hält anschließend eine Ansprache:

>>Diese Feier wird von geschichtlicher Bedeutung sein werden. Einmal, weil sie von einem Sieg der Wahrheit berichtet; denn mit der Errichtung dieses glänzenden und würdevollen Denkmals ist endlich für die Nachwelt den ritterlichen Opfern eines überaus heimtückischen Verbrechens die geeignete Ehrung dargebracht, eines Verbrechens, das das Gewissen der Menschheit peinigt, bis heute noch umstritten geblieben ist, ein furchtbares Beispiel eines tyrannischen Versuchs, einen großen Teil der damals gefangenen polnischen Intelligenz auszumerzen.<< [1]

Dann spricht der Präsident der zwar seit Ende des Zweiten Weltkriegs nicht mehr anerkannten, aber in London weiter ansässigen Exilregierung, Stanislaw Ostrowski:

132

»Wenn wir jetzt vor diesem Denkmal stehen, wandern unsere Gedanken und Gefühle zurück zu dem Wald von Katyn und zu all den anderen Örtlichkeiten in der Sowjetunion, wo die Gebeine unserer Landsleute unaufhörlich nach Gerechtigkeit rufen. Wir werden mit all unseren Bemühungen nicht innehalten, danach zu trachten, dass Gerechtigkeit durch eine feierliche Verdammung jener erfolgt, die dieses Verbrechen begangen haben.«[2]

Die eigentliche Enthüllung ist Maria Chelmecka, Witwe eines der Opfer von Katyn, vorbehalten. Die alte Dame wird von zwei Begleitern die Stufen zum Denkmal hinaufgeführt, während ein polnischer Pfadfinder einen Trommelwirbel rührt. Sie nimmt das Seil, die Umhüllung fällt, der sechseinhalb Meter hohe Obelisk aus schwarzem Granit ist für alle sichtbar.

Unter dem polnischen Adler mit der Krone steht eingemeißelt: »Katyn 1940«. Auf dem Sockel stehen in goldfarbener Inschrift die Worte: »Das Weltgewissen verlangt, dass die Wahrheit bezeugt wird.« Der Trompeter bläst eine Reveille in der polnischen und der britischen Fassung. Nachdem die Bischöfe Rubin, Mathew, Fierla und für die polnisch-jüdische Gemeinde S. Frisner das Denkmal gesegnet haben, schreiten die Versammelten langsam vorbei. Mehrere 100 Kränze und Sträuße werden niedergelegt.

Es ist eine Art Volksfeierstunde für Briten und Polen mit hohem Symbolwert, der vor allem, aber nicht nur, nach Polen ausstrahlt. Denn dort wird Katyn offiziell mit dem Jahr 1941 und der sowjetischen Geschichtslüge, die Deutschen hätten das Verbrechen begangen, verbunden.

Wer daran zweifelt, zieht den Zorn der sowjetischen Regierung auf sich; so sind die politischen Rücksichtnahmen auch daran zu erkennen, wer gekommen ist und wer nicht. Von 34 eingeladenen Botschaften sind Vertreter aus den USA, Bolivien, Kolumbien, Liberia, Südafrika, Brasilien und Uruguay anwesend, jedoch kein einziger Botschaftsmitarbeiter eines westeuropäischen Staates. Fast hat es den Anschein, dass das Beschweigen der Massenmorde 36 Jahre danach politisch immer noch geübt wird, obwohl es zumindest in der westlichen Welt keine irgendwie zu rechtfertigende Begründung dazu gibt. Es wird jedoch noch weitere 20 Jahre dauern, bis Moskau langsam und stückweise den Menschen die Wahrheit zugesteht.

Doch von diesem Tag im Jahr 1976 an wird jedes Jahr eine Gedenkfeier am Londoner Katyn-Denkmal abgehalten, auch auf dem Powazki-Heldenfriedhof in Warschau werden sich die Menschen bald an jedem 1. November im Gedenken an die Opfer von Katyn versammeln.

Die Zeit des Kalten Krieges ist nicht nur eine Zeit der Blöcke und des Gleichgewichts des Schreckens im rasanten technischen Wettlauf. Es ist gleichwohl die Zeit langsamer Veränderungen, der Geduld, des langen Atems. Auch für die Wahrheit über Katyn.

Bücher gegen das Schweigen

Bald nach dem Ende des Zweiten Weltkriegs senkt sich der »Eiserne Vorhang«. Die West-Alliierten und die Sowjetunion mit ihren Satellitenstaaten stehen sich als »Blöcke« gegenüber. Dieser Umstand verändert auch die Behandlung des Falles Katyn. Die Jahre 1948 und 1949 bedeuten im Westen eine Wende in der öffentlichen Beachtung der Massenmorde von 1940. Aufsehen erregt im Sommer 1948 der frühere Militärattaché an der schwedischen Botschaft in Warschau, Oberst Erik de Laval, mit einem Beitrag in der Zeitung *Samtid och Framtid*, der im *Newsletter from behind the Iron Curtain* (Mitteilungen von jenseits des Eisernen Vorhangs) nachgedruckt wird. Der Vorstand der SPD unter Kurt Schumacher hält den Artikel für so wichtig, dass er ihn in hektographierter Form im *Sozialdemokratischen Informationsdienst* (*Sopade*) in den Westzonen Deutschlands verbreitet.[3] Laval fragt darin abschließend: »Ist es möglich, dass all jene, die es betrifft, nicht wirklich bereit sind, den ›Fall von Katyn‹ vor ein interalliiertes Gericht zu bringen und damit eine neue und gründliche Untersuchung des Schuldigen an dieser Tragödie herbeizuführen? Vielleicht würden diese russischen ›Beweise‹ der deutschen Schuld in diesem besonderen Fall doch schließlich keine nähere Untersuchung vertragen?« Damit schlägt de Laval ein Leitthema an, das die weitere Diskussion begleiten wird: die Forderung nach einer Wiederaufnahme des Falles durch ein internationales Gericht.

Zu derselben Zeit stellt der ehemalige Premier der polnischen Exilregierung, Sikorski-Nachfolger Wladyslaw Mikolajczyk, nach seiner Flucht in die Vereinigten Staaten das Manuskript seiner Erinnerungen fertig. »Die Vergewaltigung Polens« erscheint in New York und Toronto auf Englisch (»The Rape of Poland«) wie auch in Paris auf Französisch.[4] Schon der Bekanntheitsgrad des Autors sichert weltweites Interesse. Der Berliner *Tagesspiegel* druckt Vorabauszüge und gibt sie als Broschüre heraus.[5]

Nach Mikolajczyk tritt mit General Wladyslaw Anders ein international renommierter Pole als Autor auf. Nachdem die Pariser Wochenzeitschrift *Carrefour* bereits vorab Teile des Manuskripts veröffentlichte, erscheint »An Army in Exile. The Story of the Second Polish Corps« zunächst in Paris und London, dann auch auf deutsch (»Armee in der Verbannung«).[6] Anders kommt darin zu dem Schluss: Der Nürnberger Gerichtshof hat versagt, die Morde sind ungesühnt.

In deutscher Sprache erscheint 1949 »Katyn – ungesühntes Verbrechen« von Josef Mackiewicz. Der studierte Biologe und Journalist nahm 1920 am Pilsudski-Krieg gegen die Sowjetunion teil, arbeitete während des Zweiten Weltkriegs für den polnischen Untergrund und besuchte 1943 als Delegationsmitglied des Polnischen Roten Kreuzes die Gräber von Katyn. 1944 floh Mackiewicz mit seiner Frau vor der anrückenden Roten Armee, gelangte über Wien und Mailand schließlich nach Rom, wo er Anschluss an die polnische Armee unter General Anders fand. 1947 siedelte er nach London über. Zu dieser Zeit verfasste er sein Manuskript, das eigentlich in Großbritannien als erstes Buch zu Katyn erscheinen sollte. Doch plötzlich entschied sich der Verlag gegen die Veröffentlichung. Mackiewicz' Freund Harry Schulze-Wilde wird später dazu äußern: »Die bereits fertigen Druckstöcke mussten jedoch auf Befehl Churchills wieder eingeschmolzen werden.«[7]

Harry Schulze-Wilde bringt die schon vorhandenen Druckfahnen in die Schweiz. Der Text wird ins Deutsche übersetzt und erscheint 1949 im Züricher *Thomas-Verlag*. Ausdrücklich betont Mackiewicz darin, »dass der ganze Katyn-Fall, alle darauf bezüglichen Dokumente, alles in diesem Buch angeführte Beweismaterial keine Enthüllungen mehr sind. Seit Jahren sind sie nun schon bekannt und viele Staatsmänner in London, Washington und Paris haben Kenntnis davon. Der einzige Haken daran ist, dass sie nicht veröffentlicht worden sind und nicht veröffentlicht werden oder nur in losen Bruchstücken herauskommen.«[8] Das Buch wird in den folgenden Jahren in viele Sprachen übersetzt. Mackiewicz zieht später nach München, weil seine Frau dort für *Radio Free Europe* arbeiten kann. Die letzten Jahre lebt er von Sozialhilfe. Die zweite Auflage des Neudrucks seines Buches 1987 im *Possev-Verlag* erlebt er nicht mehr.

Als Mackiewicz' Buch in der Schweiz zum Druck vorbereitet wird, lösen Anfang 1949 im Londoner *Daily Telegraph* die konservativen Abgeordneten Tufton Beamish und Hamilton Kerr eine scharfe öffentliche Kontroverse zum Thema Katyn aus, die sich über mehrere Wochen zieht.[9] Zunächst bezweifeln sie die bisher von der britischen Regierung gestützte sowjetische Version. Sofort schaltet sich General Anders mit einer Zuschrift ein: »Es geht gegenwärtig nicht darum, ob Goebbels oder Stalin oder sonst jemand den Vorfall für politische Zwecke ausgeschlachtet hat, sondern darum, wer Schuld am Mord von mehreren tausend polnischen Kriegsgefangenen, meist

Offizieren, ist und ob die Übeltäter entsprechend bestraft worden sind.«

Neben Anders' Brief steht ein Schreiben des Stalin-Bewunderers und umstrittenen Labour-Abgeordneten Rechtsanwalt Denis Nowell Pritt. Er wirft den Zweiflern an der sowjetischen Version vor, »die Alliierten verurteilen und die Nazis, die Massenmord zur Tagespolitik gemacht hatten, freisprechen« zu wollen. Auch Nürnberg habe gezeigt, wo die Schuld liege. Weitere Abgeordnete und Intellektuelle wie der Schriftsteller William R. Titterton und der Journalist Christopher Buckley melden sich zu Wort.

Der Abgeordnete Guy Lloyd unterstützt die Forderung nach einer internationalen Untersuchung. Von der UNO sei allerdings nichts zu erwarten, da ein Vorstoß dort nur ein weiteres sowjetisches Veto provozieren würde. Im Weiteren beklagt er »die bewusst betriebene Verschwörung des Schweigens, die hier und anderswo so erfolgreich aufrechterhalten wird aus Furcht, dass irgendeine Initiative für eine öffentliche Untersuchung den Kreml verärgern könnte«. Die Debatte rollt.

Für den Abgeordneten Pritt, der sich regelmäßig an dem Schlagaustausch beteiligt, hat das Engagement Langzeitfolgen: Es mehrt die Gründe für seinen späteren Ausschluss aus der Labour Party. Auf der anderen Seite wird er 1954 den Internationalen Stalin Preis der UdSSR erhalten, 1957 zum Ehrenbürger Leipzigs ernannt und 1965 mit dem Großen Stern der Völkerfreundschaft in Gold durch die DDR ausgezeichnet werden.

Zeitgleich zur Debatte in Großbritannien entwickelt sich der US-Journalist Julius Epstein zur Schlüsselfigur der medialen Aufbereitung des Themas Katyn. Während des Krieges wertete er für *Voice of America* (Stimme Amerikas) deutsche Publikationen aus. Nachdem er 1943 den Untersuchungsbericht der internationalen Ärztekommission in die Hände bekommen hatte, sammelte er alles, was er zum Thema auftreiben konnte. Epstein veröffentlicht größere Beiträge in der *New York Herald*

Tribune[10] und am 9. Juni 1949 in der Hamburger Wochenzeitung *Die Zeit* eine ganze Seite unter dem Titel »Das Geheimnis der polnischen Massengräber bei Katyn«, in dem er die bekannten Fakten zusammenfasst. Gleichzeitig fordert er mit Blick auf die amerikanische Politik, »die seltsame Verschwörung des Schweigens, die dieses Verbrechen noch immer umgibt, zu durchbrechen.« Vor allem das Pentagon und das State Department sollten endlich die zurückgehaltenen Dokumente herausgeben. Er regt die Gründung eines Komitees zur Untersuchung der Katyn-Morde an, die gemeinsam mit dem Internationalen Roten Kreuz durchzuführen wäre.[11]

Die kommunistische Seite ist aufs höchste alarmiert. Die *Hamburger Volkszeitung* – bei den Bürgerschaftswahlen in Hamburg erhielt die KPD immerhin 10,4 Prozent der Stimmen – bringt sage und schreibe neun Beiträge unter der stets gleichen, verzweifelt hämmernden Überschrift »Katyn – kein Rätsel«.[12] Julius Epstein und die *Zeit* werden darin wüst beschimpft: »Herr Epstein lügt und die Redaktion der *Zeit* weiß das. (…) Der Mann ist durch seinen krankhaften Antibolschewismus mit selbstmörderischer Blindheit geschlagen.«

Der Zeitungskampf hat einen beachtenswerten Nebenaspekt. Der Beitrag der *Hamburger Volkszeitung* stützt sich auf den sowjetischen Untersuchungsbericht von 1944, wandelt ihn indes gleichzeitig ab. Hatte die sowjetische Anklage in Nürnberg die Morde dem Nachrichtenregiment 537 der Wehrmacht unter Oberst Ahrends anlasten wollen, so macht der Autor jetzt die hinter der Front wütende SS-Einsatzgruppe B unter Arthur Nebe, der nach dem Attentat auf Hitler vom 20. Juli hingerichtet wurde, verantwortlich. Der Beitrag führt auch ein neues Motiv für die Morde an. Die Deutschen hätten nach dem ersten sowjetischen Kriegsverbrecherprozess Ende 1943 in Charkow einen Gegenprozess veranstalten wollen, aber nichts in der Hand gehabt, weil die Rote Armee bei der Behandlung von Kriegsgefangenen stets die Grundsätze des Völkerrechts achtete. Um die Sowjets der Verletzung des Völkerrechts beschuldigen zu können, hätten die Deutschen Katyn inszeniert. Am Schluss der Artikelserie werden noch einmal die schrillsten Register primitiver Propagandasprache gezogen:

> »Warum aber erweckt man jetzt die längst widerlegte Goebbelslüge zu neuem Leben? (…) Die Neuaufstellung der Nazilüge von Katyn ist genauso dummdreist, als wollte man etwa die Göringlüge von der kommunistischen Reichstagsbrandstiftung wieder aufwärmen. Der Zweck ist Kriegs- und Mordhetze. Die Verbreiter der Nazilügen von Katyn müssen darum vor aller Welt als das gebrandmarkt werden, was sie sind: Feinde des Friedens, Feinde der Menschheit und Feinde vor allem des deutschen Volkes. Agenten der Rüstungskapitalisten, die aus Blut und Tränen Profit gewinnen wollen.«

Zur selben Zeit, im Sommer 1949, wird in Krakau ein Prozess gegen vier Polen und eine Polin wegen Kollaboration eröffnet. Die fünf hatten während der deutschen Besatzung für die unter deutscher Kontrolle stehende Presse gearbeitet. Dem Angeklagten Maak wird vorgeworfen, 1943 mit einer Gruppe polnischer Journalisten die Gräber von Katyn besucht zu haben. Ebenso wurden Ende 1948 vom Volksgerichtshof im tschechoslowakischen Bratislava (Pressburg) drei Slowaken, darunter ein Priester, wegen ihrer Teilnahme an den Untersuchungen in Katyn zum Verlust der bürgerlichen Ehrenrechte auf drei beziehungsweise vier Jahre verurteilt.

Neue Ermittlungen im »Fall Katyn«

Im New Yorker *Waldorf-Astoria-Hotel* trifft sich im November 1949 illustre Prominenz, um das *American Committee for the Investigation of the Katyn Massacre* (Amerikanisches Komitee zur Untersuchung des Katyn-Massakers) zu gründen. Zu ihrem Vorsitzenden wählt die Versammlung Arthur Bliss Lane, der von 1944 bis 1947 US-Botschafter in Warschau war. Lane trat von seinem Posten zurück, weil er die Zusicherung der Westmächte an Polen, nach dem Krieg freie Wahlen abhalten zu können, als gescheitert und die Billigung der Abtretung Ostpolens an die Sowjetunion für Verrat hielt. Deshalb schrieb er das Buch »I saw Poland betrayed« (»Ich sah den Verrat an Polen«), das 1948 erschien und in den 1980er-Jahren vom polnischen Untergrund auf Polnisch verbreitet werden wird.[13] Zu stellvertretenden Vorsitzenden werden der antistalinistische Autor Max Eastman und die Kolumnisten Dorothy Thompson gewählt, zum Schatzmeister Montgomery M. Green. Das Amt des Geschäftsführers übernimmt Julius Epstein.

Die Zeitumstände für eine öffentlichkeitswirksame Katyn-Kampagne sind günstig: Die Berlin-Krise stellt den Westen vor eine große Belastungsprobe, im Verbund mit Stalin rüstet Nordkorea zum Krieg gegen den südlichen Nachbarn. Außerdem stehen Kongresswahlen bevor. Die Amerikaner mit polnischen Wurzeln stellen mehr als fünf Millionen Wähler. Nicht zuletzt sitzen im Kongress Abgeordnete polnischer Herkunft. Es besteht die Möglichkeit, den Fall Katyn zum Gegenstand der Politik zu machen. Und genau dafür hat das Komitee gesorgt.

Als sich das Komitee der Öffentlichkeit vorstellt, ist bereits ein hartnäckiger Kampf um die Freigabe von immer noch als »streng geheim« eingestuften Dokumenten zwischen den beiden republikanischen Abgeordneten George A. Dondero (Michigan) und John Davis Lodge (Connecticut) auf der einen Seite und dem Verteidigungsministerium unter Louis Johnson sowie dem Außenministerium unter Dean Acheson auf der anderen Seite im Gange. Das Komitee erhielt nach der Veröffentlichung des Artikels von Julius Epstein in der *New York Herald Tribune* einen Brief von Harry Thomas Shultz aus Hanover (New Hampshire). Shultz war in einem deutschen Kriegsgefangenenlager gewesen und wusste, dass Oberst Van

Vliet zu den Gräbern von Katyn gebracht worden war. Dem Katyn-Komitee gelingt es, Van Vliet ausfindig zu machen. Er ist auf Fort Lewis im Bundesstaat Washington stationiert. Van Vliet verweist jedoch auf seinen Schweigeeid vom Mai 1945 und empfiehlt, an das Pentagon heranzutreten.

Das Pentagon windet sich, weil die Akten als »geheim« klassifiziert sind. Auch die Frage, ob es allein um den Bericht Van Vliets oder weitere Dokument gehe, führt zu einem unergiebigen Briefwechsel. Mehrere Abgeordnete wenden sich schließlich direkt an Verteidigungsminister Louis Johnson. Das zeigt Wirkung: Der Chef der Aufklärungsabteilung des Heeres bittet Van Vliet, einen neuen Bericht abzufassen.

Im *Congressional Record,* dem offiziellen Parlamentsbericht, greift der Abgeordnete Dondero Anfang 1950 auch das Außenministerium an: »Welche Berechtigung gibt es, dieses Material geheim zu halten und in den Aktenschränken totzuschweigen? Ich möchte wissen, wer für die Entscheidung verantwortlich ist (...)?« Dort jedoch ist man nicht gewillt, die Katyn-Frage neu aufzurollen. Als Jozef Graf Czapski, der das Lager Koselsk überlebte und für General Anders die Suche nach den vermissten Offizieren leitete, die USA besucht und auf Bitten der polnischen Abteilung von *Voice of America* eine Radiosendung gestalten soll, wird auf Weisung des Außenministeriums jede Anspielung auf Katyn aus dem Manuskript gestrichen.[14]

Am 18. September 1951 kann das Komitee einen ersten großen Erfolg verbuchen: Das Repräsentantenhaus des Kongresses setzt einen Sonderausschuss, das *Select Committee to Conduct an Investigation of the Facts, Evidence, and Circumstances of the Katyn Forest Massacre* (Sonderausschuss zur Führung von Ermittlungen der Fakten, Beweismaterialien und Umstände des Katyn-Wald-Massakers) ein. Vier Mitglieder sind Demokraten, drei Republikaner.[15] Am selben Tag wird der Öffentlichkeit der neue Bericht von Oberst John Van Vliet übergeben. Er trägt das Datum 11. Mai 1950.[16]

In Washington vernimmt der Sonderausschuss schon am 11. Oktober 1951 die ersten Zeugen, darunter den früheren polnischen Botschafter in Moskau, Tadeusz Romer. Anschließend werden weitere Zeugen in Chicago gehört. Alle Vernehmungen finden öffentlich statt, alle Zeugen sagen unter Eid aus. Oberstleutnant B. Steward, der 1943 als Kriegsgefangener an die Gräber von Katyn geführt wurde, erklärt: »Je länger ich Gefangener war, desto mehr hasste ich die Deutschen. Dennoch (…) konnte das die Überzeugung, die ich mir damals gebildet hatte, nicht ändern, dass in diesem einen Falle nicht die Deutschen verantwortlich waren (…).«[17] Ähnlich sagt Van Vliet aus: »Zu jener Zeit wollte ich wie viele andere Russland als Freund und Bundesgenossen betrachten. (…) Als Kriegsgefangener hatte ich einen persönlichen Hass gegen sie (die Deutschen); und als amerikanischer Offizier hatte ich außerdem sozusagen einen beruflichen Hass gegen sie. Mehr hassen konnte ich nicht. Aber nun wurde ich durch meine eigenen Beobachtungen (…) gezwungen, ihnen doch zu glauben.«[18]

Dann kündigt der Ausschussvorsitzende Ray J. Madden eine Sensation an: das Erscheinen des »einzigen überlebenden Augenzeugen unter den Opfern« von Katyn.[19] Das Verfahren werde »das Beweismaterial für den größten Massenvölkermord der Geschichte beibringen und das verbrecherische Hirn hinter der kommunistischen Führung bloßstellen. (…) Eines Tages müssen die Verantwortlichen dieser Massenvernichtung zur Verantwortung gezogen werden. Und dies schließt Josef Stalin und seine Henker ein.«

Vorgestellt wird ein Mann, der angeblich polnischer Offizier war, ein Jahr zuvor als Displaced Person in die USA eingewandert sei und dort jetzt als Farmer lebe. Er trägt einen Kissenbezug über dem Kopf, in den zwei Löcher für die Augen und eines für den Mund geschnitten sind. Auf diese Weise hatte sich noch nie jemand vor einem US-Ausschuss präsentiert. Die Fotografen sind hingerissen. Die Maske trage der 44-Jährige, heißt es,

Der Sonderausschuss des US-Repräsentantenhauses vernimmt 1952 einen Polen, der das Massaker von Katyn gesehen haben will.

weil er Angehörige in Polen nicht gefährden wolle. Den Ausschussmitgliedern sei die Identität des Mannes bekannt; hier werde er hilfsweise »Joe Doe« genannt.

Der Mann erzählt eine gleichermaßen bewegende wie abenteuerliche Geschichte. Mitte September 1939 sei er von den Sowjets gefangen genommen worden. Im Lager Koselsk habe ihm ein katholischer Priester einen Fluchtplan unterbreitet und er sei mit dem Priester sowie einem weiteren Gefangenen geflohen. Sie hätten sich nach Katyn aufgemacht, um Gerüchten von sowjetischen Mordtaten auf die Spur zu kommen. Sie seien an eine große Grube gelangt und hätten sich in einem Baum versteckt, um abzuwarten, was geschehe. Um etwa zehn Uhr abends sei die Grube beleuchtet worden und das Morden habe begonnen. Jeweils zwei polnische Offiziere, so geht die Geschichte weiter, seien von jeweils zwei Sowjets an die Grube geführt worden. Dann seien ihnen die Hände mit Draht zusammengebunden worden. Einer der Sowjets habe einen der beiden Polen festgehalten, während der andere ihm Sägemehl in den Mund gestopft habe. Denjenigen, die sich wehrten, sei in den Hinterkopf geschossen worden, die anderen seien ohne Schuss in die Grube geworfen worden – die meisten hätten sich gewehrt. Das Ganze habe etwa eineinhalb Stunden gedauert, in denen rund 200 Mann ermordet worden seien.

Im Morgengrauen, nachdem das sowjetische Mordkommando abgezogen sei, hätten er und die beiden anderen sich in Richtung Polen aufgemacht. Sechs oder sieben Tage später seien sie allerdings wieder aufgegriffen und in ein Gefängnis in Sibirien gebracht worden. 14 Monate später sei er nach Tatischchewo in Südwestrussland gebracht worden und habe sich der Armee von General Anders angeschlossen, in der er bis zum Ende des Krieges gedient habe.

Dreimal muss die Anhörung unterbrochen werden, weil der Mann offensichtlich nervlich am Ende ist. Nach der Vernehmung führen ihn Sicherheitsbeamte in einen abgeschirmten Raum im Kapitol, wo er die Kleidung wechselt, bevor er heimlich das Gebäude verlässt.

Die Geschichte ist offenbar erfunden. Der Mann will um den 15. September 1939 gefangen genommen worden sein; die Sowjets waren aber erst am 17. September in Ostpolen eingefallen. Er will nur Wochen später die Ermordung mitangesehen haben; die Morde von Katyn geschahen aber im Frühjahr 1940. Er und die beiden anderen wollen auf dem NKWD-Gelände gewesen und auf einen Baum geklettert sein; das Gelände wurde aber streng und mit Hunden bewacht. Wie will er überhaupt, wenn auch gerüchteweise, von Morden in Katyn erfahren haben? Auch die Aussage, dass ein NKWD-Offizier dem Priester geraten habe, er solle alles tun, um aus dem Lager auszubrechen, weil er sich um ihn »große Sorgen« mache, da er »auch Katholik« sei, sich aber »in den Händen der Roten« befinde und als NKWD-Offizier tun müsse, was ihm befohlen werde, ist höchst unglaubwürdig.

Das alles war wohl weniger ein Beitrag zur Wahrheitsfindung als eine makabre wie dreiste »Show«. Die Verlockung, den Fall Katyn angesichts des Korea-Krieges zu instrumentalisieren und die Dramatik in der Öffentlichkeit zu steigern, war wohl doch zu groß. Aufhorchen lässt da eher die Aussage des ehemaligen polnischen Obersten Jerzy Grobicki, der inzwischen in Toronto in Kanada ein Weingeschäft betreibt. Er hatte, bevor er verlegt wurde, im Lager Koselsk den NKWD-Major Zarubin erlebt. Die Ähnlichkeit mit dem derzeitigen sowjetischen Botschafter in London sei doch sehr auffällig, sagt er. Jerzy Grobicki liegt ganz richtig. Georgi Nikolawitsch Zarubin, der die Profilakten der gefangenen polnischen Offiziere für das NKWD zusammenstellte, arbeitet inzwischen als russischer Botschafter in London.

Nach einer ersten Auswertung der Vernehmungen überreicht das US-Außenministerium Ende Februar 1952 dem sowjetischen Botschafter Alexandr Panjuschkin eine offizielle Einladung an die UdSSR, an der Aufklärung des Falles Katyn mitzuarbeiten. Die Sowjetunion möge bitte alles in ihrem Besitz befindliche Material zu Katyn vorlegen und Zeugen beibringen. Dadurch erhalte sie Gelegenheit, bisherige Aussagen vor dem Ausschuss zu entkräften.

Es ist nicht nur das erste Mal, dass eine fremde Regierung von den USA aufgefordert wird, vor einem Untersuchungsausschuss des Kongresses auszusagen. Einzigartig ist auch, dass der Ausschussvorsitzende Madden dem 1949 zum sowjetischen Außenminister aufgestiegenen Andrej Wyschinski den 236 Seiten starken Zwischenbericht auf dem ganz kurzen Weg zustellt: Der hält sich gerade in New York auf, um an der UNO-Vollversammlung teilzunehmen. Im Begleitschreiben verweist Madden auf die von den Sowjets wiederholt vorgebrachte Behauptung, die Amerikaner bedienten sich im Korea-Krieg der bakteriologischen Kriegführung. Diese Propagandalügen, so Madden, verfolgten offenbar den

Zweck, von den Morden an 15 000 polnischen Offizieren abzulenken.[20]

Die Sowjetunion reagiert umgehend. Die Einladung des Repräsentantenhauses verstoße »gegen die allgemein für die internationalen Beziehungen geltenden Normen« und sei »eine Beleidigung der Sowjetunion«. Wenn die USA den sowjetischen Untersuchungen von 1944 damals Glauben geschenkt hätten, so sollten sie dies auch heute tun. Die Frage nach Hintergründen von Katyn acht Jahre danach könne »nur den Zweck haben (…), die Sowjetunion zu verleumden und damit die allgemein als Verbrecher anerkannten Hitlerfaschisten zu rehabilitieren«.[21]

Beigefügt ist der sowjetische Untersuchungsbericht von 1944. In Deutschland wird die Note zusammen mit dem Bericht unter dem Titel »Die Wahrheit über das faschistische Verbrechen von Katyn« als Broschüre vom Parteivorstand der KPD verbreitet.

Das US-Repräsentantenhaus beauftragt Anfang März 1952 den Sonderausschuss, seine Untersuchungen in Europa fortzusetzen. 65 000 Dollar werden für die Arbeiten in London, Frankfurt, Berlin und Neapel zur Verfügung gestellt. Der Ausschuss bemüht sich um eine Einreiseerlaubnis nach Polen, die Warschau freilich ablehnt. Zur Fortsetzung der Untersuchungen lädt er gleichwohl die polnische Regierung ein, ebenso allerdings auch die nicht mehr anerkannte polnische Exilregierung, die weiterhin in London darauf wartet, dass der Kommunismus irgendwie ein Ende findet. Die Regierung in Warschau nennt die Arbeit des Ausschusses eine Farce und teilt mit, sie »gedenke nicht, auf die Sache wieder zurückzukommen«[22]. Ansonsten hält sie sich zurück, da im Land der Angehörigen der Opfer jedermann die Wahrheit kennt.

Der Kreml dagegen schäumt, zumal zeitgleich Jozef Graf Czapskis Buch über die Sowjetunion mit dem Titel »The Inhuman Land« (»Unmenschliche Erde«) für den englischsprachigen Buchmarkt angekündigt wird.[23] Aus den Lautsprechern der Radiogeräte tönt die Stimme einer besonderen Autorität rund um die Welt:

>»Mit ihrer Aktion in der sogenannten ›Sache Katyn‹ wollen die USA die faschistischen Verbrecher rehabilitieren. (…) Aber die Völker wissen die Lüge von der Wahrheit zu unterscheiden! (…) Die Missetat von Katyn ist eines der abscheulichsten und niederträchtigsten Verbrechen der deutschen Faschisten in ihrem Feldzug gegen die Menschheit. (…) Für ewige Zeiten ist diese Gräueltat als Anklage gegen diejenigen in die Geschichte eingegangen, die ihre Existenz auf Lüge, Hass, Überheblichkeit und genau berechneter ›wissenschaftlich‹ begründeter Menschenvernichtung aufbauten. Die furchtbaren Seiten dieser Tat können durch keine Chemikalie gelöscht, durch keine Atomexplosion beseitigt und durch kein Metall, sei es auch Gold, herausgebrannt werden. An der Veröffentlichung dieses Verbrechens und an der Untersuchung dieser abscheulichen faschistischen Provokation waren die bekanntesten Persönlichkeiten der Sowjetunion, Akademiemitglieder, gelehrte Ärzte, Juristen, Vertreter der Öffentlichkeit und schließlich in meiner Person die Geistlichkeit beteiligt. (…) Der Verbrecher, der bestrebt ist, seine Missetat einem anderen zuzuschieben, offenbart den höchsten Grad moralischer Niederträchtigkeit. (…) Wie kann (…) ein ehrlicher Mensch nicht empört sein, nicht rufen: Wie könnt Ihr es wagen, das heilige Andenken der Märtyrer zu besudeln, wie könnt Ihr versuchen, mit dem von der Menschheit geopferten Blut zu spekulieren! Die Wahrheit ist stärker als die Lüge. Die Schande wird auf diejenigen zurückfallen, die zu dieser verleumderischen Provokation greifen.«

Es spricht, so sagt es jedenfalls *Radio Moskau*, Metropolit Nikolai.[24]

Auch die kommunistische Presse im westlichen Ausland wird mobilisiert. Nun schwenken selbst die Medien in Polen um. Es erscheint eine ganze Flut von Artikeln über die angebliche Schuld der Deutschen am Massaker von Katyn. Auf der Titelseite der Parteizeitung *Trybuna Ludu* (Volkstribüne) steht: »Mit Entrüstung verdammt das polnische Volk die zynische Provokation der amerikanischen Imperialisten, die den tragischen Tod tausender polnischer Bürger in Katyn ausschlachten.« Es werden »Augenzeugenberichte« von Teilnehmern an den deutschen Führungen von 1943 veröffentlicht, die den Eifer der deutschen Propaganda aufs Korn nehmen. Der Widerruf des damaligen Leiters des Polnischen Roten Kreuzes, Dr. Czebestas, der 1943 selbst in Katyn war, wird veröffentlicht. Die Presse in Polen druckt jetzt den acht Jahre alten sowjetischen »Untersuchungsbericht« von 1944 ab. In den Fabriken werden Protestkundgebungen gegen die »Verleumdung« der Sowjetunion organisiert.

Kurze Zeit später erscheint in Warschau zudem ein über 200 Seiten starkes Buch des Journalisten Boleslaw Wojcicki von *Trybuna Ludu* mit dem Titel »Die Wahrheit über Katyn« (»Prawda o Katyniu«)[25]. Der Autor behauptet, die Deutschen hätten die bei den Leichen gefundenen Dokumente im Konzentrationslager Sachsenhausen fälschen lassen. Nur 24 Seiten des Buches sind der Analyse des Verbrechens gewidmet, der Rest besteht überwiegend aus Polemik gegen die USA. Von den 36 abgedruckten Bildern zeigt keines die Leichen von Katyn. Lediglich ein Foto hat überhaupt direkt etwas mit der Mordstätte zu tun. Darauf ist ein sowjetischer Wegweiser mit russischer Aufschrift zu sehen: »Hier im Wald von Katyn haben im Herbst 1941 Hitlerfaschisten 11 000 polnische Gefangene, Offiziere und Soldaten erschossen. Die Männer der Roten Armee werden sie rächen.« Die anderen Bilder befassen sich mit deutschen Gräueltaten in Polen und anderswo, wobei stets betont wird, die Opfer seien »auf genau dieselbe Weise wie in Katyn« getötet worden. Weitere Fotos zeigen ein Treffen des Ku-Klux-Klan, andere Bilder Behälter, die angeblich mit Cholera- und Pestbazillen verseuchte Insekten enthalten, die von US-Flugzeugen über Korea abgeworfen worden sein sollen.[26]

Diese medialen Angriffe können freilich den US-Untersuchungsausschuss wenig beeindrucken. In London vernimmt er 29 Zeugen. Der inzwischen in England lebende ehemalige Oberleutnant Georg Lewszecki erzählt die Geschichte von seiner Begegnung mit Stalins ältestem Sohn Jakow Dschugaschwili im Kriegsgefangenenlager Lübeck. Auch General Anders sagt in London aus.

Interessant ist, wer in London nicht vernommen wird: Personen aus dem Kreis um Churchill und der BBC, die gewiss viel zur Vertuschung hätten sagen können: Aber bis zur offenen Herausforderung Großbritanniens will die Wahrheitsliebe des US-Ausschusses wohl doch nicht gehen; seit den Unterhauswahlen vom Oktober 1951 heißen der Premierminister wieder Winston Churchill und der Außenminister abermals Anthony Eden.[27]

Allerdings führt die Arbeit des US-Ausschusses zu einer Kontroverse im britischen Unterhaus. Der konservative Abgeordnete Sir Douglas Savory bringt einen Antrag ein, in dem die Regierung aufgefordert wird, dem US-Ausschuss dabei behilflich sein, seine Untersuchungsergebnisse vor den Internationalen Gerichtshof in Den Haag zu bringen. Der Labour-Abgeordnete Davies legt einen Ergänzungsantrag vor und fordert die Regierung auf, »nicht eine Gräuelgeschichte zu sanktionieren, die bewusst fabriziert wurde, um den guten Namen eines unserer Hauptverbündeten des letzten Krieges zu diffamieren«[28]. Die Labour-Party setzt ihre Abgeordneten schließlich unter Druck, den Antrag nicht zu unterzeichnen. Ohnehin steht die parlamentarische Sommerpause an. Der Antrag wird vertagt.

Unterdessen ist der stellvertretende Vorsitzende des US-Kongressausschusses Daniel J. Flood nach Bonn vorausgeeilt, um die in Deutschland geplanten Untersuchungen vorzubereiten. Flood appelliert an alle Deutschen, bei der Aufklärung mitzuhelfen. Schließlich seien die Morde von Katyn »ein klassisches Beispiel von Völkermord«.

Am 21. April 1952 beginnen die Vernehmungen in Frankfurt am Main im Gebäude der IG-Farben, in dem das Gericht der amerikanischen Hohen Kommission untergebracht ist.[29] Das öffentliche Interesse ist enorm. Von den 200 Zuschauern sind allein 50 Vertreter der Presse. Alle Aussagen werden auf Tonband mitgeschnitten, ein Großteil wird gefilmt. Zunächst steht der ehemalige Kommandeur des Nachrichtenregiments 537, Oberst a. D. Albert Bedenk, im Zeugenstand. Seine etwa 20 Mann starke Einheit war 1941 als erste in die Gegend von Katyn gekommen, der Stab im Dnjepr-Schlösschen nahe der Mordstätte untergebracht. Bedenk sagt aus, er sei zu der fraglichen Zeit niemals mit polnischen oder russischen Kriegsgefangenen in Berührung gekommen. Die sowjetische Version zu Katyn nennt Bedenk eine »freie Erfindung«. Von den Morden habe er erstmals 1943 gehört; zu seiner Zeit in Katyn habe die einheimische Bevölkerung zwar von Schießereien im Wald von Katyn gesprochen, aber er habe geglaubt, dies habe sich auf vorausgegangene Kampfhandlungen bezogen. Sein Nachfolger Oberst Ahrends sei erst im Oktober 1941 in Smolensk angekommen und könne schon daher gar nicht, wie die Sowjets behaupten, für die Morde an den Polen verantwortlich sein.

Auch jene drei ehemaligen deutschen Offiziere, die schon vor dem Nürnberger Tribunal vernommen wurden, sagen in Frankfurt aus. Generalleutnant Eugen Oberhäuser von der früheren Heeresgruppe Mitte entlastet Oberst Bedenk. Auch für ihn steht fest: »Die russischen Behauptungen sind absurd.«

Unter dem Kommando Oberhäusers hatte damals als junger Leutnant auch Reinhard von Eichborn gestanden, der bei den Nürnberger Prozessen hinter den Kulissen entscheidend daran mitwirkte, eine Verurteilung ehemaliger Wehrmachtsangehöriger zu verhindern. Jetzt sagt er erneut aus. Als Zugführer in der 1. Kompanie des 537. Nachrichtenregiments habe er zwar von dem »Kommissarbefehl« zur Bekämpfung der Partisanen im Raum Smolensk erfahren, nicht aber von der

Erschießung polnischer Offiziere. Ein solcher Befehl jedoch hätte bekannt werden müssen. Auch der frühere Oberst Ahrends, den die Sowjets in ihrem Untersuchungsbericht für die Morde verantwortlich machten, sagt aus. Er kann nachweisen, dass er im Zeitraum 1941, den die Sowjets als Mordzeit angeben, noch gar nicht im Raum Smolensk, sondern in Halle an der Saale Dienst tat.

Einmal kommt es im Verhandlungssaal zu einem Eklat. Ein gewisser Hans Pless, früher Leutnant der Wehrmacht, jetzt Handelsvertreter, bietet sich außerhalb der Reihe als Zeuge an. Als er vereidigt werden soll, streckt er den rechten Arm zum »deutschen Gruß« aus. Die Sitzung wird unterbrochen. Kameraleute der *Wochenschau*, die den richtigen Augenblick verpassten, wenden sich an den Mann, die Szene mit dem Arm zu wiederholen, was dieser bereitwillig tut.[30]

Gehört werden auch Angehörige der deutschen Propagandazentrale. Der frühere Ministerialrat im Reichspropagandaministerium und Leiter der Pressestelle Werner Stephan schildert, wie im Frühjahr 1943 der Redakteur des Deutschen Nachrichtenbüros Hans Meyer zu ihm kam und wie Goebbels sein Glück kaum fassen konnte, als er von der Entdeckung der Gräber hörte.[31] Dann sagt auch der frühere Munitionsfabrikant Karl Genschow aus. Patronenhülsen aus der Produktion seiner Fabrik wurden in den Gräbern von Katyn gefunden. Genschow erklärt, dass Munition aus seiner Fabrik in die Sowjetunion und in die baltischen Staaten geliefert worden sei. Sie sei zehn bis zwanzig Jahre lagerfähig.

Im Zeugenstand stehen zudem Mitglieder der internationalen Ärztekommission von 1943. Besonderes Gewicht haben die Aussagen des dänischen Gerichtsmediziners Helge Tramsen. Er wurde als Mitglied der dänischen Widerstandsbewegung ab Mitte 1944 fast ein Jahr lang von der Gestapo im KZ festgehalten. Tramsen legt dem Ausschuss Gegenstände vor, die er bei den Obduktionen 1943 an sich genommen hatte: die Brieftasche

eines Apothekers namens Syzmianski, Zeitungen, ein Gedicht-
blatt mit dem Vermerk »Kozielsk, 26. Januar 1940«, sowie eine
Appell-Liste eines Hauptmanns mit den Namen von 30 Offizieren sowie deren Geburtsdaten und militärische Ränge.

Der damalige Kommissionsvorsitzende Ferenc Orsos erscheint
vor dem Ausschuss, ferner Werner Beck, der als Direktor des
Staatlichen Instituts für Gerichtsmedizin in Krakau an den
Untersuchungen der Ärztekommission teilnahm, sowie Professor
Naville aus Genf und Wladyslaw Kawecki. Der ehemalige Leutnant und jetzige Journalist, der 1943 im Auftrag des Polnischen
Roten Kreuzes die Gräber besichtigt hatte, schildert, wie der Adjutant des Militärattachés der polnischen Botschaft in Rom ihn
1947 in Italien aufgesucht hatte, um ihn mit rund 2000 US-Dollar zum Widerruf seiner früheren Aussagen zu bewegen.

Einen besonderen Höhepunkt erreichen die Vernehmungen in
Frankfurt mit dem Auftritt des ehemaligen stellvertretenden
amerikanischen Hauptanklägers von Nürnberg, Robert Kempner, der inzwischen als Rechtsanwalt in Frankfurt tätig ist.[32]
Schon tags zuvor hatte er sich unter die Zuschauer gemischt.
Als er von Journalisten erkannt wurde, sagte er, von einer Einladung zu den Vernehmungen an ihn sei ihm nichts bekannt.
Kempner erscheint zur Vernehmung mit Gepäck: acht Bände
des *Berichts über das Internationale Tribunal in Nürnberg*. In
einem zweistündigen Kreuzverhör resümiert er die Vorgänge
von Nürnberg. Die Frage der Behandlung des Falles Katyn sei
gemäß des Londoner Abkommens der vier Siegermächte aus-
schließlich eine Sache der Sowjets gewesen. Als Kempner schildert, wie die Sowjets die Anklage schließlich stillschweigend
unter den Tisch fallen ließen, fragt der US-Abgeordnete Alvin
O'Konski, ob die Richter in Nürnberg ein ehrliches Interesse an
der Klärung der Schuldfrage zeigten oder möglichst schnell mit
dem Fall fertig werden wollten. Da diese Frage auf die moralische Integrität des Gerichts insgesamt und Kempners insbesondere zielt, erhebt ein anderer Abgeordneter Einspruch.

O'Konski fasst nach: »Haben die amerikanischen und britischen Delegationen in Nürnberg jemals Anklage erhoben wegen des russischen Angriffskrieges auf Finnland?« Kempner: »Soviel ich weiß, nicht.« O'Konski: »Haben die britischen und amerikanischen Delegationen jemals Anklage erhoben wegen des russischen Überfalls auf Litauen, Lettland und Estland sowie Anklage wegen Bruchs des Nichtangriffspakts?« Kempner: »Soviel ich weiß, nicht.« O'Konski: »Haben die amerikanischen und britischen Delegationen jemals Anklage erhoben wegen eines gemeinsamen Angriffs mit Hitler?« Kempner: »Nein.« O'Konski: »Wurden je die polnische Exilregierung oder das polnische Weißbuch, das damals vorlag, zu Rate gezogen?« Kempner: »Ich weiß nicht.«

Auf die Frage des Abgeordneten Flood, ob denn die Tatsache, dass die Sowjets keinen Urteilsspruch forderten, nicht ein eindeutiges Schuldbekenntnis gewesen sei, sagt Kempner: »Es sah schon sehr komisch aus.«

Insgesamt werden durch den US-Sonderausschuss 57 Zeugen in Europa vernommen: 29 in London, 27 in Frankfurt und in Neapel das Delegationsmitglied von 1943 Vincenzo Mario Palmieri. Außerdem sprach ein Unterausschuss in Berlin mit Mitgliedern der deutschen Menschenrechtskommission und wertete dort annähernd 100 schriftlich eingereichte Informationen aus.

Am 2. Juli 1952, vor dem Gang in die parlamentarische Sommerpause, legt der Ausschuss dem Repräsentantenhaus einen weiteren Bericht vor. Er ist einstimmig zu der Ansicht gelangt, dass die Sowjets für die Erschießungen der polnischen Offiziere die Verantwortung trügen. Katyn sei nur ein Teil des sowjetischen Ausrottungsprogramms, das unter den Begriff Völkermord falle. Die gewagte Begründung: Die Morde hätten als »Muster für Korea« gedient. Auch dort seien amerikanischen Gefangenen die Hände auf dem Rücken zusammengebunden worden, bevor sie durch Kopfschuss getötet wurden. Und genauso wie die Sowjets seinerzeit zwei Jahre lang das Schicksal der polnischen Offiziere vor der Welt verbargen, ließen sie gegenwärtig die Welt im Unklaren über das Schicksal von Tausenden in Korea gefangenen US-Soldaten.[33]

Nach der Sommerpause möchte der US-Ausschuss den ersten Teil seiner Arbeit beenden, um anschließend den zweiten Teil seiner Aufgabe in Angriff zu nehmen – feststellen, »warum dieser Katyn-Massenmord in all seinen Zusammenhängen niemals dem amerikanischen Volk und der übrigen Welt in genügender Weise mitgeteilt worden ist« und »warum diese Verbrechen nicht bei dem Nürnberger Prozess gerichtlich geklärt wurden«.

Im November 1952 vernimmt der Ausschuss die letzten Zeugen, unter ihnen viele Prominente. Der mit Abstand bekannteste Zeuge ist der Hauptankläger von Nürnberg, Robert H. Jackson, jetzt im hohen Amt eines Bundesrichters der USA. Er erklärt, damals hätten noch »keine wirklichen Beweise« für die Schuld der Sowjets vorgelegen. Das Angebot General Anders, dem Nürnberger Tribunal Material zur Verfügung zu stellen, habe er nie zu Gesicht bekommen. Überhaupt habe er keine amerikanischen Dokumente in den Händen gehabt, in denen die Sowjetunion verantwortlich gemacht wurde. Auch die Berichte der amerikanischen Obersten Van Vliet und Szymanski seien ihm nicht vorgelegt worden. Wie zuvor Kempner in Frankfurt argumentiert Jackson, dass sich das Nürnberger Tribunal »ausdrücklich auf die Verfolgung von Kriegsverbrechen der ehemaligen Achsenmächte beschränkt« habe. »Ich wusste, dass die Nazis und die Sowjets sich gegenseitig beschuldigten, dass beide zu der Untat fähig waren, dass vielleicht beide dazu Gelegenheit besessen hatten, sie zu begehen, und dass es genau der Politik der beiden gegenüber Polen entsprach.« Allerdings räumt Jackson ein, dass er schon in Nürnberg mit der Möglichkeit gerechnet habe, dass die Sowjets für die Morde von Katyn verantwortlich sein könnten.[34]

Der ehemalige polnische Ministerpräsident Mikolajczyk teilt dem Ausschuss im Zeugenstand mit, dass er die Sowjets schon 1943 als die Schuldigen angesehen habe. Der ehemaliger US-Sonderbotschafter George Earle schildert, dass er Roosevelt 1944 noch vor der Konferenz von Jalta Material von rumänischen und bulgarischen Rot-Kreuz-Vertretern vorgelegt habe, das er in der Türkei erhalten hatte, Roosevelt dies aber als deutsche Propaganda abtat: »Die Hingabe, der Respekt und der Glaube an Russland im Weißen Haus waren mir einfach unverständlich.«[35]

Der General im amerikanischen Abwehrdienst im Jahr 1945, Generalmajor Clayton Bissell, rechtfertigt hingegen die Klassifizierung des ersten Berichts des Obersten Van Vliet von 1945 als »top secret«: »In dieser Zeit bemühte sich Präsident Roosevelt um die Hilfe der Sowjets im Krieg gegen Japan. Es existierte ein Befehl, alles zu vermeiden, was zur Abkühlung der sowjetisch-amerikanischen Beziehungen beitragen konnte. Polen konnte Amerika in seinem Krieg mit Japan keine Hilfe leisten, die Sowjets aber konnten es. Das sind die nackten Tatsachen.« Außerdem, so Bissell weiter, habe damals gerade die Formulierung der UNO-Charta angestanden. »Ich glaube nicht, dass sich die Russen mit uns an einen Tisch gesetzt hätten, wenn die Sache – das Katyn-Problem im Allgemeinen und Van Vliets Bericht im Besonderen – aufgegriffen worden wäre. Sie hätten einen Wutanfall bekommen (…).«[36]

Alle diese Aussagen werden sorgfältig dokumentiert. Ende 1952 legt der Sonderausschuss seinen Abschlussbericht vor: Sieben Bände mit insgesamt 2437 Seiten. Der Ausschuss empfiehlt, die Sowjetunion über die UNO vor den Internationalen Gerichtshof in Den Haag zu bringen. Wie schon im Sommer stellen die Ausschussmitglieder einen höchst fragwürdigen direkten Bezug zum Korea-Krieg und zu Verbrechen an den dort eingesetzten UNO-Truppen her. Am 12. Februar 1953 überreicht der amerikanische Chefdelegierte bei den Vereinten Nationen,

Henry Cabot Lodge, dem UNO-Generalsekretär Trygve Lie 70 Exemplare des Kongressberichts mit der Bitte, sie an die Mitgliedstaaten weiterzuleiten.

Knapp drei Wochen später, am 5. März 1953, geht eine Nachricht blitzartig um die Welt: Stalin ist tot. Zunächst ist Berija der mächtigste Mann der Sowjetunion, auch wenn er wenige Monate später vom neuen Vorsitzenden des Ministerrates Georgi Malenkow gestürzt und am 23. Dezember 1953 kurzerhand erschossen wird. Die Welt hofft jedenfalls, dass nun alles anders wird.

Auch in den USA hat sich einiges verändert. Mit den Kongresswahlen Ende 1952 geht der Einfluss an die Republikaner über. Der neue Präsident heißt General Dwight D. Eisenhower. Er versprach im Wahlkampf, sich um eine rasche Beendigung des Korea-Krieges zu bemühen. Die Sowjetunion mit dem Thema Katyn in die Enge zu treiben, scheint daher nicht mehr opportun. Von der Empfehlung, der Präsident der USA solle selbst ein internationales Gericht bestellen, falls die UNO-Vollversammlung sich für nicht zuständig erklären sollte, ist nicht mehr die Rede.

Am 18. Juni 1953 stellt der Abgeordnete Madden den Antrag, den Fall Katyn weiter im Repräsentantenhaus zu behandeln. Doch die Welt denkt nicht an Katyn, sondern blickt nach Deutschland: Am 17. Juni wurde der Volksaufstand in Ost-Berlin und anderen Orten der DDR blutig niedergeschlagen. Der Auswärtige Ausschuss des Repräsentantenhauses lehnt den Madden-Antrag mit einer Stimme Mehrheit ab. Die Dokumente des Sonderausschusses des Repräsentantenhauses zur Katyn-Untersuchung werden dem Archiv des Kongresses übergeben.

Unterdrückung der Wahrheit

In den Nachkriegsjahren stellen die Sowjetunion, von ihr abhängige Regierungen sowie ihre Anhänger in westlichen Ländern den Personen, die sich 1943 Delegationen zum Besuch der Gräber von Katyn anschlossen, weiterhin nach. So wie Professor François Naville in Genf von der Partei der Arbeit und der Linkspresse unter Druck gesetzt wurde, wird auch Professor Vincenzo Mario Palmieri in Neapel von den italienischen Kommunisten einer Pressekampagne ausgesetzt. Seine umfangreiche Fotodokumentation über seine Fahrt nach Katyn vergräbt Palmieri sicherheitshalber im Garten.[37]

Und ähnlich wie Professor Mario Markow sich schon 1944 vor Gericht verantworten musste und seine Unterschrift unter das gerichtsmedizinische Protokoll von 1943 widerrief, werden 1948 in der Tschechoslowakei drei Slowaken vor Gericht gestellt, weil sie sich 1943 zu den Gräbern von Katyn bringen ließen. Sie kommen mit dem Verlust der bürgerlichen Ehrenrechte für drei und vier Jahre davon.

In Rumänien taucht der Gerichtsmediziner Alexandre Bircle kurz vor der drohenden Verhaftung unter. Er kann über Wien und Paris nach Südamerika fliehen. 1952 sagt er vor dem US-Untersuchungsausschuss aus. Im selben Jahr stirbt er bei einem Autounfall. Die Ursache wird nie geklärt.

Während diese Beispiele Einzelschicksale betreffen, ist in Polen die gesamte Nation im Alltagsleben vom Thema Katyn berührt. Vor allem Angehörige der Opfer müssen mit Nachteilen rechnen. Viele werden zum Arbeitsdienst in Kohle- und Uranbergwerke geschickt. Als Helena Krahelska 1949 Witwenrente beantragt und sich dabei herausstellt, dass ihr Mann unter den Opfern von Katyn ist, raten die Beamten der Frau unter Drohungen, so schnell wie möglich aus dem Büro zu verschwinden. Wer es wagt, in der Öffentlichkeit über Katyn zu sprechen, riskiert Stellung oder Wohnung. Die Studentin Eva Solski, Tochter des in Katyn erschossenen Majors Solski, soll an der Universität Warschau ein Formular ausfüllen. Darin wird auch nach ihrem Vater gefragt. Sie trägt »Bei Katyn ermordet« ein. Prompt wird sie von der Universität verwiesen. Später bringt sie es allerdings doch noch zur Gymnasiallehrerin.

Das Thema Katyn wird gemieden, so weit es geht. An Universitäten weigern sich Historiker, Katyn als Examensarbeit zuzulassen. In Lexika kommt das Wort nicht vor. Doch gerade die Tabuisierung führt dazu, dass hungrig nach allen erreichbaren Informationen gesucht wird. Unter der Hand kursieren illegale Druckschriften. Material aus Großbritannien wird ins Land geschmuggelt.

Als Stalin 1953 stirbt und Nikita Chruschtschow sich im folgenden Machtkampf in der Sowjetunion durchsetzt, fragen sich die Polen, ob sich im Umgang mit Katyn etwas ändern könnte. Die Hoffnung wächst, als die Polnische Vereinigte Arbeiterpartei (PVAP) die fünfstündige Geheimrede Chruschtschows auf dem XX. Parteitag der KPdSU im Februar 1956 inoffiziell veröffentlicht. In der Rede geißelte Chruschtschow die »großen Säuberungen« der Terrorherrschaft Stalins in den 1930er-Jahren.

Der polnische PVAP-Generalsekretär Boleslaw Bierut stirbt im März 1956. In der Zeit des Machtvakuums bricht im Juni ein Aufstand der Arbeiter der Lokomotivwerke in Posen los. Im Oktober wird Wladyslaw Gomulka zum Nachfolger Bieruts bestimmt. Die Lage ist instabil, zumal im November der Ungarn-Aufstand die Welt den Atem anhalten lässt. Chruschtschow weiß, welche Bedeutung die Katyn-Frage für das Verhältnis der UdSSR zu Polen hat und dass eine Erklärung zur wahren Täterschaft viel Entlastung bringen könnte.

Auch außenpolitisch wäre ein solcher Schritt ein Signal. Die Mitglieder des US-Untersuchungsausschusses von 1951/52 schalten sich ein und fordern Chruschtschow am 26. Juli 1956 auf, die sowjetische Verantwortung für die Massenmorde von 1940 einzugestehen:

»Da Sie bereits Stalin und Berija so vieler Verbrechen beschuldigt haben, kann die nicht-sowjetische Welt es nicht begreifen, warum Sie den Katyner Massenmord nicht in die

Liste der von Stalin und Berija begangenen Verbrechen aufgenommen haben. Es gibt sicherlich kein einziges Verbrechen Stalins, das jemals so erschöpfend nachgewiesen und
so vollständig dokumentiert werden konnte wie dieses.«[38]

In Polen scheinen Veränderungen in der Luft zu liegen. Polit-
Agitatoren greifen plötzlich das Thema Katyn auf Parteiver-
sammlungen in Warschau, Lodz, Krakau und Kielce vorsichtig
und in wörtlich fast übereinstimmenden Referaten auf. Das
polnisch-sowjetische Verhältnis, so erklären sie, werde noch
immer durch Katyn belastet. Es sei jedoch die Aufgabe polnischer Patrioten, »nicht in der Vergangenheit nach schmerz-
lichen Fehlern der Freunde zu suchen, sondern das gemeinsame Ziel, die gemeinsame Aufgabe zu sehen und die selbstlose
Hilfe der sowjetischen Freunde anzuerkennen«.
Chruschtschow bietet Gomulka in einem vertraulichen Gespräch an, die Wahrheit über Katyn auszusprechen und die
Morde mit auf das Stalinsche Schuldkonto zu buchen. Aus politischen Kreisen dringt durch, an einer entsprechenden Erklärung werde bereits gearbeitet. Doch es kommt nicht dazu.
Gomulka lehnt das Angebot in Abstimmung mit dem Politbüro ab. In der allgemein unsicheren Lage will er nichts riskie-
ren, was den Ärger auf die Partei, die die sowjetische Lüge mit-
getragen hat, ziehen könnte. Der Verzicht auf eine Klärung der
Katyn-Frage verbittert vor allem das polnische Offizierskorps.
Gomulka ist entschlossen, die Diskussion zu unterdrücken:
5000 Offiziere, darunter der Chef der Politischen Hauptverwaltung der Polnischen Volksarmee, General Janusz Zarzycki-
Neugebauer, müssen ihren Dienst quittieren.
Doch das Thema lässt sich damit nicht aus der Welt schaffen.
Es sind vor allem die sogenannten »Partisanen« unter Führung
des nationalistischen und antisemitischen Innenministers
General Mieczyslaw Miczar, die eine Aufklärung verlangen und
sich gegen Gomulka stellen. Dieser erkennt, dass er eine Chan-

ce verpasst hat, als er dem Rat Chruschtschows zur öffentlichen Klärung der Katyn-Frage nicht folgte: »Mein Ansehen hätte gestärkt werden können.«[39]

Die Folgen der Beibehaltung der falschen Darstellung der Vorgänge von 1940 zeigen sich auch an ganz unerwarteten Stellen. Als Ende 1958 der berüchtigte frühere »Reichskommissar« der Ukraine und anschließende »Reichsverteidigungskommissar« Ostpreußens, Erich Koch, in Warschau vor Gericht steht, taucht ein vermeintlicher Zeuge namens Paul Bedlow auf, ohne vom Gericht vorgeladen zu sein. Bedlow behauptet, Koch, der im Oktober 1941 zum »Reichskommissar« in der Ukraine ernannt wurde, sei persönlich für die Ermordung der polnischen Offiziere im Wald von Katyn verantwortlich. Die Verteidigung nimmt den Mann in die Zange. »Paul Bedlow« hält nicht durch und gesteht schließlich, dass er vom Ost-Berliner Außenministerium mit Pass und Fahrkarte ausgestattet worden sei, um in Warschau in diesem Sinne auszusagen.

Während die Öffentlichkeit hiervon erfährt, passiert 1959 in Moskau etwas, was erst drei Jahrzehnte später bekannt werden wird. Die Hauptfigur ist Alexander Schelepin, der neue Chef des Geheimdienstes KGB, der den früheren Lagerverantwortlichen Iwan Serow in diesem Amt abgelöst hat. Schelepin, bisher Erster Sekretär des Jugendverbandes Komsomol, ist mit seinen 40 Jahren im Vergleich zum Durchschnittsalter der Führung der Sowjetunion blutjung. Er diktiert seiner Frau am 3. März 1959 ein zweiseitiges Memorandum für Chruschtschow, das diese in vorbildlicher Schönschrift abfasst. Niemand soll an eine Kopie kommen können, so »heiß« ist der Inhalt. Schelepin teilt mit, dass seine Behörde über Unterlagen verfüge, die sich auf den Beschluss vom 5. März 1940 beziehen, darunter eine Auflistung der damals auf Grundlage des Mordbefehls »überstellten« Polen: 21 857 an der Zahl. Weitere Akten, vor allem die Personalakten der Gefangenen, könnten bei nachgeordneten NKWD-Behörden liegen, sofern sie nicht verloren gingen oder vernichtet wurden. Schelepin empfiehlt, wie in anderen Fällen die verfügbaren Akten sämtlich zu vernichten. Chruschtschow zögert. Schelepin ordnet daraufhin eigenmächtig an, einen Teil der Unterlagen zu verbrennen. Außerdem lässt er über den Massengräbern der Toten der Lager Starobelsk und Ostaschkow Beton ausschütten.[40]

Während die Führung in Moskau über Einzelheiten der Massenmorde von 1940 genau unterrichtet ist, lässt sie sich zur allgemeinen Täuschung einen neuen Trick einfallen. Am 5. Juli 1969 weihen sie in dem 60 Kilometer vom weißrussischen Minsk entfernten Dorf Chatyn (Khatyn), dessen Name von Nichtrussen ausgesprochen fast so wie Katyn bei Smolensk klingt, ein überdimensionales Denkmal ein. Die Statue stellt einen Vater mit seinem toten Sohn auf den Armen dar. Sie erinnert an die Zerstörung des Dorfes auf deutschen Befehl hin. Als Rache für Partisanenüberfälle waren am 22. März 1943 die 149 Einwohner, darunter 75 Kinder, zusammengetrieben und in einer Scheune lebendig verbrannt worden. Die Häuser wurden dem Erdboden gleichgemacht.[41]

Nach Chatyn werden von nun an ahnungslose Besuchergruppen geleitet, um sie aufgrund der Namensähnlichkeit glauben zu machen, sie seien an den Mordstätten von Katyn. Jede ostdeutsche Reisegruppe, die sich länger als einen Tag in Minsk aufhält, hat eine Visite auf dem Programm von Intourist. Sogar ausländische Staatsgäste werden getäuscht. Der finnische Präsident Urho Kekkonen wird von den Sowjets nach Chatyn geflogen, um Kränze niederzulegen und der Toten in dem Glauben zu gedenken, er handle sich um die polnischen Offiziere. 1972 wird US-Präsident Richard Nixon während seines Besuches in der UdSSR ebenfalls zum Denkmal von Chatyn geführt. Die Bilder davon finden entsprechende Verbreitung. Noch 1989 fahren »Freundschaftszüge« der FDJ der DDR nach Chatyn.

Selbst die Neuausgabe der »Großen Sowjetischen Enzyklopädie« von 1978 wird frisiert. Enthielt die zweite Auflage von 1953 einen langen Artikel über Katyn im Sinn der üblichen Propagandaversion, so ist dieser 1978 entfallen. Stattdessen stößt der Leser auf einen Artikel über das von Deutschen zu verantwortende Massaker von Chatyn.

Doch auch westliche Wissenschaftler und Publizisten tragen zur Verwirrung bei, indem sie die sowjetische Version als gleichrangig neben die Erkenntnisse über den wahren Sachverhalt stellen und so eine vermeintliche Nichtentscheidbarkeit hinsichtlich der Wahrheitsfrage suggerieren. Als der Österreicher Otto Forst de Battaglia 1954 sein Werk »Zwischeneuropa von der Ostsee bis zur Adria« veröffentlicht, bezeichnet er die Morde von Katyn als eine »geheimnisvolle Angelegenheit«, die »bis heute nicht geklärt ist« und der »der unbefangene Historiker« ratlos gegenüberstehe.[42] Die Fachwelt schüttelt den Kopf, zumal der bekannte Autor Kenner der polnischen Geschichte ist und selbst für die Exilregierung gearbeitet hat.

Ein weiteres Beispiel ist der Historiker Gabriel Kolko von der York University in Toronto, der sich auf neuere Militärgeschichte spezialisiert hat und dessen Publikationen Lehrstoff für viele Studenten auch an anderen Universitäten sind. In seinem 1968 vorgelegten Werk »The Politics of War: The World and United States Foreign Policy, 1943–1945« betont auch er die Nichtentscheidbarkeit der Schuldfrage in Sachen Katyn. Wenn auch mehr gegen die Sowjets spräche, so sei Katyn doch eher »die Ausnahme« sowjetischer Praxis als die Regel: »Die relative Bedeutung (Katyns) muss ganz erheblich heruntergeschraubt werden.«

Manifest des nationalen Widerstands

Ganz neue Dynamik gewinnt die Auseinandersetzung um die Wahrheit über Katyn Anfang der 1970er-Jahre, sowohl im Westen als auch in Polen. Das Buch »Death in the Forest« (»Tod im Wald«) von Janusz Zawodny, das 1962 in den USA erschien, wird in französischer Übersetzung und in Deutsch unter dem Titel »Zum Beispiel Katyn« herausgegeben. Der Autor war Offizier des nationalpolnischen Widerstandes, hielt sich 1943 zur Zeit der Entdeckung der Gräber in Warschau auf und ging später ins amerikanische Exil, wo er Politische Wissenschaften lehrte. »Zum Beispiel Katyn« ist die erste größere Abhandlung zum Massaker an den polnischen Offizieren seit Josef Mackiewicz' Buch von 1949 und räumt der Verschleierung durch Briten und Amerikaner breiten Raum ein. Die *Welt* druckt in einer vierteiligen Folge Auszüge aus dem Buch.

Im Sommer 1971 räumt die *Zeit* dem britischen Historiker Nicholas Bethell eine ganze Seite ein, um sich mit der britischen Vertuschungspolitik während und nach der Kriegszeit zu beschäftigen. Bethell wird sehr deutlich: »Die jüngst veröffentlichten britischen Akten aus dem Jahre 1943 zeigen, dass es sogar schon damals, im Gegensatz zu den Worten (Außenminister) Edens, keinen einzigen führenden britischen Politiker gab, der nicht von der Schuld der Russen überzeugt gewesen wäre (…).« Bethell führt weiter an, die britische Politik weiche auch derzeit aus der Sorge heraus aus, die Sowjetunion würde in einem Schuldspruch nach so langer Zeit einen feindseligen Akt sehen.[43]

In London erscheint im selben Jahr das Buch von Louis FitzGibbon »Katyn. A Crime without Parallel« (»Das Grauen von Katyn. Verbrechen ohne Beispiel«). Der Autor war im Zweiten Weltkrieg britischer Verbindungsoffizier zur polnischen Armee. Von 1968 bis 1972 ist er Generalsekretär des Britischen Rats für Flüchtlingshilfe der UNO. FitzGibbon regt in seinem Buch an, einen Gerichtshof auf höchster internationaler Ebene einzuberufen. 1980 wird das Buch in erweiterter Form in deutscher Übersetzung gedruckt.

Der bei Weitem wichtigste Vorgang in diesem Jahr 1971 ist die Gründung der englisch-polnischen Vereinigung »Fonds für das Katyn-Denkmal« in London. Ziel ist die Errichtung eines Obe lisken, da es bis dahin keine Katyn-Gedenkstätte im Westen gibt. Den Vorsitz übernimmt Lord Barnby, mehrere Abgeordnete unterstützen das Anliegen. Zusätzlich soll Geld für bedürftige Polen gesammelt werden, die durch die Massenmorde von 1940 in Not geraten sind.

Was auf den ersten Blick unproblematisch erscheint, erweist sich schon bald als ein Weg voller Hürden und Widerstände, denn die Sowjetunion will keine Denkmäler solcher Art, schon gar nicht im Land der Exilregierung. Gleichzeitig wollen Kirche und Behörden möglichen Konflikten politischer Art aus dem Weg gehen.

Die meisten der rund 50 000 Exil-Polen in Großbritannien leben im Londoner Bezirk Kensington. Deshalb hält das Komitee zunächst dort nach einem geeigneten Platz für den Obelisken Ausschau. Doch die Gespräche mit den Behörden führen zu nichts und werden abgebrochen. Zwei Angebote der Stadt London kann das Komitee unmöglich akzeptieren: Der eine Platz liegt bei einem Gefängnis, der andere ganz in der Nähe eines Jahrmarktes. Die Idee, das Denkmal an einem augenfälligen Platz an der Cromwell Road zu errichten, begeistert zwar das Komitee, passt aber nicht in die Stadtplanung.

Schließlich scheint die Lösung gefunden zu sein, als der »Council of the Royal Borough of Kensington and Chelsea« – so gediegen nennt sich der »Rat der königlichen Gemeinde«, weil der Stadtbezirk Kensington einst königlicher Privatbesitz und nicht Lehen war – dem Komitee das kleine Parkgelände von St. Luke's Gardens anbietet, das bis zur Mitte des 19. Jahrhunderts zum Teil ein Friedhof war. Unter Anleitung eines Ingenieurs wird ein Entwurf vorgelegt und vom Planungsausschuss des Stadtbezirks genehmigt. In einem schwarzen Granitobelisken auf einem weißen Stufensockel sollen der polnische Adler mit der Krone, umwunden von Stacheldraht, und vor allem das Wort »Katyn« mit der Jahreszahl »1940« ins Auge fallen.

Der Abgeordnete Airy Neave beantragt am 26. Juni 1972 im Unterhaus, »dass dieses Haus den Massenmord an über 4000 polnischen Kriegsgefangenen in Katyn 1940 verurteilt, mit ihren Familien Mitgefühl ausdrückt und das Vorhaben begrüßt, in London ein Denkmal für die Opfer zu errichten«.[44] Gut zwei Wochen später hat der Abgeordnete bereits die Unterstützung von 194 Kollegen aller Parteien. Doch dann legt sich das »Diocesan Advisory Committee« (Diözesan-Beirat) der Kirche von England quer. Das Denkmal sei zu groß und für den vorgesehenen Ort unpassend. Kirchenvorsteher mobilisieren die Anwohner von St. Luke's Gardens gegen das Projekt, der Chelsea-Bürgerverein verteilt Flugblätter. Selbst der Stadtbezirksrat ist nicht mehr so aufgeschlossen wie anfangs und lässt auch die tieferen Gründe dafür erkennen: Mit der vorgesehenen Jahreszahl »1940« auf dem Denkmal könnte eine »politische Streitabsicht« verbunden sein.

Der Fonds für das Katyn-Denkmal wendet sich schließlich direkt an das geistliche Gericht des Erzbischofs von Canterbury, das sich jedoch für »nicht zuständig« erklärt; dagegen legt der Fonds Widerspruch ein. So vergeht nicht nur Zeit. Ein Großteil der gesammelten Spenden muss zum Begleichen der Anwalts- und Gerichtskosten verwendet werden.

Als Ausweg bietet der »Council of the Royal Borough of Kensington and Chelsea« den Friedhof Gunnersbury an. Dort liegen sehr viele Polen begraben, auch General Tadeusz Bor-Komorowski, Oberbefehlshaber des Warschauer Aufstands 1944 und später Premierminister der Exilregierung. Das Komitee des Fonds ist trotzdem alles andere als begeistert, da es einen augenfälligeren Platz wünscht.

Um jedoch weiteren Zeitverzug zu verhindern, stimmt es zu. Während sich die regierende Labour Party zurückhält, setzen sich zahlreiche Vertreter der Tories öffentlich für das Komitee ein. Ihre gezielten Artikel und Leserbriefe lösen ein Echo in der gesamten westlichen Welt aus. Vor allem aus den USA fließt

Geld von Exil-Polen zur Finanzierung des Obelisken. In Chicago gibt es dafür mittlerweile eigens ein Katyn-Komitee.

Die öffentliche Beachtung des Projekts alarmiert die Sowjets. Die Botschafter Moskaus und Warschaus in London protestieren heftig gegen das Vorhaben. Fast im Befehlston fordert der sowjetische Botschafter Wladimir Semenow vom Bürgermeister von Kensington und Chelsea, die Aufstellung des Obelisken nicht zuzulassen. Die wichtigsten Förderer des Projekts erhalten Drohanrufe, so auch ein Geschäftsmann deutsch-polnischer Herkunft, der sich für das Katyn-Denkmal großzügig spendet. Im Dezember 1975 erscheint in seinem Büro ein Mann, der erklärt, Drews zu heißen, aus Ost-Berlin zu kommen und eine »Zusammenarbeit« zu wünschen. Der Geschäftsmann fühlt sich von der Person abgestoßen und beendet das Gespräch.

Von nun an erhält auch die Ehefrau des Geschäftsmannes, die in einer eigenen Wohnung lebt, Drohanrufe. Unter der Tür werden Zeitungsausschnitte der *Times* hindurchgeschoben, in denen die Drohung der Sowjets zitiert wird, alles zur Verhinderung des Katyn-Denkmals zu unternehmen. Der obskure Mann sucht auch die Ehefrau des Geschäftsmannes auf. Einige Tage später wird die Frau tot in ihrer Wohnung aufgefunden. Die Polizei stellt vier Gläser mit Resten von Drinks sicher. Drei davon weisen keine Fingerabdrücke auf. Die Ermittler stehen vor einem Rätsel.

Der Geschäftsmann wendet sich an den britischen Geheimdienst, da die Drohungen im Zusammenhang mit dem Katyn-Projekt böse Vermutungen in ihm aufkommen lassen. Bei einer weiteren Obduktion hört er einen britischen Beamten sagen: »It could have been a Russian job.« (Das könnten Russen gemacht haben). Der Geheimdienst rät dem Geschäftsmann, in den folgenden Wochen laufend das Hotel zu wechseln und niemandem seinen gegenwärtigen Aufenthaltsort mitzuteilen. Die Erkenntnisse der Ärzte nach der zweiten Obduktion bleiben vage: »Alkohol in Verbindung mit unbekanntem Gift.« Doch warum hat man seine Frau und nicht ihn ermordet? Der Geschäftsmann beantwortet die Frage für sich so: »Wer jemanden handlungsunfähig machen will, schlägt ihm den rechten Arm ab. Ich selbst war aufgrund meiner Verbindungen und meines Umgangs für einen östlichen Geheimdienst lebendig sicherlich weiterhin wertvoller als tot.«[45]

Auffallend viele mysteriöse Fälle spielen sich ab. Auch Buchautor Louis FitzGibbon, der sich ebenfalls für das Katyn-Denkmal einsetzt, erhält Drohanrufe. Auf einer Urlaubsfahrt in Frankreich wird seine Frau zusammengeschlagen. Sie behält bleibende Schäden zurück. Er und seine Freunde sind überzeugt, dass es sich nicht um einen »normalen Überfall« im Sinne von Alltagskriminalität handelt. Sie glauben an einen Zusammenhang mit seinem Katyn-Engagement.[46]

Da ist auch Helge Tramsen, der dänische Teilnehmer an der Exhumierung von 1943. Seine älteste Tochter Elisabeth hat sich in den Warschauer Komponisten Romuald Twardowski verliebt. Sie zieht nach Warschau, um dort Philologie zu studieren. In der Nacht des 15. Novembers 1970 stirbt sie an einer Vergiftung durch eine alte Gasheizung. Tramsen, der die Verfolgungsschicksale seiner Kollegen kennt, will sofort nach Warschau reisen, um die Leiche selbst zu obduzieren. Doch das wird ihm verwehrt. Bis zu seinem Tod bleibt er davon überzeugt, dass das KGB seine Tochter umgebracht hat und er wegen seiner Reise 1943 letztlich mitverantwortlich sei.[47]

Das Komitee des Fonds für das Katyn-Denkmal in London lässt sich jedoch durch keinerlei Drohungen einschüchtern. Am 1. Juli 1976 findet die Grundsteinlegung auf dem Gunnersbury-Friedhof statt. Der Einweihungstag wird auf den 18. September des Jahres festgelegt. Eingeladen sind die Botschaften zahlreicher Staaten und Vertreter der Religionsgemeinschaften.

Die britische neue Labour-Regierung unter James Callaghan

weigert sich allerdings, einen offiziellen Vertreter zu entsenden. Das Außenministerium übt darüber hinaus Druck auf das Verteidigungsministerium aus, das seinerseits britischen Soldaten verbietet, in Uniform auf der Einweihungsfeier zu erscheinen. So wird auch einer 30 Mann starken Militärkapelle sowie zwei Kavallerie-Trompetern und einem Marine-Offizier die Teilnahme verwehrt. Zur Begründung ihrer Haltung führt die Regierung an, die Schuldfrage der Massenmorde von Katyn sei niemals zu ihrer Zufriedenheit geklärt worden.

Der sowjetische Botschafter in London, Wladimir Semenow, meldet sich nochmals zu Wort und nennt den Obelisken »provokativ«. Mit ihm werde versucht, »die schmähliche Goebbels-Propaganda wiederaufleben zu lassen, deren Ziel die Verschleierung der Nazi-Verbrechen war«.[48] Doch die Errichtung des Denkmals kann er nicht aufhalten. Am 18. September 1976 findet die Einweihung statt.

Von nun an wird jährlich eine Gedenkfeier am Londoner Katyn-Obelisken abgehalten. 1979 entscheidet sich erstmals auch die britische Regierung, die nunmehr von Margaret Thatcher geführt wird, einen offiziellen Vertreter zu entsenden.

Die Errichtung des Katyn-Denkmals in London strahlt weit über Großbritannien hinaus. Bald wird es weitere in den USA, Südafrika und Neuseeland geben, errichtet von den Auslandspolen mit Unterstützern in den neuen Heimatländern. Doch wie sieht es in Polen selbst aus? Das Thema »Katyn« ist nie zur Ruhe gekommen. Samisdat-Schriften und Flugblätter kursieren. Aus dem Ausland werden Broschüren und Bücher zu Katyn ins Land geschmuggelt. Katyn ist das Thema, das die polnische Opposition jeglicher Strömung gegen die Regierung verbindet.

Das Jahr 1970, in dem in Großbritannien quasi eine Katyn-Bewegung der Exil-Polen entsteht, ist auch in Polen selbst von besonderen Ereignissen geprägt. Im Dezember kommt es zu Arbeiterunruhen in den Ostseehäfen. Präsident Gomulka gibt einen Schießbefehl heraus. Anschließend wird er gestürzt und von Edward Gierek abgelöst. Gierek versucht, das Land wirtschaftlich zu modernisieren und nach außen zu öffnen. In der Katyn-Frage jedoch bleibt die Zensurbehörde hart. Sie gibt sogar Richtlinien heraus, dass jegliche Versuche, die Verantwortung für den Tod polnischer Offiziere im Wald von Katyn der Sowjetunion zuzuschreiben, zu unterbinden seien. Das Verbrechen von Katyn darf nur bei privaten Anlässen wie Familiengedenkfeiern zur Sprache kommen. Für die Erwähnung Katyns in Ankündigungen für Messen oder in Todesanzeigen bedarf es der Genehmigung durch das »Hauptamt für Kontrolle der Presse«. Bei wissenschaftlichen Abhandlungen, in biografischen Notizen und Erinnerungen darf die Wendung »gestorben bzw. gefallen bzw. erschossen durch die Hitlerdeutschen in Katyn« nur verwendet werden, wenn gleichzeitig das Todesdatum »nach Juli 1941« angegeben wird.[49]

Doch solche Maßnahmen können das Anwachsen oppositioneller Vereinigungen nicht verhindern. Das Verbindende unter ihnen ist stets die Erinnerung an Katyn. Seit den späten 1970er-Jahren versammeln sich an jedem 1. November zu Allerheiligen Polen auf dem Powazki-Heldenfriedhof in Warschau, auf dem ehemalige Aufständische, unabhängige Politiker, aber auch kommunistische Spitzenpolitiker begraben liegen. Inmitten eines Birkenhains, der als »Katyn-Mulde« (Dolina Katynska) bekannt ist, halten Gegner des Regimes kirchliche und patriotische Gedenkfeiern für die Opfer von Katyn ab.

Eine dieser oppositionellen Gruppen nennt sich »Komitee für gesellschaftliche Selbstverteidigung« (KOR). KOR fordert die Regierung in Warschau auf, endlich mit der Aufklärung der sowjetischen »Völkermord-Verbrechen« zu beginnen. Von rund 230 000 polnischen Soldaten, die 1939 in Gefangenschaft geraten seien, hätten nur etwas mehr als ein Drittel überlebt. Von den weit mehr als eine Million Polen, die verschleppt worden seien, hätten fast die Hälfte durch Hunger und Erschöpfung den Tod gefunden. Nach 1944 seien 10 000 Mitglieder der

Untergrundarmee (Armia Krajowa) inhaftiert worden und nie wieder zurückgekehrt. Ebenso fordert das Komitee die endgültige Aufdeckung der Hintergründe der Massaker von Katyn.

Eine andere Gruppe dieser Bürgerrechtsbewegung ist das »Gründungskomitee der Verständigung junger Menschen – Unabhängigkeit und Demokratie«. Es gründet ein »Katyn-Institut« und appelliert an Parteichef Edward Gierek und Ministerpräsident Piotr Jaroszewicz, die Hintergründe der Massenmorde zu klären. Eine weitere Dissidentengruppe heißt »Konföderation Unabhängiges Polen« (KPN). Alle greifen das Thema Katyn auf. Die Thematisierung wird dadurch befördert, dass Exil-Polen in aller Welt zusammen mit der unzensierten Oppositionspresse in Polen das Jahr 1980 zum »Katyn-Jahr« erklären.

Zur stärksten aller oppositionellen Strömungen wird in diesem Jahr die Gewerkschaft Solidarnosc. Ihr Führer ist der Elektriker auf der Danziger Werft Lech Walesa. Die Solidarnosc-Bewegung macht sich zur Sprecherin der Angehörigen der Opfer von Katyn. Sie wollen, dass die Hintergründe geklärt und die Täter ermittelt werden, dass sie die Orte der Gräber der Toten von Starobelsk und Ostaschkow erfahren und die Mordstätten besuchen können.

Flugblätter mit Beiträgen über Katyn überschwemmen ganz Polen. Immer wieder taucht der Solidarnosc-Slogan »Wir werden Katyn rächen« (Katyn pomscimy!) auf. Gleichzeitig kursiert eine im Untergrund gedruckte Dokumentation. Als Verfasser werden auf dem Titelblatt Jan Abramski und Ryszard Zywiecki genannt. Die polnischen Sicherheitsorgane können diese Personen nicht ermitteln, obwohl die Namen allgemein bekannt sind: Es handelt sich um den alphabetisch ersten und den letzten Namen auf der Totenliste von Katyn.

Einen zusätzlichen emotionalen Schub erhält die Katyn-Bewegung, als im Sommer 1980 polnische Arbeiter, die in der Sowjetunion an der »Freundschafts-Pipeline« (Erdgasstrasse »Druschba«) arbeiten, in der Nähe der Stadt Orenburg auf Leichen polnischer Offiziere stoßen. Die Arbeiter vermuten, dass sie Tote des Lagers Starobelsk gefunden haben. Die polnischen Arbeiter werden sofort in ihre Heimat zurückgeschickt. Die in London erscheinende polnische Exilzeitschrift *Rzeczpospolita Polska* (Republik Polen) lässt ihre Leser wissen, dass man »aus verständlichen Gründen« die Namen der Arbeiter nicht veröffentlichen könne.

Im Herbst spitzt sich in Polen die Lage mit den großen Streiks auf der Danziger Werft zu. Schließlich wird auch Gierek gestürzt und durch Parteichef Stanislaw Kania ersetzt. Immer mehr sorgt sich auch die Sowjetregierung um die Volksrepublik Polen.

Schließlich wird am 13. Dezember 1981 das Kriegsrecht ausgerufen, die Gewerkschaft Solidarnosc, der zeitweilig jeder vierte Pole angehört, wird verboten und Wojciech Jaruzelski zum Staatschef von Moskaus Gnaden. Die Gestalt mit der dunklen Brille bleibt vielen ein Rätsel. Die einen halten ihn für eine Marionette der Sowjetunion, die anderen für einen Polen, der sein Land vor dem Einmarsch der Warschauer-Pakt-Staaten bewahren will.

Die Moskauer Regierung versucht, durch kleine Gesten aus dem Thema Katyn Spannung herauszunehmen. Am 13. Oktober 1980 begehen Vertreter der Sowjetunion und Polens den 37. Jahrestag der Gründung der polnischen Volksarmee und legen bei Katyn einen Kranz für die ermordeten Offiziere nieder. Sie gedenken allerdings der »1941 von den Deutschen« erschossenen Offiziere. Damit erreichen sie das Gegenteil des Gewünschten. Durch Beharren auf der Geschichtslüge bringen sie die Bevölkerung nur weiter gegen sich auf.

Das zeigt sich besonders am Anwachsen der Besucher der »Katyn-Mulde« auf dem Powazki-Friedhof. Seit Mitte 1981 versammeln sich dort täglich Hunderte, zu besonderen Gedenktagen Tausende. Die Kundgebungen werden zum Manifest des nationalen Widerstandes, Katyn zum Symbol des »Martyrium Polens«. Deshalb wollen mehrere Oppositionsgruppen gemeinsam auf dem Powazki-Friedhof ein Denkmal errichten. Zur Grundsteinlegung Anfang Dezember 1981 wird ein mit Blumen und Fahnen geschmücktes Birkenkreuz aufgestellt. Die Aufschrift lautet »Katyn – 1940«. Schon am folgenden Tag wird das provisorische Denkmal zerstört – von »unbekannten Tätern«.

Um irgendwie die Kontrolle zu behalten, veranlasst das Regime, dass sich der staatstreue Veteranen-Verband »Zbowid« (Verband der Kämpfer für Freiheit und Demokratie) der Denkmal-Idee annimmt. Die Inschrift aber soll lauten: »Katyn – 1941«. Zunächst tut sich nichts. Dafür wächst die Oppositions- und Bürgerrechtsbewegung weiter an. Am 17. September 1982 veranstalten Anhänger der verbotenen Solidarnosc zum 43. Jahrestag des Einmarsches der Roten Armee in Ostpolen Protestaktionen. Die Hauptdurchgangsstraße Marszalkowska in Warschau ist mit Flugblättern übersät. Auf dem Powazki-Friedhof versammeln sich Hunderte zu einem Gottesdienst. Anfang August 1983 sind es schon Zehntausende, die sich zum Gedenken des Warschauer Aufstandes vor 39 Jahren auf dem Friedhof drängen. An der »Katyn-Mulde« singen sie Lieder der verbotenen Solidarnosc.

1984 errichten polnische Bürger anlässlich des bevorstehenden 40. Jahrestages des Warschauer Aufstands auf dem Powazki-Friedhof wieder ein Holzkreuz für die Opfer von Katyn. Die Warschauer Regierung versucht, der Oppositionsbewegung den Wind aus den Segeln zu nehmen, indem sie sich nun konkret des Wunsches nach einem Katyn-Mahnmal annimmt.

An der Stelle, an der sich die Menschen auf dem Powazki-Friedhof versammeln, wird als Erstes ein Bauzaun errichtet. Kurz vor Ostern 1985 ist der Bauzaun plötzlich weg und ein etwa vier Meter hohes, aus Granit gehauenes weißes Kreuz steht einfach so da. Kein Bericht in irgendeiner polnischen Zeitung wies im Vorfeld darauf hin, es gab kein Preisausschreiben für den besten Entwurf, es erfolgt keine Nennung des Künstlers und es findet auch keine Einweihungszeremonie statt.

Den verblüfften Betrachtern verschlägt es die Sprache, als sie die Inschrift am Fuß des Kreuzes lesen: »Den polnischen Soldaten, Opfern des Hitlerfaschismus, die in der Erde von Katyn ruhen.« Eine Besucherin wendet sich ab und sagt nur »Lügen, Lügen«. Ein anderer schreibt in den Sand neben dem Gedenkstein: »Katyn 1940 – NKWD«. Wieder andere entzünden Kerzen um diese »Inschrift im Sand« und legen dort Blumen nieder.

Die Regierung belässt es bei einer dürren Erklärung zum Denkmal: Ein Sprecher erklärt, der Text der Inschrift »gibt unseren Standpunkt wieder«. Das Denkmal sei durch den Willen der Regierung und des Volkes entstanden.[50]

Der Widerstand wächst weiter. Zum 45. Jahrestag der Morde von Katyn gibt die Solidarnosc 1985 über ihre Untergrundpost eine Briefmarken-Sonderserie zur jüngeren Geschichte heraus. Eine dieser Marken ist Katyn gewidmet. Von Zeit zu Zeit gehen die Marken im regulären Postdienst durch. Sie gehören zu begehrten Sammlerstücken. In Polen sind selbst einfache Leute willens, einen beträchtlichen Teil ihres Monatslohns für solche Serien auszugeben, um die Solidarnosc auf diese Weise zu unterstützen.

Als Anfang August 1985 wieder der Jahrestag des Warschauer Aufstandes von 1944 ansteht, versammeln sich vor dem Katyn-Denkmal auf dem Powazki-Friedhof in Warschau etwa 5000 Menschen, um für die verbotene Solidarnosc zu demonstrieren. Die Inschrift des Denkmals wird mit einem Tuch in den Nationalfarben Weiß und Rot verdeckt. Darauf steht: »Die Wahrheit wird siegen«. Sicherheitsbeamte in Zivil beobachten die Kundgebung. Ein Kamerateam des US-Fernsehsenders

NBC wird vorübergehend festgenommen. Doch das sind Rückzugsgefechte des Staatsapparates. Der Rahmen der großen Politik ist längst ein anderer, denn seit März des Jahres heißt der Generalsekretär der KPdSU Michail Gorbatschow. Er wird die sowjetische Täterschaft erstmals einräumen.

Wahrheit auf Raten

12. Juni 1988, auf der Bahnstrecke von Warschau nach Smolensk. Von der Tagesreise verbleiben noch rund sieben Stunden Fahrtzeit. Nicht leicht für eine 83-jährige Dame. Doch Milada Gawlikowska hat ihre Tochter neben sich. Schlafen kann sie nicht, dazu ist sie zu aufgeregt. Und heiß ist es in den Zügen zu dieser Jahreszeit obendrein. Milada Gawlikowska ist glücklich und bewegt. Sie ist die erste Witwe eines der Ermordeten von Katyn, die offiziell die Gedenkstätte dort besuchen darf.

Gerade hat der Schaffner ihr einen Tee gebracht, da klopft auch schon wieder ihr Begleiter, ein Redakteur von der Regierungszeitung *Rzeczpospolita* an die Abteiltür. Sie erzählt ihm, wie ihr zumute war, als sie ein Bittgesuch an Staatschef Wojceck Jaruzelski schickte. Die Zeit schien ihr günstig, denn der sowjetische Parteichef Michail Gorbatschow will in drei Wochen Warschau besuchen. Und Katyn ist ein Thema, zu dem alle Polen ein besonderes Wort von ihm erwarten.

»Viele Jahre lang habe ich davon geträumt, einmal im Leben nach Katyn zu fahren.« Jahre? Sie meint Jahrzehnte. Ihre Tochter ging gerade das erste Jahr zur Schule, als zwei Wochen nach dem deutschen Angriff die Rote Armee von Osten her in Polen einmarschierte. Ihr Mann, Reserveoffizier, wurde nur ein halbes Jahr später erschossen, zusammen mit Tausenden anderen.

Über ihre geplante Reise berichteten bereits im Vorfeld eine ganze Reihe Zeitungen. Ganz Polen scheint Anteil daran zu nehmen und sich zu fragen, ob demnächst alle anderen Angehörigen unkompliziert beim Fremdenverkehrsamt Smolensk einen Besuch der Gedenkstätte bei Katyn buchen können.

Wie es dort aussieht, das weiß Tomasz Burski von der Wochenzeitung *Powsciagliwosc i Praca*, für die er ein paar Tage vor Milada Gawlikowska Katyn besucht hat. Sein Großvater väterlicherseits, Major Franciszek Burski, wurde in Starobelsk bei Charkow ermordet.

Burski besucht nicht nur die Gedenkstätte und das kleine Museum, sondern sieht sich auch die Umgebung genauer an. Der gesamte Forst ist von einem übermannshohen, mit scharfen Spitzen bewehrten Metallzaun umgeben. Auf Schildern steht »Staatliche Anordnung – Durchgang und Durchfahrt verboten«. Die Gedenkstätte ist nur durch eine sackförmige Einbuchtung in der Umzäunung zugänglich. Burski hört von Einheimischen, dass das »Naturschutzgebiet« weiterhin dem KGB unterstehe. Er geht weiter. Der Weg endet vor einem Gästehaus des Innenministeriums für hohe Persönlichkeiten. Das muss das Dnjepr-Schlösschen sein, in dem seinerzeit die Leute des NKWD auf die Gefangenen warteten.

Das wird Milada Gawlikowska nicht so stören wie ihn. Sie will nur einmal am Grab ihres Mannes stehen.[1]

Wandel unter Gorbatschow

Michail Gorbatschow, seit März 1985 Generalsekretär der KPdSU, will den Niedergang der Sowjetunion durch administrative Reformen, durch Perestroika, sowie durch Offenheit, durch Glasnost, aufhalten. Glasnost ist eigentlich ein alter russischer Begriff aus dem Gerichtswesen und meint die Zulassung der Öffentlichkeit beim Verfahren. Eine solche Politik berührt demnach alle Lebensbereiche. Das betrifft auch die angebundenen Staaten im Rat für gegenseitige Wirtschaftshilfe (RGW), im Westen meist Comecon (kurz für Council for Mutual Economic Assistance) genannt, und im Militärbündnis des Warschauer Vertrages (Warschauer Pakt), die immer stärker nach Wiederherstellung ihrer nationalen Handlungsfrei-

SCHÖNE GRÜSSE AUS KATYN

So verarbeitete der Zeichner und Karikaturist Klaus Böhle das Thema Katyn im Juli 1991.

heit streben. Auch das schwierige Thema Katyn wird sich nicht aussparen lassen.

Gorbatschow dämpft zunächst zu große Hoffnungen. In einem Gespräch mit sowjetischen Schriftstellern stellt er im Juni 1986 klar: Im Rahmen von Glasnost kann über alles gesprochen werden, nicht aber über die Vergangenheit, denn dann müssten alle Reformbemühen scheitern. Das gesamte retuschierte Bild, das die Partei von der Revolution, vom Bürgerkrieg, von der Kollektivierung, vom Großen Vaterländischen Krieg und vom Aufstieg zur Weltmacht gezeichnet hatte, würde sich auflösen. Angesichts der bolschewistischen Methoden und der katastrophalen Begleiterscheinungen könne man dann nicht mehr stolz auf seine Geschichte sein. Die Partei selbst stünde als Verantwortliche für Terror, Hunger und andere Katastrophen da.[2]

Der Parteichef weiß aber auch, dass sich diese Debatte nicht wird vermeiden lassen. Das von der Sowjetunion stets geleugnete geheime Zusatzprotokoll zum Hitler-Stalin-Pakt war schließlich die Grundlage für die Annexion Ostpolens, der baltischen Staaten Litauen, Lettland und Estland, der nördlichen Bukowina und Bessarabiens (heute größter Teil Moldawiens). Daher ergreift Gorbatschow selbst Anfang 1987 die Initiative und unterzeichnet mit dem polnischen Staatschef General Jaruzelski in Moskau eine »Erklärung über die Zusammenarbeit auf den Gebieten der Ideologie, Wissenschaft und Kultur«. Hinsichtlich der gemeinsamen Geschichte heißt es in dem Dokument: »Es kann hier keine ›weißen Flecken‹[3] geben. Alle Ereignisse, darunter auch die dramatischsten, sollten objektiv und genau nach dem gegenwärtigen Erkenntnisstand erläutert werden.« Zu diesem Zweck wird eine sowjetisch-polnische »Kommission von parteiangehörigen Wissenschaftlern der Volksrepublik Polen und der UdSSR zur Erforschung der Geschichte der Beziehungen zwischen beiden Ländern« eingesetzt. Dem Gremium gehören je zehn Historiker beider Länder an. Vorsitzender der polnischen Delegation ist Professor Jarema Maciszewski, Leiter der Parteihochschule. Unter den Mitgliedern befindet sich auch der in Deutschland bekannte Spezialist für Fragen des Zweiten Weltkrieges, Czeslaw Madajczyk. Er wird 1991 das erste objektive Sachbuch zu Katyn in polnischer Sprache vorlegen.[4]

Gorbatschows neue Linie zeigt in Polen sofort Wirkung. Die öffentliche Diskussion wird nicht nur in Zeitungen und Zeitschriften, sondern zunehmend auch im Fernsehen geführt. Das Tabu, über Katyn zu sprechen, verflüchtigt sich. Diskussionsteilnehmer spielen sich die Bälle zu. Ein Beispiel: Der Jurist, Historiker und Politologe Jan Baszkiewicz sagt, er »würde gern eine grundlegende Monographie zum Schicksal der polnischen Offiziere lesen, die 1939 in der Sowjetunion festgehalten wurden«. Darauf ein bekannter Parteijournalist: »Und das würde eine vollständige Überprüfung aller Umstände beinhalten, die Katyn umgeben.«[5]

Mitte Juli 1987 fordert erstmals eine staatsnahe polnische Zeitung, die Jaruzelski stützende *Przeglad tygodniowy* (Wochenrevue), die Sowjetunion auf, zum Schicksal der rund 10 000 Toten der Lager Starobielsk und Ostaschkow Stellung zu beziehen. Es gebe »dramatische Ereignisse« in der polnisch-sowjetischen Geschichte, die von einer »Zone des Schweigens« umgeben seien, »was nicht heißt, dass sie in Polen unbekannt sind«.[6]

Die sowjetische Seite zeigt Unsicherheiten. Als der Sprecher des sowjetischen Außenministeriums Gennadi Gerassimow Anfang September 1987 in Warschau eine Pressekonferenz gibt, stellt sich zum ersten Mal ein offizieller Vertreter Moskaus der internationalen Presse zu den heiklen Fragen des polnisch-sowjetischen Verhältnisses. Doch als der Korrespondent der US-Nachrichtenagentur *UPI* nach dem Verbleib der 10 000 vermissten Offiziere fragt, schneidet das Fernsehen diesen Teil kurzerhand heraus, obwohl der Journalist das Wort Katyn nicht einmal gebrauchte. Am nächsten Morgen wird in der Berichterstattung diese Frage auch in keiner Zeitung erwähnt. In einem Interview mit der Jugendzeitschrift *Sztandar Mlodych* erklärt Gerassimow anschließend, die »weißen Flecken« der Vergangenheit seien eine »sehr delikate Angelegenheit«, über die man vorsichtig und am besten nur in gegenseitiger Abstimmung schreiben solle.[7]

In der Wochenzeitung der polnischen Kommunisten *Polityka* bekennt Anfang Oktober 1987 der Direktor des Moskauer Historischen Staatsarchivs, Jurij Afanassjew: »Es ist vor allem Katyn, mit dem sich die Historiker, sowohl polnische als auch sowjetische, gemeinsam beschäftigen sollten.« Damit hat erstmals ein sowjetischer Historiker in einer polnischen Zeitschrift das Wort Katyn verwendet.[8] Mitte Oktober 1987 zeigt das polnische Fernsehen zum ersten Mal Bilder von den Gräbern bei Katyn. Der Fernsehsprecher erläutert, dort seien »vor einigen Dutzend Jahren« polnische Offiziere »tragisch« ums Leben gekommen. Er nennt allerdings weder das Jahr noch die Täter.[9] Schwerer dagegen tut sich verwendet die polnisch-sowjetische Historikerkommission. Am Ende der zweiten einwöchigen Tagung im Februar 1988 in Warschau stellt der polnische Co-Vorsitzende Maciszewski fest, man gehe auseinander, »ohne einen Fortschritt bei der Aufklärung aller Umstände der Tragödie von Katyn« erreicht zu haben. Der sowjetische Leiter Smirnow gibt dagegen an, es gehe um wissenschaftliche Arbeit, die eben Zeit brauche.[10] In Wahrheit kommt die Kommission deshalb nicht voran, weil die Sowjets weiterhin den Zugang zu den Militär- und zu den NKWD-Archiven nicht gestatten.

Daraufhin veröffentlichen 59 polnische Künstler, Wissenschaftler und Chefredakteure einen Offenen Brief, in dem sie ihre sowjetischen Kollegen auffordern, die Wahrheit über Katyn bekannt zu machen. Zu den Unterzeichnern gehören der Vorsitzende der Gewerkschaft Solidarnosc, Lech Walesa, der Regisseur Andrzej Wajda, der Chefredakteur der katholischen Wochenzeitung *Tygodnik Powszechny*, Jerzy Turowicz, sowie der Schriftsteller Tadeusz Konwicki. Zu den 55 sowjetischen Adressaten zählen der Physiker und Nobelpreisträger Andrej Sacharow, der Dichter Jewgeni Jewtuschenko und der Schriftsteller Valentin Rasputin. In dem Brief heißt es:

»Das Problem, das die polnisch-russischen Beziehungen belastet, war und ist der Mord an polnischen Offizieren in Katyn 1940. Dieser Mord, begangen von den Schergen Stalins und Berijas, aber auch die späteren Lügen haben unsere gegenseitigen Beziehungen vergiftet. (…) Heute (…) wenden wir uns an Euch mit der Bitte, öffentlich Stellung zu nehmen zum Mord von Katyn. Die Wahrheit muss laut ausgesprochen werden. (…) Denn wenn nicht wir, wer dann; wenn nicht jetzt, wann dann?«[11]

Die Gruppe der polnischen Intellektuellen will den Brief dem Warschauer Büro der Nachrichtenagentur TASS übergeben, doch diese verweigert die Weitergabe mit dem Hinweis, dass sie sich »mit dem Inhalt nicht identifizieren« könne.[12] Doch dann druckt ausgerechnet die Warschauer Parteizeitung *Trybuna Ludu* den Inhalt zum allgemeinen Erstaunen ab. Auf einmal ist vom »Mord an polnischen Offizieren in Katyn im Jahre 1940« zu lesen. Eine Sensation, auch wenn das Blatt die Veröffentlichung mit einer Polemik gegen die Autoren verbindet, die »offene Türen einrennen« wollten, da das Thema ohnehin durch halb amtliche Stellen behandelt werde, womit offenbar die Historikerkommission gemeint ist.[13]

Die Spannung wächst bis zum 11. Juli 1988, als Gorbatschow zu einem sechstägigen Besuch in Warschau eintrifft. Aus der Sowjetunion waren zuvor halb offizielle Andeutungen an die Öffentlichkeit gelangt, dass an der Formulierung eines Schuldeingeständnisses gearbeitet werde. Aber vor dem polnischen Parlament erklärt Gorbatschow lediglich: »Die Wahrheit und Gerechtigkeit können sich unterwegs verspäten, aber nicht verhindert werden.«[14] Die Polen sind irritiert und enttäuscht. Die Zeit ist aus Moskaus Sicht noch nicht reif.

Gleichwohl macht die sowjetische Delegation den Polen eine sehr wichtige Ankündigung: Die Mitglieder der Historikerkommission sollen künftig sämtliche Archive nutzen können. Das wären also auch die Archive des NKWD und die sowjetischen Militärarchive. Bei der Ankündigung bleibt es jedoch. Die polnischen Historiker werden diese Akten noch lange nicht zu Gesicht bekommen.

Die Zeiten sind voller Widersprüche. Auf der einen Seite bietet das sowjetische Reiseunternehmen Intourist erstmals organisierte Reisen für Polen nach Katyn an. Auf der anderen Seite bleibt die auf zwei Tafeln eingravierte Lüge auf Russisch und Polnisch erhalten: »Den Opfern des Faschismus. Den polnischen Offizieren, die 1941 von den Hitleristen ermordet wurden«. Einerseits wird die offizielle Gedenkstätte mit gepflastertem Platz und Steinmauer gepflegt, andererseits wirkt der Sperrzaun, der nach wie vor am Betreten des Waldes hindert, auf die Polen geradezu beleidigend.

Immer mehr polnische Besuchergruppen finden sich in Katyn ein. Menschen, die sich persönlich erst auf einer solchen Reise kennenlernen, empfinden sich als Teil der »Katyn-Familie«. Sie legen nicht nur Blumen nieder und stellen Kerzen auf, sondern tragen eine Handvoll Erde wie eine Reliquie nach Hause. Seit dem 2. August 1988 steht auch ein großes Eichenkreuz in Katyn. Als Kardinal Jozef Glemp als erster polnischer Primas anlässlich der Tausendjahrfeiern der Russisch-Orthodoxen Kirche nach Moskau reiste, beklagte er, dass für die mehr als 4000 Katholiken in den Gräbern von Katyn nicht einmal ein Kreuz aufgestellt worden sei. Zwei Wochen später stand es da, von Glemp gestiftet.

Derweil kann der polnische Historiker Wladzimierz Kowalski Anfang 1989 handfestes Rechercheglück aus London melden. In dortigen Archiven stößt er auf den verschollen geglaubten Bericht des damaligen Generalsekretärs des Polnischen Roten Kreuzes, Kazimierz Skarzynski, über die Untersuchungen an den Gräbern 1943. Das Dokument ist als »streng geheim« klassifiziert. Offensichtlich hält Kowalski das einzige noch existierende Exemplar in der Hand. In dem Dokument beschreibt Skarzynski die Schwierigkeit, einerseits das Ergebnis der Funde und Exhumierungen zur Kenntnis zu nehmen und andererseits sich nicht vor den Karren der Nazi-Propaganda spannen zu lassen.[15]

Der Beitrag Kowalskis über diesen Fund in der Wochenzeitung *Odrodzenie* wird in Polen mit größtem Interesse aufgenommen. Zum einen, weil dieser Bericht bisher nicht der Öffentlichkeit zugänglich war, zum anderen, weil die britischen Behörden im Jahre 1989 noch fast ein halbes Jahr brauchen, um das Schriftstück freizugeben.

Bei solchen Forschungserfolgen wächst gleichzeitig die Verärgerung über die Verschleppungstaktik der Russen. Außenminister Tadeusz Olechowski mahnt an, Polen wünsche, dass die Historikerkommission bald zu einer Klärung komme. Die Sowjetunion solle eindeutig sagen, ob sie für das Massaker von Katyn verantwortlich sei oder nicht.[16] Polnische Historiker legen ihren sowjetischen Kollegen auf einer Tagung in Moskau Dokumente aus polnischen und westlichen Archiven vor, die die sowjetische Verantwortung belegen. Die sowjetischen Historiker tun das Material jedoch als unbedeutend ab; ansonsten würden sie Dokumente gern prüfen und ihrerseits weitere suchen, sagen sie.[17]

Noch jemand befasst sich zu dieser Zeit mit historischen Dokumenten. Genauer mit dem Mordbefehl des Politbüros vom 5. März 1940. Davon wird die Welt jedoch erst Jahre später erfahren. Es ist Michail Gorbatschow. Am 18. April 1989 lässt er sich von seinem Kanzlei-Chef Waleri Boldin die versiegelte Sondermappe Nr. 1 mit der Aufschrift »Nur vom Generalsekretär zu öffnen« bringen. Gorbatschow sieht Berijas Memorandum mit den Unterschriften mit eigenen Augen. Anschließend wird die Mappe wieder versiegelt. Wie seine Vorgänger ist auch er nun eingeweiht. Von Juri Andropow ist inzwischen belegt, dass er als KGB-Chef am 15. April 1981, noch bevor er im November 1982 zum Generalsekretär aufstieg, die Mappe einsah. Auch damals wurde sie am selben Tag wieder versiegelt und an die Allgemeine Abteilung des ZK der KPdSU, bei der die geheimen Sondermappen verwahrt wurden, zurückgeschickt.[18]

Von alldem weiß im Polen des Jahres 1989 niemand etwas. Dort geht es um die Ankündigung der Regierung, das wegen der Inschrift »Katyn – 1941« umstrittene Katyn-Denkmal auf dem Warschauer Powazki-Friedhof umzugestalten. Ende März 1989 sieht man Arbeiter, die die bisherige Inschrift herausmeißeln und das Feld abschleifen. Als Regierungssprecher

Jerzy Urban obendrein erklärt, alles deute darauf hin, dass die Morde von Katyn »wahrscheinlich ein Werk des stalinistischen NKWD« gewesen seien, glauben die meisten Polen, jetzt werde die volle Wahrheit auf das Denkmal geprägt. Weitere Vorbereitungen für die Einweihungsfeier werden getroffen. Am Grabmal des unbekannten Soldaten befindet sich eine große Urne, die kleinere Urnen mit Erde von Schlachtfeldern enthält, auf denen Polen im Zweiten Weltkrieg kämpften und starben. Sie soll um eine Urne mit Erde von Katyn bereichert werden. Eine weitere Urne soll am Grabmal des Unbekannten Soldaten eingemauert werden. Dazu reisen Anfang April 1989 eine polnische Delegation des »Rates zum Schutz der Denkmäler polnischen Märtyrertums« unter Leitung des Generals Roman Paszkowski sowie der polnische Botschafter in Moskau, Wlodzimierz Natorf, nach Smolensk. In einer Feierstunde nehmen sie zwei Urnen entgegen.

Zur Einweihungsfeier des neugestalteten Katyn-Denkmals drängen sich die Menschen auf dem Powazki-Friedhof in Warschau. Am Grabmal des Unbekannten Soldaten wird mit militärischem Zeremoniell eine kleinere Urne in die größere gesenkt. In den Ansprachen wird die Nennung der Täter noch immer vermieden. Ein Militärbischof spricht lediglich ein Gebet, in dem er um »Hilfe bei der Ergründung der historischen Wahrheit« bittet. Zum Eklat kommt es, als das Tuch fällt und die neue Inschrift am Katyn-Denkmal zu lesen ist: »Den polnischen Offizieren, die in Katyn getötet wurden.« Die Menge steht starr da, es herrscht Stille. Plötzlich ruft ein Mann: »Eine Schande, dass man nicht den Mut gefunden hat, die Jahreszahl auf das Mahnmal zu schreiben. Die Zahl 1940 hätte hierhingehört.« Jetzt klatscht die Menge Beifall.[19]

Das Thema »Katyn« zu erörtern, ist in Polen mittlerweile selbstverständlich, sodass sich die Debatte immer mehr auf die Frage nach den anderen Vermissten aus den Lagern Starobelsk und Ostaschkow verlagert. Auf einer Gedenkfeier in

Danzig im April 1989 verlangt Pfarrer Henryk Jankowski, dass »im Interesse normaler Beziehungen mit unseren Nachbarn« auch das Schicksal der noch vermissten 10 000 Offiziere geklärt werden müsse. Daneben spricht man immer offener über die Massendeportationen während des Zweiten Weltkrieges in die Sowjetunion. Das Fernsehen zeigt im April 1989 erstmals Bilder von halb verhungerten Kindern auf dem Transport nach Sibirien.

Ende April 1989 reist Staats- und Parteichef Jaruzelski zu Gorbatschow nach Moskau. In erster Linie geht es um den Umgang mit der polnischen Opposition und die Wiederzulassung der verbotenen Solidarnosc. Auch über Katyn wird geredet. Hochrangige Berater warnen Gorbatschow. Das Thema werde dringlicher und die Zeit arbeite gegen ihn. Doch im Kommuniqué heißt es lediglich, »weiße Flecken in der Geschichte der sowjetisch-polnischen Beziehungen« seien erörtert worden. Auch wird die Ankündigung gemacht, dass die Historikerkommission »in Kürze« einen Band veröffentlichen werde, der den Zeitraum vor dem Zweiten Weltkrieg und während seiner Anfangsphase beschreibt.« Drei Wochen später bringt die Kommission eine Dokumentation heraus. Die Schrift befasst sich mit dem Hitler-Stalin-Pakt; Katyn wird nicht erwähnt.

Während der sowjetische Part der Historikerkommission auf Zeit spielt, geht die reformorientierte Zeitschrift *Moskowskije Nowosti*, die als Sprachrohr Gorbatschows gilt, in die Offensive. Die Publikation ist zwar in der Sowjetunion nur begrenzt verfügbar, erscheint allerdings in mehreren Sprachen im Ausland, in Deutschland als *Moskau News*. Eine Artikelserie befasst sich mit dem Thema Katyn und nennt Einzelheiten, die der sowjetischen Öffentlichkeit völlig unbekannt waren. So ist zum Beispiel Stalins absonderliche Bemerkung gegenüber General Anders vermerkt, die polnischen Gefangenen seien womöglich in die Mandschurei geflohen.

Doch gerade der Umstand, dass die Sowjetführung die Wahrheit nur in kleinsten Raten preisgibt, macht die Polen noch verärgerter und ungeduldiger. In ungewöhnlicher Deutlichkeit lastet im Juni 1989 der Warschauer Universitätssenat in einer Resolution die Morde dem NKWD an und protestiert gegen die Bemühungen, diese »in Polen und der ganzen Welt bekannte Tatsache« zu verschleiern. Der Senat kritisiert die Historikerkommission, da die sowjetische Seite immer wieder ausweiche. Die Dauer der Untersuchungen beleidige das Nationalgefühl der Polen.[20]

Selbst die politischen Veränderungen in Polen bringen keine Fortschritte hinsichtlich der Katyn-Frage. Im August 1989 wählt der Sejm, eine der beiden Kammern des polnischen Parlaments, den Publizisten und Solidarnosc-Berater Tadeusz Mazowiecki zum ersten nicht-kommunistischen Ministerpräsidenten Nachkriegspolens. Nur wenige Wochen nach seinem Amtsantritt ersucht Mazowiecki die Sowjetunion über den polnischen Generalstaatsanwalt in aller Form, das Verbrechen von Katyn einzugestehen. Doch Moskau antwortet nicht.

Als der sowjetische Außenminister Eduard Schewardnadse ein paar Tage darauf Warschau besucht, hat er den fragenden Journalisten lediglich ein paar Phrasen anzubieten: »Der Dialog, den die Menschen überall in immer größerer Zahl einfordern, muss ernsthaft geführt werden. (…) An der Wahrheit sind wir sehr interessiert.«[21]

Im November 1989 wird Mazowiecki bei seiner Visite in der Sowjetunion als erstem polnischem Regierungschef gestattet, Katyn offiziell in seiner Funktion als Ministerpräsident zu besuchen. Das Eingeständnis über die wahre Täterschaft kann aber auch Mazowiecki nicht nach Hause mitbringen.

Das erste Eingeständnis

Im Frühjahr 1990 kommt dann doch eine große Überraschung aus Moskau. In einem Artikel in *Moskau News* wird über die

Arbeit der Historikerin Natalja Lebedewa vom Moskauer Institut für Weltgeschichte berichtet. Sie habe »kürzlich« Akten zu Katyn in mehreren sowjetischen Archiven, vor allem im Zentralarchiv der Roten Armee, gefunden. Der Name Berija fällt. Natalja Lebedewa nennt auch mögliche Motive für die Ermordung der polnischen Offiziere: Stalin habe dem polnischen Generalstab vor allem die Niederlage der Sowjets von 1920 nicht verziehen, er habe nach der Liquidierung Polens 1939 jene gefürchtet, die »in Zukunft den Kampf für das Wiedererstehen ihres Landes hätten aufnehmen können«, und nicht zuletzt habe das NKWD freie Lager für 50 000 bis 70 000 neue Deportierte aus den annektierten baltischen Republiken gebraucht.

Für die Ermordung der 15 000 Polen, so Lebedewa, sei die Erste Sonderabteilung des NKWD zuständig gewesen. In keinem der bisher gefundenen Dokumente finde sich das Wort »erschießen«. Nur die Transportwege zu den Orten der Exekutionen seien verzeichnet. Doch so sei es jetzt vielleicht möglich, auch die anderen Massengräber zu finden.[22] Das Wort erschießen steht zwar eindeutig im Berija-Memorandum vom 5. März 1949; aber darauf bezieht sich die Historikerin nicht. In den Akten des NKWD heißt es stets »überstellen« oder »zur Verfügung stellen«, womit jeder NKWD wusste, was gemeint war: hinrichten.

Der Artikel in *Moskau News* ist nur der erste Schritt. Der Pressedienst von *Radio Moskau* berichtet am 13. März 1990 von Beweisen, dass das NKWD die polnischen Offiziere bei Katyn umgebracht habe. Eine besonders wichtige Nachricht dazu werde bald veröffentlicht, verlautbart die Radiostation weiter.[23]

Am Karfreitag, den 13. April 1990, trifft Polens Staatspräsident Jaruzelski in Moskau ein. Am Nachmittag, nachdem er und Gorbatschow ein Abschluss-Kommuniqué unterzeichnet haben, veröffentlicht TASS die entscheidende und lang ersehnte Erklärung, genau 50 Jahre nach den schrecklichen Ereignissen:

»Bei Begegnungen zwischen Vertretern der sowjetischen und polnischen Führung sowie in breiten Kreisen der Öffentlichkeit wird seit Langem die Frage nach einer Aufklärung der Umstände des Todes polnischer Offiziere aufgeworfen, die im September 1939 interniert wurden.

Historiker beider Länder unternahmen eingehende Recher-chen der Tragödie von Katyn, einschließlich der Suche nach Dokumenten. In der jüngsten Zeit haben sowjetische Archivare und Historiker einige Dokumente über polnische Armeeangehörige gefunden, die sich in den NKWD-Lagern Koselsk, Starobelsk und Ostaschkow befanden. Daraus geht hervor, dass von den 15 000 polnischen Offizieren aus diesen Lagern 394 Personen in das Lager Griasowietz überstellt wurden, der größte Teil aber der NKWD-Verwaltung für die Gebiete Smolensk, Woroschilowgrad und Kalinin ›zur Verfügung gestellt‹ wurde und nirgendwo sonst in statistischen Berichten des NKWD erwähnt wird. Die gefundenen Archivunterlagen lassen als Ganzes den Schluss zu, dass die Verantwortung für die Gräueltaten im Wald von Katyn Berija und seine Helfershelfer trifft.

Die sowjetische Seite bringt ihr tiefempfundenes Beileid im Zusammenhang mit der Katyner Tragödie zum Ausdruck und erklärt, dass es sich dabei um eines der schwersten Verbrechen des Stalinismus handelt. Kopien der gefundenen Unterlagen wurden der polnischen Seite übergeben. Die Suche nach weiteren Archivunterlagen wird fortgesetzt.«[24]

Die Meldung wird weitgehend als Durchbruch gesehen, als mutiger Schritt Gorbatschows im Umgang mit der Wahrheit. Allerdings sind auch die Unzulänglichkeiten unübersehbar. Schon die Beibehaltung des altbekannten sowjetischen Stils, wichtige Neuigkeiten nicht als Auskunft einer Person, sondern als TASS-Erklärung zu verbreiten, befremdet. Die »unmittelbare Verantwortung für das Verbrechen« wird Berija und dem NKWD angelastet, das Politbüro wird also wider besseres Wissen weiter geschont, hatten doch alle Mitglieder dem Mord zugestimmt. Kein Wort findet sich auch zu der Frage, wo denn die Toten der Lager Starobelsk und Ostaschkow verscharrt liegen. So fleißig können die sowjetischen Historiker also nicht gewesen sein.

Gorbatschow überreicht Jaruzelski Kopien der NKWD-Listen mit den Namen der Gefangenen in den drei erwähnten Lagern. Der Symbolwert ist groß, gerade für das katholische Polen. Karfreitag ist der Todestag Jesu Christi vor seiner Wiederauferstehung am Ostertag, dem höchsten katholischen Feiertag. Die polnische Regierung in Warschau erklärt, das lang erwartete Eingeständnis mache nun eine Partnerschaft und wahre Freundschaft möglich: »Versöhnung kann nur auf Wahrheit gegründet werden.«

Am nächsten Tag legt Jaruzelski im Wald von Katyn einen Kranz nieder. Nach einem Ehrensalut einer sowjetischen und einer polnischen Kompanie sowie einem Totenappell spricht der polnische Militärseelsorger Florian Klewiado ein Gebet. Jaruzelski trägt in das Gedenkbuch ein: »Sie kämpften für ein freies Polen und sind unschuldig gefallen, weit von ihren Familien und ihrem Vaterland. Bis zuletzt blieben sie Polen und der Soldatenehre treu. In Hochachtung und dauerndem Gedenken an die polnischen Offiziere, Opfer des grausamen stalinistischen Verbrechens.«

Erst drei Tage vor dem Besuch Jaruzelskis war an der Gedenkstätte die bisherige Inschrift »Den Opfern des Faschismus. Den von Faschisten 1941 erschossenen polnischen Offizieren« durch eine neue ersetzt worden: »Den in Katyn gefallenen polnischen Offizieren«.

Jaruzelski spricht von einem »tief bewegenden Tag«. »Die Wahrheit über Katyn wurde gesagt und die Wahrheit heilt Wunden. In Zukunft wird es einfacher sein, uns zu verstehen.« Primas Kardinal Jozef Glemp erklärt nach der Ostermesse in Warschau: »Man hat uns das Gewicht der Lüge vom Herzen genommen, die auf diesem Martyrium lastete.« Der Solidarnosc-Vorsitzende Lech Walesa allerdings ist nicht ganz zufrieden. Es hätte in der Moskauer Erklärung auch ein Wort zur Frage der Wiedergutmachung an die Familien der Opfer gesagt werden müssen. Ausdrücklich verlangt er die Bestrafung der Schuldigen.

Die Welt ist erleichtert, dass endlich das Eingeständnis seitens der Sowjetunion erfolgt ist. Was sie nicht erfährt, ist, dass Gorbatschow gleichzeitig vorsorgt, um im Falle polnischer Forderungen eine Gegenrechnung aufmachen zu können. In einer internen Weisung vom 3. November 1990 weist er die Akademie der Wissenschaften an, Dokumente herauszusuchen, die beweisen, dass bestimmte Ereignisse in den Beziehungen zwischen Polen und der UdSSR »der sowjetischen Seite zum Nachteil gereichten«. Diese Akten seien »erforderlichenfalls bei Verhandlungen mit der polnischen Seite über die ›weißen Flecken‹ zu nutzen«.[25] Gemeint ist: Die Archivare sollen polnische Vergehen an russischen Kriegsgefangenen in Zusammenhang mit dem Pilsudski-Feldzug belegen. Tausende Soldaten sollen damals in polnischen Lagern umgekommen oder umgebracht worden sein.

In Deutschland wird Gorbatschow für das Eingeständnis durchgehend gelobt. Einzelne Kommentatoren merken kritisch an, Moskau sei auch Deutschland gegenüber eine Klarstellung schuldig, die das deutsche Schuldkonto schließlich nicht verringere. Außerdem gebe es keine grundsätzliche Öffnung der Archive, sondern nur die gezielte Freigabe einzelner Akten. Eine Verfolgung der Täter unterbleibe.[26] Viele Leserbriefschreiber der Kriegsgeneration, die unter Schuldvorwürfen leiden und sich wenigstens in diesem Fall rehabilitiert sehen, melden sich und mahnen, die Bundesregierung möge sich mehr um das Schicksal vermisster deutscher Soldaten und deren Rehabilitierung kümmern.

Die Bundesregierung hat verständlicherweise andere Sorgen, nämlich die deutsche Einheit voranzutreiben. Zum 1. Juli 1990 soll die Währungs-, Wirtschafts- und Sozialunion organisiert werden als entscheidender Zwischenschritt auf dem Weg zur Wiedervereinigung am 3. Oktober.

Die Gräber bei Pjatichatki und Mednoje

Aus der neuen Lage nach dem sowjetischen Eingeständnis folgt zweierlei. Die Suche nach den Gräbern der Inhaftierten der Lager Starobelsk und Ostaschkow rückt in den Fokus. Und es stellt sich die Frage nach den Tätern von damals, ob sie noch leben und ob sie angeklagt und bestraft werden können. Wenig beachtet wird, dass die amerikanische CIA deutsche Luftaufnahmen besitzt, die Auskunft über die Lage der Gräber geben. Wieder ist es die Zeitschrift *Moskau News*, die im Sommer 1990 mit Überraschungen aufwartet.[27] Der Autor Gennadi Schaworonkow, der sich seit zwei Jahren mit dem Schicksal der 15 000 polnischen Offiziere und Intellektuellen beschäftigt, berichtet, wie er auf die Blutspur der in Charkow und damit für das Lager Starobelsk verantwortlichen NKWD-Kommandanten Leonid Reichmann und Seljony gestoßen sei: »Anfang dieses Jahres entdeckten die Mitarbeiter der KGB-Verwaltung Charkow plötzlich in den seit Kriegsende unberührten Archiven den Briefwechsel des Kommandanten der NKWD-Verwaltung Seljony mit dem Direktor des jüdischen Friedhofs. Bei der Evakuierung Charkows in eine Zeltplane eingeschlagen lag er jahrelang vergessen auf Regalen und wartete auf seine Sternstunde.« Dieser Briefwechsel enthält genaue Angaben über die Leichen, die der Friedhofsverwalter für das NKWD zu beseitigen hatte. Allein zwischen dem 9. August 1937 und dem 11. März 1938 musste er 6865 Tote verscharren.

Anschließend berichtet der Artikel von den Morden des NKWD an 3891 Internierten des Lagers Starobelsk. Die KGB-Verwaltung Charkow habe mitgeteilt, dass in einem Waldstück nahe dem Dorf Pjatichatki neben 1760 sowjetischen Staats-

191

bürgern jene polnischen Offiziere verscharrt lägen, die 1940 hingerichtet wurden. Es handle sich um das Gelände des früheren NKWD-Erholungsheimes. Spielende Kinder hätten dort schon 1940 polnische Orden, Gürtelschnallen und Münzen gefunden.

Das deckt sich mit anderen Erkenntnissen. In den 1970er-Jahren schickte der dortige Forstverwalter einen Brief an das KGB. Insbesondere im Frühjahr und im Herbst, so klagte er, spülten die Regengüsse Menschenknochen und Schädel an die Oberfläche; über dem Wald schwebe ein grauenerregender Gestank. Sofort nach Erhalt des Briefes wurden Löcher in den Boden gebohrt und Chlorkalk oder Säure in die Erde gepumpt. Anschließend wurde das Gelände eingezäunt. Später wurden auf dem alten NKWD-Gelände Datschen für KGB-Mitarbeiter gebaut. Im April 1990, so fährt *Moskau News* fort, habe das KGB seine Datschen der Stadt Charkow übergeben. Zitiert wird dazu der frühere stellvertretende Chef der NKWD-Verwaltung: »Die heutigen KGB-Mitarbeiter wollen nicht in die Uniform von Jeschow und Berija gesteckt werden.«

Einige Redakteure, so berichtet *Moskau News,* hätten mit einem noch lebenden ehemaligen Fahrer des NKWD sowie mit dem Sohn eines weiteren NKWD-Fahrers, die die Leichen in den Wald hatten fahren müssen, gesprochen. Trotz des strikten Schweigegebots habe der Vater der Familie über seine schmutzige Arbeit berichtet und geweint, als er von dem schauderhaften Geruch erzählte, der ihn Tag und Nacht verfolge.[28]

Die polnische Regierung reagiert auf die Enthüllung umgehend mit der Bitte, polnische Vertreter zur Exhumierung zu laden. Dies wird von den ukrainischen Behörden auch genehmigt.[29]

Schon am 18. Juni 1990 teilen Moskauer Behörden den Fund des dritten Massengrabes mit. Polnische Offiziere lägen in kürzlich entdeckten Massengräbern in einem Wald bei Mednoje an der Straße von Moskau nach Leningrad. Es handelt sich um die 6200 Toten des Lagers Ostaschkow. Damit sind alle Mordstätten, die unter den Symbolbegriff »Katyn« fallen, bekannt. Die ersten Ausgrabungen und Exhumierungen finden im Jahr darauf im Sommer 1991 in Pjatichatki und Mednoje statt. Gleich zu Beginn der Grabungen in Mednoje werden Knochen, Uniformreste, Knöpfe sowie andere Gegenstände geborgen, die zweifelsfrei beweisen, dass es sich um die noch nicht gefundenen Ermordeten des Lagers Ostaschkow handelt.

Journalisten spüren weitere Zeitzeugen auf. Ende August 1990 berichtet ein französischer Reporter, er habe in Smolensk einen ehemaligen NKWD-Fahrer ausfindig gemacht, der 1940 die Polen aus dem Lager Koselsk mit den »Schwarzen Raben« zur Hinrichtungsstätte nach Katyn gefahren hatte. Der inzwischen 72-Jährige habe über sein »schreckliches Geheimnis« sprechen wollen, um »zu versuchen, endlich in Frieden mit sich selbst zu leben«. Der alte Mann nennt den Namen von Piotr Soprunenko, der für die Durchführung der Exekutionen verantwortlich gewesen sei. Er selbst sei später immer wieder von NKWD- und dann von KGB-Offizieren aufgesucht worden. Jüngst habe ihn ein KGB-Major besucht, dann sei ein KGB-General gekommen und habe ihn an seine Schweigeverpflichtung erinnert.[30]

Ende September 1990 bringt die polnische Nachrichtenagentur PAP eine Sensationsmeldung: Der verantwortliche Offizier für die Katyn-Morde lebe noch unbehelligt in Moskau. Sein Name, Major Soprunenko, stehe unter einer der Exekutionslisten des Lagers Koselsk. In der Tat hatte, von der Öffentlichkeit kaum bemerkt, die sowjetische Staatsanwaltschaft mit Ermittlungen begonnen, von denen das eine und andere durchsickerte. Zu den bisher vernommenen Personen gehört auch der damalige Chef aller sowjetischen Gefangenenlager, Piotr Soprunenko.

Etwa zeitgleich zu den Meldungen über Soprunenko zeigt das polnische Fernsehen alte Aufnahmen von General Iwan Serow, der von 1954 bis 1964 das NKWD und später das KGB leitete. Serow war 1939 bis 1941 Kommissar für Inneres in der Ukraine und hatte in dieser Funktion den Befehl zur Ermordung der polnischen Gefangenen im Lager Starobelsk gegeben. Die mittlere Führungsebene des NKWD ist identifiziert. Die Gesamtzahl der an den Morden Beteiligten beläuft sich auf rund 50 Personen pro Lager.

Zeit der Umbrüche

Alle wichtigen Entwicklungen im Zusammenhang mit den Massenmorden von 1940 wie die Auffindung aller Gräber und die Identifizierung der Täter scheinen im Laufe des Jahres 1991 wieder in Frage gestellt. Die Sowjetunion droht zu zerfallen. Um die Unabhängigkeitsbestrebungen in den baltischen Republiken zu unterdrücken, ließ Gorbatschow im Januar im litauischen Vilnius sogar schießen. Als er im August in seiner Datsche im Krimgebiet weilt, entschließen sich altkommunistische Gegner zum Putsch. Der scheitert jedoch an Boris Jelzin, der in Moskau das Heft in die Hand nimmt und die Unabhängigkeit Russlands durchsetzt. In der Folge sagen sich auch die Ukraine und Weißrussland von der Sowjetunion los. Gorbatschow tritt am 25. Dezember 1991 zurück, die rote Fahne wird am 31. Dezember eingezogen. Die Sowjetunion gibt es nicht mehr.

Nunmehr liegen die Mordstätten und zum Teil auch die Archive in drei Staaten: Koselsk bei Smolensk in Russland, Starobelsk bei Charkow in der Ukraine und Ostaschkow bei Twer (Kalinin) in Weißrussland.

Auch in Polen hat sich inzwischen die politische Lage verändert. Im September 1990 wurde Jaruzelski zum Rücktritt gezwungen und im Dezember Lech Walesa zum Präsidenten gewählt.

Boris Jelzin schlägt eine neue Seite in der Geschichte Katyn auf. Durch seinen persönlichen Gesandten in Warschau lässt er dem polnischen Präsidenten Lech Walesa am 13. Oktober 1992 ein Duplikat der Akte mit dem Todes-Memorandum Berijas vom 5. März 1940 übergeben. Die Gefühle, die nicht allein die Nachfahren der Opfer, sondern ganz Polen bewegen, sind für Außenstehende kaum nachvollziehbar. Jelzin legt bei einem Besuch in Warschau am Katyn-Denkmal einen Kranz nieder. Die Worte auf der Schleife lauten: »Verzeiht uns, wenn Ihr könnt.«

Das entscheidende Schlüsseldokument ist damit freigegeben. Der Schritt Jelzins wird vielfach so gedeutet, dass er seinen alten Widersacher Gorbatschow bloßstellen wollte. Gorbatschow hatte das Politbüro geschont und nur von Stalin und Berija gesprochen. Jelzin zeigt sich als derjenige, der die ganze Wahrheit preisgibt. Außerdem führt er das alte System vor. »Nur vom Generalsekretär zu öffnen« gilt für den Präsidenten eines unabhängigen Russland nicht. Die Freigabe des Dokumentes steht symbolisch für das Ende der Sowjetunion, des alten Systems.

Nach der Veröffentlichung des Politbüro-Dokumentes ermittelt neben der Zivilstaatsanwaltschaft auch die russische Militärstaatsanwaltschaft. Doch ähnlich wie bei der Historikerkommission, die sich entschließt, jeweils getrennt zu forschen, hakt es. Es geht zum einen darum, dass der Apparat nicht daran interessiert ist, eine Art Abrechnung mit Fällen aus der Kriegszeit vorzunehmen. Das, was Gorbatschow 1987 sagte, träte dann ein: Die ganze Abgründigkeit totalitärer Herrschaft wäre offenbar, die Geschichte verlöre jeden Glanz.

Zum anderen würde jeder Prozess die Grundsatzfrage aufwerfen, wie die Vorgänge von 1940 zu werten seien. War es ein Kriegsverbrechen, ohne dass Krieg herrschte, oder war es sogar Völkermord, der nicht verjährt? Was ist mit den bestehenden Gesetzen, die die Täter ausdrücklich vor Strafverfolgung schützen? Was könnte an Forderungen auf die Nachfolgestaaten zukommen? Und wie verhält sich der Mord an der polnischen Elite zu den Millionen Opfern auf dem Gebiet der früheren Sowjetunion?

Wer sich mit der Aufdeckung der Wahrheit nicht abfinden kann, sind die Kommunisten. Als Polens neuer Präsident Alexander Kwasniewski 1996 nach Moskau reist, veröffentlicht die Parteizeitung *Prawda* einen skandalösen Artikel von Jurij Muchin mit dem Titel »Der Krimi von Katyn«, den die Zeitung selbst als sensationelle Enthüllung preist. Tenor des Artikels: Die 1990 von Gorbatschow genannten Dokumente zur Täterschaft des NKWD sowie die 1992 von Jelzin veröffentlichten Politbüro-Akten mit dem Mordbefehl vom 5. März 1940 sind allesamt Fälschungen. »In der Sowjetunion wurden Feinde nur nach dem Urteil der Gerichte oder der sie ersetzenden Organe erschossen. Die Hingerichteten wurden nur auf Friedhöfen beigesetzt. Verurteilte wurden nur in Gefängnissen exekutiert, ohne Durcheinander, streng individuell. Gegen Hauptfeinde führte die Sowjetmacht öffentliche Prozesse durch und diese Hinrichtungen waren kein Mord.« Dann fallen alle Hemmungen: »Katyn wird heute aufgebauscht (...), damit Polen wieder zu einer gierigen Hure Europas werden soll.« In derselben *Prawda*-Ausgabe erläutern darüber hinaus der Präsidentschaftsanwärter der kommunistischen Partei Russlands, Gennadi Sjuganow, und andere kommunistische Parlamentarier ihre These, dass die Auflösung der Sowjetunion ungültig war.[31]

Die russischen Gerichte schwanken, zögern Entscheidungen hinaus und kommen zu teils schwer nachvollziehbaren Schlussfolgerungen. Die staatlichen Verhältnisse sind im Wandel. Die Untersuchungsstelle der Militärstaatsanwaltschaft, die Gorbatschow 1989 eingesetzt hatte und die zu dem Zwischenergebnis gelangte, es handle sich beim Massaker von Katyn um Völkermord, existiert mit dem Ende der Sowjetunion nicht mehr. Die nun federführende Militärstaatsanwaltschaft der russischen Föderation stellt 2004 ihre Ermittlungen ein. Präsident dieser Föderation ist seit 2000 Wladimir Putin, der selbst KGB-Offizier und vor der Präsidentschaft Leiter des Inlandsgeheimdienstes war. Diese Institutionen wiederum sehen sich in der Rechtsnachfolge des NKWD.

Als Begründung zur Einstellung der Untersuchung gibt die Militärstaatsanwaltschaft an: »Der Tatbestand eines Genozids am polnischen Volk« habe sich »nicht bestätigt«. Das Vorgehen des NKWD habe in Einklang mit dem damals geltenden Strafrecht gestanden. Es habe keine Absicht bestanden, eine »demographische Gruppe zu vernichten«. Allerdings lässt die Militärstaatsanwaltschaft offen, ob sie die Opfer gemäß der Gesetze zur Rehabilitierung als politisch Verfolgte behandeln wolle.[32] Die Militärstaatsanwälte räumen ein, NKWD-Männer seien für die Erschießungen verantwortlich und hätten sich Amtsanmaßung zuschulden kommen lassen. Das sei verjährt. Aber Namen nennen sie nicht. Bis heute gibt es keine Anklage.

Die Militärstaatsanwaltschaft geht noch weiter und verfügt 2004, dass die Ermittlungsakten wieder unter Verschluss zu lagern seien. Die Begründung dafür wird kurzerhand für geheim erklärt. Über den Schutz von Staatsgeheimnissen aber entscheidet nicht die Staatsanwaltschaft allein. Dafür ist ein Gremium aus verschiedenen Behörden zuständig. Vorsitzender ist wiederum Putin. Von 183 Ordnern der Militärstaatsanwaltschaft zum »Fall Katyn« enthalten 36 Material, das als »Staatsgeheimnis« klassifiziert ist, weitere 80 vertrauliche und geheimdienstliche Informationen. Das heißt: Nur 67 Aktenordner werden somit den Historikern überhaupt zugänglich gemacht.

Schnell wird Kritik von Menschenrechtlern laut, der Beschluss sei rechtswidrig, weil das Gesetz zu Staatsgeheimnissen es verbiete, Dokumente als geheim zu klassifizieren, die die Verletzung von Menschen- und Bürgerrechten belegen. Die russische Bürgerrechtsgesellschaft *Memorial* wirft der Staatsanwaltschaft Fehler und Versäumnisse bei der Untersuchung vor. So weiche die Staatsanwaltschaft, wenn sie die Vorgänge schon nicht als Genozid werten wolle, der Frage aus, als was das Verbrechen denn dann zu sehen sei? Als Kriegsverbrechen, als Massenmord oder Verbrechen gegen die Menschlichkeit?[33]

2007 in Warschau: Gedenktag für die Opfer von Katyn

Was bleibt dem Leiter des polnischen Instituts des Nationalen Gedenkens (IPN) in Warschau, Leon Kieres, als gute Miene zum bösen Spiel zu machen. Nach der Rückkehr von einer Reise nach Moskau im August 2004 sagt er, er hoffe, dass mithilfe der Ukraine die Ermittlungen doch noch abgeschlossen werden könnten und dass er deshalb Kontakt mit den ukrainischen Behörden aufnehmen wolle.[34]

Da bleibt als Trost nur, dass am 17. September 2007, Jahrestag des sowjetischen Einmarsches in Polen 1939, Andrzej Wajdas Film »Katyn« Premiere hat. Mehrere Millionen Besucher in Polen sehen den Film. Für Schulen ist er eine Art Pflichtprogramm.

Andere Gerichtsurteile betreffen Klagen von Privatpersonen auf Rehabilitierung vor Zivilgerichten. Im Mai/Juli 2008 entscheiden Moskauer Gerichte, dass die Angehörigen der ermordeten Offiziere weiter auf Rehabilitierung warten müssen. Einzig die Betroffenen selbst könnten sich darum bemühen. Die

Toten selbst sollen also ihre Rehabilitierung durchsetzen. Auch müssten vorher ordentliche Urteile gegen die Antragsteller ergangen sein. Absurd: Berija hatte ausdrücklich ein Urteil ausgeschlossen.

Der Gang nach Straßburg

Die Opferfamilien können sich damit nicht abfinden. Mehrere schließen sich zusammen, um die Wiederaufnahme der Ermittlungen zu erzwingen. Auch Ojcumila Wolk-Jezierska hat wie viele andere Enttäuschungen erlebt im Kampf um Aufklärung, Aktenfreigabe, Nennung und Verfolgung der Täter und Rehabilitierung der Opfer. 1997 stellte sie einen Antrag auf Rehabilitierung ihres Ehemanns Wolk. Er war besagter junger Artillerie-Leutnant, der noch vom Lager Koselsk aus eine Karte an seine Frau geschrieben hatte, sie möge mit der Taufe der Tochter warten, bis er wieder daheim sei.

Die gesamte Familie hat es hart getroffen. Vier Angehörige wurden 1940 erschossen, 17 Verwandte nach Sibirien und Kasachstan verschleppt. Ojcumila hat nie wieder geheiratet. Sie sagt im Jahr 2008: »Ich kann das den Russen nicht verzeihen.« Sie wolle ihren Mann lediglich »in Würde begraben«. Vorher jedoch müsse er juristisch rehabilitiert werden.

Als die Staatsanwaltschaft 2004 alle Ermittlungen einstellte, will Ojcumila Wolk den Beschluss zur Einstellung sehen. Im März 2006 bekommt sie Post: Das sei nicht möglich, »weil in ihm Angaben enthalten sind, die ein Staatsgeheimnis darstellen«.

Der oberste Militärgeneralstaatsanwalt Alexander Sawenkow erklärt am 11. März 2006 nochmals, dass nach Prüfung der Unterlagen, der Einvernahme von mehr als 900 Zeugen und der Durchführung von 18 Prüfungsverfahren einschließlich Exhumierungen die Ermittler keine Beweise für einen Völkermord gefunden hätten. Die Polen seien nicht erschossen worden, weil sie Polen waren, sondern mehr wegen ihres sozialen Status', weil Berija sie als Staatsfeinde angesehen habe. Außerdem könnten die Übeltäter, von denen noch etliche lebten, aufgrund von Ausnahmegesetzen nicht belangt werden.

Auch hinsichtlich der Identifizierung zahlreicher Opfer sieht sich die Militärstaatsanwaltschaft Russlands nicht in der Pflicht; dafür seien die Gerichte der mittlerweile unabhängigen Staaten Ukraine und Weißrusslands zuständig, weil die Verbrechen auf deren Staatsgebiet verübt wurden. Das heißt, die Opfer würden weiterhin als »vermisst« zu gelten haben.

Wenig hat sich also an der Vertuschungspolitik geändert. Dass Boris Jelzin 1992 Lech Walesa die Papiere des Politbüros zur Massenerschießung und Massendeportation Hunderttausender Polen übergab, ist um seine Bedeutung gebracht. Wie so viele versteht Frau Wolk-Jezierska die Welt nicht mehr. Auch der letzte Zar wurde ohne Urteil erschossen und wird dennoch 2008 rehabilitiert. Ojcumila Wolk-Jezierska ist 2008 in ihrem 90. Lebensjahr, ihre Tochter Witomila im 68. Wie lange sollen sie noch auf Gerechtigkeit warten?

Einige polnische Angehörige der Opfer geben nicht auf. Sie wollen die Rehabilitierungen vor höheren Instanzen erzwingen und fechten die Einstellungen umgehend an. Ojcumila und Witomila Wolk schließen sich mit anderen Opfer-Familien zusammen. Sie suchen Ireneusz Kaminski auf, Professor für internationales und europäisches Recht an der Universität Krakau. Mit zwei polnischen und zwei russischen Kollegen klagt er in Moskau gegen die Einstellung der Ermittlungen und die Feststellungen von Staatsanwaltschaft und Gerichten.

Anfang 2009 lehnt auch das Oberste Gericht in Moskau eine Rehabilitierung der Opfer ab. Die Begründung: Die sterblichen Überreste seien nicht hinreichend identifiziert worden. Die Ermittlungen seien endgültig einzustellen. Das Gericht verweist auf »die Verjährung der Tat und den Tod der Täter«.

Damit sind alle juristischen Möglichkeiten in Russland erfolglos ausgeschöpft.

Was bleibt? Gibt es noch Hoffnung? Professor Kaminski sieht eine letzte Chance: den Gang zum Europäischen Gerichtshof für Menschenrechte in Straßburg. Noch vor der Klageeinreichung macht er deutlich, den polnischen Klägern gehe es nicht um Entschädigung, wie die russische Presse unterstelle – angeblich eine Million Dollar pro Erschossenen. »Wir werden in Straßburg einen einzigen symbolischen Euro fordern. Um zu zeigen, dass Geld für uns nicht wichtig ist.«[35]

Die Katyn-Klage wird am 5. August 2009 beim Europäischen Gerichtshof für Menschenrechte in Straßburg eingereicht. Kläger sind zwölf Familien. Sie klagen auf Wiederaufnahme der Ermittlungen, Zugang zu den Akten und schließlich Rehabilitierung der Opfer. Vertreten werden die Familien außer von Professor Irenäusz Kaminski von den russischen Anwälten Anna Stawicka und Roman Karpinski, deren Klage gegen die russische Militärstaatsanwaltschaft 2008 scheiterte. Der Straßburger Gerichtshof registriert die Klage »Wolk-Jezierska u. a. gegen Russland« unter der Nr. 29520/09.

Der Gerichtshof entscheidet in einem Eilverfahren über die Annahme. Die Mitteilung an Russland ergeht am 24. November 2009, am 27. November folgt die Aufforderung, bis zum 19. März 2010 Stellung zu nehmen. Am 27. Januar 2010 tritt der Staat Polen als Drittkläger hinzu. Moskau reagiert am letzten Tag der Frist zur Stellungnahme in altbekannter Weise. Der Brief trifft in Straßburg auf Russisch ein. Daraufhin ergeht die Aufforderung zurück, sich bis zum 16. April 2010 auf Englisch mitzuteilen. Der Inhalt des Briefes vom März 2010 gelangt an die Öffentlichkeit. Darin heißt es, Moskau sehe sich aus bekannten Gründen nicht veranlasst, auf die Klage einzugehen.[36]

Wieder werden die Vorgänge von einer Überraschung überholt. Im Frühjahr 2010 wendet sich die russische Menschenrechtsorganisation *Memorial* an Präsident Medwedjew mit der Bitte, sich dafür zu verwenden, dass der Beschluss der Militärstaatsanwaltschaft von 2004 aufgehoben werde, dass die Namen der Verantwortlichen ermittelt und von einem Gericht öffentlich benannt würden. Tatsächlich stuft das Oberste Gericht Russlands am 21. April 2010, nach 15 Jahren, zumindest die Entscheidung der russischen Militärstaatsanwaltschaft, die Akten über die Erschießung polnischer Offiziere zur Verschlusssache zu erklären, als gesetzeswidrig ein. Was nun? Kann der Fall doch neu aufgerollt werden?

Die zweite nationale Katastrophe

10. April 2010. Schon seit 4:00 Uhr früh (MEZ) herrscht an diesem Samstagmorgen ungewöhnlich reges Treiben in VIP-Räumen und Abflughalle auf dem Flughafen *Frederic Chopin* in Warschau. Nicht nur das Staatsoberhaupt Präsident Lech Kaczynski und seine Ehefrau Maria werden erwartet. 87 weitere Persönlichkeiten aus Politik, Wirtschaft und Militär sind zum Teil schon eingetroffen. Auch landesweit bekannte Spitzenvertreter von Opferverbänden sind da. Die hochrangige Delegation will nach Smolensk, um des Massenmordes an polnischen Offizieren 70 Jahre zuvor in Katyn zu gedenken.[1]

Die Crew fühlt sich geehrt, so viel Prominenz zu fliegen. Erst vor wenigen Tagen war das Team in aller Eile zusammengestellt worden. Präsidialkanzlei, Außenministerium und Verteidigungsministerium mussten sich abstimmen, eine Herausforderung für alle Beteiligten. Kapitän Arkadiusz Protasiuk vom 36. Transportgeschwader, zuständig für polnische Staatsreisen, ist erst 36 Jahre alt, verheiratet und hat zwei Kinder. Doch mit 2000 Flugstunden ist er durchaus ein erfahrener Pilot. Seit 1997 fliegt er Transportmaschinen der polnischen Luftwaffe, seit 2009 als Chefpilot. Neben ihm sitzt Co-Pilot Robert Karol Grzywa, gleicher Jahrgang. Er kommt sogar auf mehr als 3500 Flugstunden.

Mit dem Russischen haben die beiden allerdings Probleme. In den Vorgesprächen bot Moskau an, einen russischen Navigator zu stellen, doch das lehnten die Polen ab. Der Flug ist nicht sehr lang. Was soll da schon passieren? Und ein wenig gegen die nationale Ehre wäre es auch gegangen. Die Russen haben jedoch gute Gründe, einen ortskundigen Navigator anzubieten, denn der Flugplatz *Smolensk Nord*, fachlich korrekt *Sjewernij (Sewerny) XUBS*, wurde bis 2009 nur militärisch genutzt. Die Ausstattung ist nicht vom Besten. Vor allem verfügt der Flugplatz über kein ILS-Signal (Instrumental Landing System), wie es auf großen Verkehrsflughäfen Standard ist, um Landungen auch im Blindflug zu ermöglichen. Daher wird er von Linienmaschinen normalerweise nicht angeflogen.

Der Flugplatz liegt zudem auf einer Anhöhe; eine Anflugkarte nach den Standards der ICAO (Internationale Organisation für Zivile Luftfahrt) mit Angaben zum Gelände steht ebenfalls nicht zur Verfügung. Beim Landeverfahren kommt es da sehr auf eine gute Kommunikation mit den Lotsen im Kontrollturm an.

Dort weiß man, wen man erwartet. Deshalb ist außer den Lotsen Plusin und Ryschkow an diesem Morgen ein weiterer Mann zum Flugplatztower beordert worden: Luftwaffenoberst Nikolai Kranokutski.

In Warschau laufen derweil die Triebwerke der Tupolew-154 M warm. Die Maschine ist fast 20 Jahre alt und sollte längst ausgemustert sein, was aus Spargründen jedoch noch nicht geschehen ist. Für die beiden Piloten ist die Tupolew trotz Flugerfahrung mit anderen Maschinen ungewohnt. Ein Training am Simulator gibt es im 36. Sonderregiment aufgrund von Budgetkürzungen nicht. Immerhin kann der Navigationsoffizier über 30 praktische Flugstunden mit Maschinen dieses Typs nachweisen. Beliebt ist dieser Flugzeugtyp ohnehin nicht, weil er als anfällig gilt und in der Vergangenheit eine bedenklich hohe Unfallrate aufwies. Manche Piloten nennen ihn spöttisch »fliegender Sarg«. Diese Maschine jedenfalls, das steht fest, ist technisch einwandfrei.

Um 5:23 Uhr MEZ hebt Kapitän Protasiuk ab. In Smolensk ist es 7:23 Uhr Ortszeit. Die Präsidentenmaschine fliegt östlich über Weißrussland auf der Linie Warschau-Smolensk-Moskau. Schon gegen 7:30 Uhr Ortszeit landet eine polnische Maschine vom kleineren Typ Jakowlew (Jak-40) in *Smolensk Nord*. Sie ist mit mehr als 30 Journalisten voll besetzt. Die Medienvertreter sollen schon in der Halle mit Kamera und Block bereitstehen, wenn die Delegation eintrifft. Die Landebedingungen für die Jak-40 sind nicht ideal, aber es geht. Allerdings wird das Wetter schlechter.

Während die Passagiere an Bord der Maschine des Präsidenten miteinander reden oder lesen, melden sich im Cockpit weißrussische Lotsen. Sie haben soeben aus Moskau die Nachricht erhalten, dass das Wetter über Smolensk inzwischen so schlecht sei, dass es besser wäre auszuweichen. Minsk käme in Frage, vielleicht auch Witebsk, beides in Weißrussland. Oder weiterfliegen nach Moskau. Das sollte die Crew möglichst schnell entscheiden. Die Maschine bleibt auf Kurs.

Kurz nach 8 Uhr Ortszeit ruft der Präsident seinen Zwillingsbruder Jaroslaw an. Eigentlich wollte der mitfliegen, sagte jedoch kurzfristig ab, weil die 83-jährige Mutter der Zwillinge in der Klinik liegt. Auf dem freigewordenen Delegationsplatz sitzt jetzt der Abgeordnete und Parteifreund Zbigniew Wassermann. »Alles in Ordnung«, teilt Lech mit. »Wir landen gleich.«

Um 8:20 Uhr Ortszeit verlässt der Pilot die Flughöhe und beginnt den Landeanflug. In Smolensk hat sich die Wetterlage weiter verschlechtert. Der Tower weist die polnischen Piloten auf das mangelhafte Leitsystem des Flugplatzes hin, rät von einer Landung ab, bietet nochmals ein Ausweichen nach Moskau oder Minsk an. Auf Polnisch.

Die Tupolew hält Kurs. Ein paar Minuten später erfährt die Crew, dass eine russische Iljuschin-Transportmaschine nach zwei Anflugversuchen auf *Smolensk Nord* aufgegeben und zurück nach Moskau abgedreht hat.

Bei Oberst Kranokutski im Tower bei Smolensk kreisen die Gedanken im Kopf. Der polnische Pilot will offensichtlich die Landung trotz des schlechten Wetters riskieren. Ob ein Flugzeug landet oder nicht, entscheidet letztlich der Pilot, nicht der Tower. Doch was, wenn es ein Unglück gibt? Wird man ihm die Schuld anlasten? Was ist, wenn er die Landung »verbietet«, die Feier platzt? Diplomatische Verwicklungen? Und er ist schuld?

Kranokutski will sich absichern, ruft in Moskau die Zentrale der Luftwaffe an. Der Oberbefehlshaber ist nicht erreichbar. Am anderen Ende der Leitung gibt man dem Oberst den Rat, die Landung zu erlauben: »Vielleicht schaffen sie es ja.« Ein mehrdeutiger, rotziger Satz? Nicht für Piloten. »Nicht schaffen« bedeutet im Fliegerjargon nicht Bruchlandung, sondern durchstarten und gegebenenfalls neu ansetzen. Oberst Kranokutski übernimmt jetzt selbst das Kommando im Tower.

8:40 Uhr Ortszeit. 16 Minuten vor dem Absturz. Die Lotsen auf dem Flughafen geben nochmals Wetterdaten durch. Die Temperatur liegt bei knapp über 0 °C. Die Wolken hängen schwer und tief, 40 bis 50 Meter anstatt normalerweise 120 Meter. Der Nebel wird immer dichter. Die Sicht beträgt nur 400 bis 500 Meter. Erforderlich für eine Landung wären 1000 bis 2000 Meter Sicht.

Ein Lotse gibt an die Crew durch: Gut, versucht es, wenn aber bei 100 Meter Flughöhe keine ausreichende Sicht ist, Landung abbrechen. Kapitän Protasiuk antwortet: »Danke, wenn es geht, versuchen wir's.« Wenn nicht, wolle er eben »eine zweite Runde drehen«.

Jetzt tritt der Protokollchef des Außenministeriums, Mariusz Kazana, ins Cockpit. Der Kapitän erläutert ihm die Lage: »Unter den aktuellen Bedingungen können wir nicht landen.« Kazana: »Na, dann haben wir ein Problem.« Um 10:00 Uhr soll die Gedenkfeier beginnen. Alles wäre dahin. Er wendet sich um und murmelt auch später auf dem Flugschreiber noch hörbar vor sich hin: »Er wird sauer sein, wenn ...«

Er? Gemeint sein dürfte Lech Kaczynski. Was es heißt, wenn er sauer ist, wissen alle Piloten. Jeder von ihnen kennt die Geschichte aus dem Jahr 2008: Damals wollte Kaczynski unbedingt nach Georgien, als russische Panzer auf Tiflis vorrückten. Kaczynski schrie Flugkapitän Grzegorz Pietuczak an, weil der sich aus Sicherheitsgründen weigerte zu landen. Pietuczak blieb hart, landete in Baku in Aserbaidschan. Kaczynski musste mit dem Auto nach Tiflis fahren. Zurück in Warschau versuchte Kaczynski, den Piloten wegen Ungehorsams aus der Luftwaffe zu drängen. Premierminister Tusk musste sich persönlich einschalten – der »Schuss« ging nach hinten los: Am Ende erhielt Pietuczak eine Medaille für vorbildliche Pflichterfüllung.

Protokollchef Kazana öffnet einige Minuten später wieder die Tür zum Cockpit: »Der Präsident hat noch nicht entschieden, was wir machen.« Die Minuten gehen dahin, der Entscheidungsdruck wächst. Kapitän Protasiuk ist in einer äußerst schwierigen Lage. Flugexperten sprechen vom »VIP passenger syndrome«. Und der Druck wächst mit jeder Minute weiter. Hinzu kommt: Es fliegen Militärpiloten. In ihrer Ausbildung werden sie nicht nur in Sicherheitsdenken geschult, auch Mut, Kampfgeist und Risikobereitschaft werden gefordert und gefördert.

Um 8:54 Uhr betritt noch jemand die Kabine, der nicht zur Crew gehört. Es ist Luftwaffenchef General Blasik persönlich. Kapitän Protasiuk und Blasik kennen sich – und mögen sich nicht. Blasik ist ein Freund von Überlebenstrainings; Protasiuk ließ sich aus gesundheitlichen Gründen davon befreien. Dann wurde er zusammen mit zwei weiteren Piloten auch noch von Nachtflügen freigestellt. Blasik meinte, es mit Simulanten zu tun zu haben. Als körperliche Ertüchtigung, sprich Schikane, befahl er Gepäckmärsche im Gebirge. Jetzt steht im Cockpit Blasik mit 0,6 Promille im Blut. Eingreifen darf er nicht, denn er gehört nicht zur Besatzung, auch wenn er den höheren Dienstrang hat. Doch allein seine Anwesenheit bedeutet Stress.

Der Pilot hat inzwischen den Autopiloten eingeschaltet und auf vier Meter Sinkflug pro Sekunde eingestellt. Plötzlich melden die Instrumente, der Flieger sei beträchtlich zu hoch. Der Kapitän geht in einen steileren Sinkflug über: acht Meter pro Sekunde. Ein tragischer Irrtum. Die Maschine befindet sich nämlich über einer Senke. Die Landebahn liegt 40 Meter höher. Zeitweilig fliegt die Maschine 15 Meter unterhalb der Höhe der Landebahn. Das Flugzeug rast blind durch den Nebel auf einen Hang zu.

Die Besatzung starrt aus dem Fenster, will den Boden unter dem Nebel erkennen. Der Navigationsoffizier gerät in Panik, sagt mehrmals aufgeregt, so werde man die Landebahn verpassen. Der Pilot benutzt das Radiohöhenmesser, das die Entfernung zur Bodenhöhe misst. Es gibt an Bord auch den barometrischen Höhenmesser, der die Höhe im Verhältnis zum Meeresspiegel unabhängig von der Landschaft anzeigt. Dazu braucht man die Daten zum örtlichen Luftdruck. Die hatten die Lotsen korrekt durchgegeben.[2]

24 Sekunden vor dem Aufprall: Blasik sagt »100 Meter«. Das war der Grenzwert, den die Lotsen genannt hatten. Jetzt müsste der Landeanflug unbedingt abgebrochen werden.

Sekunde 23: Der Navigator bestätigt »100«. Gleichzeitig ertönt aus der Instrumentenanlage die automatische Warnung der elektronischen Stimme: »Pull up! Pull up!« (Hochziehen, hochziehen!)

Sekunde 16: Der Navigator sagt »90«.

Sekunde 15: Der Navigator sagt »80«.

Sekunde 13: Der Kontrollturm misst 50 Meter, gibt »Horizont 101« aus, das heißt, es werden keine weiteren Landeanweisungen mehr gegeben.

Sekunde 12: Der Co-Pilot ruft das Kommando: »Go around!« (Weg hier). Zu spät! Die Maschine steigt nicht oder nicht genug. Das automatische Warnsystem TAWS ertönt neben anderen schrillen akustischen Signalen: »Terrain ahead« (Boden voraus).

Sekunde 10: 30 Meter Höhe. Noch einmal kommt vom Kontrollturm »Horizont«.

Sekunde 9: weniger als 20 Meter Höhe. Es herrscht Chaos im Cockpit. »Kurwa« (»verfluchte Scheiße« oder auch »Drecksnutte«) tönt es durcheinander.

Sekunde 6: Unterschiedliche Geräusche vermengen sich, darunter ist ein Krachen. Ein Flügel hat eine zehn Meter hohe Birke erwischt.

Die elektronische Stimme des Warnsystems ruft monoton weiter »Pull up«.

Sekunde 5: »Kurwa«-Rufe gehen durcheinander.

Sekunde 3: Letzter Ruf aus dem Tower, endlich zu steigen.

Dann nur noch ein gedehntes »Kurwaaaa!« von Generaloberst Blasik. Die Maschine schlägt in einem Waldstück kurz vor dem Flughafen auf. Der Rumpf zerbirst. Kerosin explodiert.

Es ist 8:56 Uhr. Alle 96 Insassen sind tot.

Wäre der Absturz an irgendeinem anderen Ort passiert, zu einem anderen Anlass, es wäre ein tragischer Unfall gewesen. Das Ziel der Reise jedoch heißt Katyn. 88 Personen der Führungsschicht kommen hier ums Leben, darunter der Präsident. Das Trauma scheint sich zu wiederholen. Als ob ein Fluch auf dem Ort läge.

Wahlkampf: meine Feier gegen deine Feier

2010 ist ein besonderes Jahr in Polen. Im April jährt sich das Massaker von Katyn zum 70. Mal. Im Herbst soll zudem ein neuer Präsident gewählt werden. Um die Beziehungen zwischen Russland und Polen steht es 2010 nicht gerade gut. Die Rückkehr des autoritären Stils unter Präsident Wladimir Putin, auch wenn er aus verfassungsrechtlichen Gründen derzeit »nur« Ministerpräsident ist, das neuerliche Beschweigen der kommunistischen Gewaltverbrechen unter Stalin und die Glorifizierung der kommunistischen Zeit machen den polnischen Nachbarn misstrauisch. Auch der Bau der *North Stream Pipeline*, die direkt von Russland nach Deutschland unter Umgehung Polens führt, schafft Argwohn und Ärger.

Umfragen im April 2010 geben ein betrübliches Bild ab: 38 Prozent aller Polen betrachten das polnisch-russische Verhältnis als »ganz schlecht« oder »eher schlecht«. Zwei Jahre zuvor waren es nur 27 Prozent. 81 Prozent der Polen meinen, dass das

Katyn-Massaker das Verhältnis belaste; das sind 14 Prozent mehr als 2008. Ein Alarmzeichen.

Putin ist an einer Verbesserung des Verhältnisses zu Polen hochgradig interessiert: Im Golfkrieg gehörte Polen zu den ergebensten Alliierten der USA. Die Politik Polens in EU und Nato behinderte zu oft die russische. Schnell war Polen bereit, die amerikanischen Pläne eines Raketenschildes aufzunehmen und US-Stationierungen auf polnischem Boden zuzustimmen. Der Ton zwischen Russland und Polen wurde verbissen. Erst der Verzicht des US-Präsidenten Barack Obama auf das Raketensystem eröffnete neue Möglichkeiten, das polnisch-russische Verhältnis wieder zu entspannen.

Eine gemeinsame Gedenkfeier in Katyn scheint da eine gute Gelegenheit zu sein. Schon im September 2009 lädt Putin Regierungschef Donald Tusk zu einer gemeinsamen Feier am 7. April 2010 nach Katyn ein. Es ist das erste Mal, dass die russische Regierung polnische Politiker offiziell in Katyn empfangen will. Es wird eine hochrangige Delegation zusammengestellt. Auch Prominente wie Regisseur Wajda, Ex-Premier Mazowiecki und Ex-Präsident Walesa werden gebeten zu kommen.

Putin muss allerdings zwischen innen- und außenpolitischer Wirkung jonglieren. 2010 ist auch das Jahr 65 der Siegesfeiern über Nazi-Deutschland. Außerdem zeigen Umfragen des russischen *Levada*-Zentrums, dass die Russen kaum etwas über Katyn wissen und Russland auch nicht in der Verantwortung sehen; schließlich sagte man ihnen bisher, dass die Deutsch-Faschisten die Mörder gewesen seien. Gegenüber Polen dagegen muss Putin Farbe bekennen. Er folgt der alten Linie seit Gorbatschow: Zugeständnis an die Wahrheit im Sinne von Symbolpolitik, ja, aber nur, so lange sie nichts kostet; Regressansprüche oder Anklageerhebung gegen die noch lebenden Schuldigen, nein.

Putin spricht im April 2010 auf der Gedenkfeier zum 70. Jahrestag von Katyn von den »ermordeten Polen« und »Opfern

7. April 2010 im Wald von Katyn: Donald Tusk und Wladimir Putin gedenken gemeinsam der Opfer der Massaker von 1940.

von Stalins Totalitarismus«. Jahrzehntelang sei die Wahrheit mit zynischen Lügen vertuscht worden. Aber das russische Volk könne dafür nicht verantwortlich gemacht werden. Das russische Volk verstünde das polnische Volk besonders gut, weil es unter der Schreckensherrschaft Stalins selbst sehr gelitten habe. »Wir sind verpflichtet, das Gedenken an die Vergangenheit zu bewahren und wir werden das tun, mag die Wahrheit auch noch so bitter sein. (…) In unserem Land wurde eine klare politische, rechtliche und moralische Verurteilung der Verbrechen des totalitären Regimes vorgenommen. Diese Verurteilung unterliegt keiner Revision.«[3]
Um seine innenpolitischen Widersacher zu befriedigen, wiederholt Putin allerdings auch die von polnischen Histori-

kern als Lüge angeprangerte Behauptung, die Polen hätten im Krieg von 1920 rund 32 000 sowjetische Kriegsgefangene umgebracht, wofür Stalin sich 1940 offenbar hätte rächen wollen.

Donald Tusk hält auf der Gedenkfeier eine bewegende Ansprache. Er nennt Katyn einen »versuchten Mord an einem ganzen Volk«. Diejenigen, die nach dem Krieg Polen auf der Grundlage der Lüge über Katyn aufbauen wollten, hätten verloren. Die Polen seien in den Jahren der Unterdrückung, als man über das Verbrechen nur im Flüsterton sprechen konnte, zu einer großen »Katyn-Familie« zusammengewachsen. Die Wahrheit über Katyn sei deshalb der »Gründungsmythos« des freien unabhängigen Polens geworden.[4]

Auf einer anschließenden Pressekonferenz erklärt Putin, dass er am Rande der Feiern für die staatliche Energiegesellschaft Gazprom mit Donald Tusk einen Vertrag zur Lieferung von russischem Gas nach Polen bis zum Jahr 2037 vereinbart habe. Und trotz Ostseepipeline einen weiteren Vertrag zum Gas-Transit nach Westeuropa – bis 2045.

Das Medienecho auf die Gedenkveranstaltung in Katyn ist in beiden Ländern überwiegend gut. Die russischen Politiker und Medien streichen den Versöhnungsgedanken bei Tusk heraus, die polnischen das Reuebekenntnis bei Putin. Nur eine Minderheit in Polen zeigt sich enttäuscht, dass Putin keine förmliche Entschuldigung vortrug. Es scheint beiden zu gelingen, Gräben zuzuschütten.

Der polnische Präsident und Putin-Kritiker Lech Kaczynski hingegen fühlt sich übergangen, weil er nicht zu den Feierlichkeiten mit Tusk eingeladen war. Formell wäre die Ebene für eine Einladung auch nicht Putin, sondern Präsident Medwedjew gewesen. Aber selbst dann. Kaczynskis Ruf ist, Russenfeind und Deutschenfeind zu sein. Wie sein Bruder gilt er als engstirnig, provinziell und streitsüchtig. Politisch hält er es mit Georgien oder der Ukraine oder mit wem auch immer, Hauptsache gegen

Russland. Die beiden Brüder führen das national-konservative Lager, »Recht und Gerechtigkeit« (PIS) heißt ihre Partei.

So stellt sich Kaczynski eine »polnische« Feier in Katyn vor, schärfer im Ton, verbunden mit der Forderung nach einer förmlichen Entschuldigung und Wiedergutmachung für die Opferfamilien. Das wäre gleichzeitig ein großartiger Wahlkampfauftakt. Denn nach allen Umfragen stehen die Chancen Lech Kaczynskis auf Wiederwahl alles andere als günstig. Vor diesem Hintergrund organisiert Lech Kaczynski seine eigene Katyn-Gedenkfeier. Normalerweise wählen Präsidialamt und zuständiges Ministerium die zivilen und militärischen Teilnehmer von Staatsreisen aus. Die Stäbe haben darauf zu achten, dass nicht zu viele hohe Staatsbedienstete in einem Flugzeug reisen. Es könnte Unfälle oder Anschläge geben. Erst im Januar 2008 kamen bei einem Flugzeugunglück die 16 höchsten Luftwaffenoffiziere Polens ums Leben. Solch ein Risiko aber wird missachtet, als die Liste für die Präsidentenmaschine nach Smolensk zusammengestellt wird. Diesmal läuft alles anders. Die gesamte Prominenz fliegt in der Präsidentenmaschine – mit tragischem Ausgang.[5]

Am 10. April 2010 stürzt die Präsidentenmaschine beim Anflug auf den Flughafen Smolensk Nord ab. 96 Menschen sterben auf dem Weg zu einer Gedenkfeier in Katyn.

Ganz Polen unter Schock

Der Tod so vieler Führungskräfte am Schauplatz der nationalen Leidensgeschichte hat betäubende Wirkung. Polen, ein Land mit 38 Millionen Einwohnern, erstarrt. In der Person des toten Präsidenten sammelt sich das Unglück aller Absturzopfer. Die Straßen um den Präsidentenpalast sind bald voller Menschen. Kerzen werden angezündet, Blumen niedergelegt, Gebete gesprochen. Polnische Fahnen werden mitgeführt, etliche Male wird die Nationalhymne angestimmt.

Eine Verklärung setzt ein, die nur durch das Trauma Katyn erklärbar ist. Umstrittene, bewunderte wie gehasste Funktionäre und Parteipolitiker verkörpern jetzt plötzlich die Elite, die Blüte der Nation. Zeitungen, die noch Tage zuvor Kaczynski gnadenlos als bigott verhöhnt und seine Politik als schädlich für das Land brandmarkten, bringen nun auf Seite eins ganz andere Töne wie diese: »70 Jahre nach dem Verbrechen von Katyn ist bei Smolensk erneut die Blüte der Nation umgekommen.«[6]

Die Regierung ordnet eine einwöchige Staatstrauer an. Auch in Russland wird ein Tag Staatstrauer verkündet. Die EU gedenkt der Toten mit zwei Schweigeminuten, in Brüssel werden die Fahnen auf Halbmast gesetzt. In Berlin begeben sich Bundespräsident Horst Köhler, Bundeskanzlerin Angela Merkel und Außenminister Guido Westerwelle in die polnische Botschaft, um sich in das Kondolenzbuch einzutragen.

Die Leichen werden mit zwei Hubschraubern von Smolensk nach Moskau geflogen, wo sie identifiziert werden sollen. Die Arbeit ist schwierig für die Gerichtsmediziner, weil viele Körper zerrissen wurden. Jaroslaw Kaczynski kann seinen Bruder jedoch schon am Unglücksort identifizieren. Am Sonntag, am Tag nach dem Unglück, fliegt eine Militärmaschine von Moskau nach Warschau. An Bord ist der Leichnam Lech Kaczynkis, der mit militärischen Ehren verabschiedet wird. Der Sarg mit seiner

Ehefrau Maria ist nicht in der Maschine. Sie ist noch nicht identifiziert. Am Warschauer Flughafen wartet Parlamentspräsident Bronislaw Komorowski, gemäß Verfassung kommissarisches Staatsoberhaupt, auf die Ankunft der Maschine. Neben ihm stehen Premierminister Donald Tusk, Kaczynskis Tochter Marta und sein Bruder Jaroslaw. Um 12:00 Uhr heulen in ganz Polen die Sirenen. Fußgänger in Warschau bleiben stehen, Autofahrer verlassen für die Schweigeminute ihre Wagen.

Nachdem auch der Leichnam seiner Frau überführt ist, wird Kaczynski im Präsidentenpalast öffentlich aufgebahrt. Die Menschen warten Tag und Nacht in einer kilometerlangen Schlange zehn, elf, zwölf Stunden, um ihrem Präsidenten und seiner Frau Maria die letzte Ehre zu erweisen. Pfadfinder reichen Tee und Wasser. Sie haben für die Zeit der Staatstrauer schulfrei.

Polen ist auch bewegt von der starken Anteilnahme der russischen Führung. Putin selbst eilte, wie Polens Regierungschef Tusk, sofort zum Unglücksort. Die Bilder der Umarmung der beiden rühren die Polen. Auch Innenminister Raschid Nurgalijew und der Minister für Katastrophenschutz, Sergej Schoigu, waren schon am Mittag des Unglückstages in Smolensk. Ungewöhnlich rasch werden Visa für Angehörige der Opfer ausgefertigt, Transport und Hotelunterkünfte zur Verfügung gestellt. Vor der polnischen Botschaft in Moskau liegen Blumen. In der katholischen Kathedrale in Moskau findet ein Trauergottesdienst in polnischer Sprache statt. Im ersten russischen Fernsehprogramm wird Wajdas Film über Katyn ausgestrahlt. Unterhaltungssendungen werden gestrichen. Polen und Russland scheinen in Trauer vereint. Durch Polen geht eine Welle bisher nicht gekannter Sympathie für Russland.

Von Anfang an ist der Absturz jedoch mit Gerüchten, Fehlinformationen und Verschwörungstheorien verbunden. Der Ort, die Umstände verleiten dazu. Die Gedenkzeremonien gleichen solchen wie etwa denen zu Jahrestagen des Warschauer Aufstands. Sie werden in Bezug gesetzt zur nationalen Leidensge-schichte, zum polnischen »Martyrium«. Dass die Delegation nicht durch einen Anschlag, durch Krieg oder Terrorismus umkam, begünstigt Verschwörungstheorien. Schon einen Tag nach dem Unglück stellt der Abgeordnete Artur Gorski aus Kaczynskis Partei »Recht und Gerechtigkeit« (PiS) öffentlich wilde Spekulationen an. Russland könnte absichtlich versucht haben, das Flugzeug an der Landung zu hindern und so indi-rekt den Absturz verursacht haben; die Abweisung der Lan-dung durch die russischen Lotsen sei dubios und unglaubwür-dig gewesen; wahrscheinlich wollten die Russen die Gedenk-feier per se verhindern; sie könnten ferner befürchtet haben, Kaczynski würde Moskau kritisieren und der russischen Regie-rung vorhalten, sich nicht förmlich für das Massaker von Katyn entschuldigt zu haben.[7]

Vor dem Präsidentenpalast geht der national-katholische TV-Journalist Jan Pospieszalski zwei Tage vor der Beisetzung durch die Menge, um zu hören, was die Leute denken. Immer geht es um Verdächtigungen, Polen könnte wieder Land der Begierde anderer sein, die Böses im Schilde führen. Man habe Kaczynski beseitigen wollen, er habe dunklen Kräften im Wege gestanden. Manche Trauernde verweisen auf den Umstand, dass es eine russische Maschine war, gewartet in einer russi-schen Werkstatt. Da könne doch nicht alles mit rechten Din-gen zugegangen sein. Polnische Kommentatoren erinnern an den 4. Juli 1943, als General Sikorski beim Rückflug von Gibraltar tödlich verunglückte, nur wenige Wochen nach der Entdeckung der Gräber von Katyn. Die Umstände blieben in der Tat mysteriös und vom Verdacht begleitet, Sikorski sei Opfer eines politischen Verbrechens geworden. Und hatte Kaczynski nicht daran gearbeitet, alte Seilschaften in den pol-nischen Geheimdiensten zu kappen?

Untersuchungen von Flugzeugabstürzen ziehen sich stets über Monate hin. Das Schweigen der Behörden wird diesen verübelt. Vergleiche zur unzureichenden russischen Informationspolitik und Geheimniskrämerei nach dem Sinken des Atom-U-Bootes »Kursk« im Jahr 2000 bieten sich geradezu an. Immer mehr Informationen sickern zwar durch, können aber nicht offiziell bestätigt werden und heizen so die Spekulationen weiter an. Besonders die Frage, warum Personen, die nicht zur Besatzung gehörten, kurz vor dem Absturz im Cockpit waren, beschäftigt die Menschen. Wer waren sie, was haben sie dort gemacht? Überhaupt: War der Flug militärisch oder zivil zu werten?

Im Mittelpunkt aller Spekulationen steht die Schuldfrage. Die Tendenz ist zunächst eindeutig. Die Polen sehen schwere Versäumnisse der russischen Lotsen, die die Landung zuließen. Die Russen sehen die Schuld bei den Polen, die alle Warnungen in den Wind schlugen. Je mehr Informationen vorliegen, desto deutlicher wird, dass es etliche Gründe gab, die meisten Fehler allerdings bei den Polen zu finden sind.

Ein erster Bericht des polnischen Innenministeriums liegt schon im Juni 2010 vor, kann aber viele Fragen nicht beantworten.[8] Warum hielt der Pilot sich nicht an die Grenze von 100 Metern und ließ die Maschine weiter sinken? Warum passierte nichts, als der Co-Pilot das Kommando »Weg hier« gab? Warum sagten die Fluglotsen erst bei 50 Metern »Horizont«? Was sollte die Aussage »Der Präsident hat noch keine Entscheidung getroffen«? Ließ sich das als unausgesprochene Anweisung zur Landung interpretieren? Sicherer sind Aussagen dazu, was nicht zum Absturz geführt hat: kein Brand an Bord, kein Ausfall von Geräten, kein Terroranschlag.

Streit um Kaczynskis Ruhestätte

Hinter den Kulissen arbeiten zwei Männer zusammen: Jaroslaw Kaczynski und der Krakauer Kardinal Stanislaw Dziwisz. Sie wollen die Beisetzung Lech Kaczynskis auf dem Wawel in Krakau einfädeln. Der Fels Wawel, an einer Biegung der Weichsel gelegen, überragt die Königsstadt Krakau. Schloss und Kathedrale symbolisieren die Einheit von Religion und Politik – und seit der Romantik den nationalen Mythos, dass nationale Erlösung durch gläubigen Opfertod errungen werden kann. Schloss und Kathedrale sind so gesehen nationales Heiligtum, ein politischer Wallfahrtsort. Im Domschatz befindet sich die Kopie der von Christi Blut getränkten Lanze, die Kaiser Otto III. Im Jahre 1000 Boleslaw dem Tapferen schenkte, dem ersten König Polens. In der Gruft unter der Kathedrale befindet sich das 600 Jahre alte Grabmal König Wladyslaws II. Jagiello, dem Sieger über den Deutschen Ritterorden.

Beigelegt im Wawel ruht auch Jan Sobieski, der 1683 Wien vor den Türken rettete, was in polnischen Augen vor allem den Deutschen nicht ausreichend im Gedächtnis ist. Dort liegen die Nationaldichter Adam Mickiewicz und Juliusz Slowacki. Beigesetzt sind wichtige Nationalhelden Polens, darunter Marschall Pilsudski, der Begründer eines wiedererstandenen polnischen Staates nach dem Ersten Weltkrieg, und General Sikorski, Chef der Exil-Regierung im Zweiten Weltkrieg. Zum 90. Jahrestag der Wiedererstehung Polens hatte Lech Kaczynski 2008 am Grab Pilsudskis gestanden und sich ausdrücklich zu dessen Erbe bekannt. Auf dem Wawel befindet sich auch eine Urne. Sie birgt Erde von Katyn.

Kardinal Dziwisz verkündet drei Tage nach dem Absturz, Kaczynski werde zusammen mit seiner Frau wegen seines »heldenhaften« Todes auf dem Wawel beigesetzt, als sei Kaczynski nicht Opfer eines Flugzeugabsturzes geworden, sondern hätte sich heroisch für Polen hingegeben. Der Probst auf dem Wawel, Zdzislaw Sochacki, sagt es so: »Präsident Kaczynski ist gestorben, weil er die Welt auf die Geschichte Polens aufmerksam machen wollte.«[9]

Die Ankündigung findet keine ungeteilte Zustimmung. Noch am selben Abend gehen 2000 Menschen in Krakau auf die Straße; sie tragen Transparente mit Aufschriften wie »Wawel gehört den Königen« und »Wawel vor der Schändung bewahren«. Kleinere Demonstrationen werden auch aus Breslau und Warschau gemeldet. Regisseur Wajda verlangt die Rücknahme der Entscheidung. Das Vorhaben des Kardinals drohe, Polen mehr als jeder andere Streit seit dem Ende des Kommunismus zu spalten. Das fordert wiederum das national-konservative Kaczynski-Lager heraus. Übertrieben bösartig greift der Schriftsteller Jaroslaw Marek Rymkiewicz in der Zeitung *Rzeczpospolita* die Gegner einer Bestattung auf dem Wawel an. Sie hätten Kaczynski doch den Tod gewünscht. »Sie haben kein Recht, hinter seinem Sarg zu gehen. Sie haben kein Recht, polnische Politiker zu sein.«[10]

Vor der Überführung des Leichnams nach Krakau findet am Sonnabend, den 17. April 2010, in Warschau eine große Trauerfeier statt. Zigtausende Menschen versammeln sich. Seit früh um sechs Uhr strömen die Menschen aus dem ganzen Land in die Innenstadt, sind mit Sonderzügen und Bussen angereist. Ihr Ziel ist der riesige Pilsudski-Platz, 400 Meter entfernt vom Präsidenten-Palast, vor dem noch immer Zehntausende warten, um einen Blick auf die Särge von Lech Kaczynski und seiner Frau Maria zu erhaschen. Punkt 12 Uhr läuten die Glocken, die Trauernden versammeln sich auf dem Pilsudski-Platz. Die Totenmesse wird ab 13 Uhr gehalten. Es sind keine Särge zu sehen, aber die Fotos der 96 Absturzopfer. Staatspräsident Komorowski sagt bei seiner Ansprache mit Blick auf Katyn: »Zum zweiten Mal ist die Welt für uns an diesem Ort eingestürzt.« Der Präsidentenpalast ist für die Öffentlichkeit gesperrt, dort dürfen die Familien ganz privat Abschied nehmen, bevor die Särge zu einer Totenmesse in den Johannes-Dom gebracht werden.

Staatsgäste aus aller Welt haben sich angesagt, doch der europäische Flugverkehr ist durch Vulkanstaub aus Island stark eingeschränkt: Viele Trauergäste müssen absagen, darunter

US-Präsident Barack Obama, der russische Präsident Dimitrij Medwedjew, die deutsche Kanzlerin Angela Merkel, Bundespräsident Horst Köhler, EU-Kommissionspräsident José Barroso, EU-Ratspräsident Herman van Rompuy. Auch Kardinaldekan Sodano, der die Predigt bei der Trauermesse in der Krakauer Marienbasilika halten sollte, kann nicht kommen.

Am Sonntag, den 18. April, ganz in der Frühe landet die Militärmaschine mit den Särgen von Maria und Lech Kaczynski auf dem Flughafen Krakau-Balice, zehn Kilometer vom Stadtzentrum entfernt. Von dort werden die Särge zum Kloster der Heiligen Schwestern nördlich der Weichsel gebracht. Bereits am Morgen strömen die Massen in die historische Altstadt von Krakau. Die Stadtverwaltung hat sich auf einen nie da gewesenen Ansturm eingestellt. Die Beerdigung werde das größte Ereignis sein, das die Stadt seit Hunderten von Jahren gesehen habe, so Stadtsprecher Filip Szatanik.

In Krakau sind große Bildschirme aufgestellt. Als die beiden Leichenwagen durch die Straßen rollen, brandet plötzlich Beifall auf, der gleich wieder verstummt. Es werden Parteiplakate hochgehalten, Sprechchöre angestimmt. In der Marienbasilika ergreifen Parlamentspräsident und kommissarisches Staatsoberhaupt, Sejm-Marschall Komorowski, und Ministerpräsident Donald Tusk das Wort. Beide betonen, dass die Opfer im Leben sehr unterschiedliche Ansichten vertreten hätten. Und auch künftig werde es sicherlich wieder, wie es zur Demokratie gehöre und wie es der Natur des Menschen entspreche, den Austrag von Streit geben. Komorowski erinnert daran, dass Lech Kaczynski auf dem Weg nach Katyn ums Leben kam, wo er der 1940 auf Stalins Befehl ermordeten polnischen Offiziere gedenken wollte. Die Wunden, die dieses Verbrechen Polen zugefügt habe, hätten auch deshalb so lange nicht heilen können, weil die Wahrheit darüber so lange unterdrückt worden sei. Kaczynski habe über die Wahrheit zur Versöhnung mit Russland kommen wollen, dieser Weg müsse fortgesetzt werden. Komorowski dankt dem russischen Präsidenten und den russischen Bürgern für das Mitgefühl und die Hilfe nach dem Unglück. »Auch wegen des Unglücks weiß heute die ganze Welt die Wahrheit über Katyn.«[11]

Nach der Trauermesse werden die in weiß-rote Flaggen gehüllten Särge auf Geschütz-Lafetten durch die Krakauer Altstadt zur Wawel-Burg gebracht. Erneut säumen Tausende Menschen die Straßen. In der Wawel-Kathedrale auf der Burg wird das Paar in einem Sarkophag bestattet. Nur die Familie, darunter die Tochter Marta und der Bruder Jaroslaw, dürfen den letzten Minuten der Zeremonie beiwohnen.

Mit der Beisetzung des Präsidenten in der Wawel-Kathedrale in Krakau geht nicht nur die einwöchige Staatstrauer in Polen zu Ende, sondern auch die lagerübergreifende Einigkeit, die das Land im Moment des ersten Schocks nach der Katastrophe in Smolensk erfasst hatte. Der kurze Streit darüber, ob das polnische Nationalheiligtum auf dem Wawel der richtige Begräbnisort für einen Präsidenten sei, der kaum eine Chance auf Wiederwahl gehabt hätte, war nur der erste Misston in der Harmonie. Noch halten sich die Politiker zurück, vielleicht auch, weil viele von dem Unglück persönlich getroffen wurden angesichts der Tatsache, dass führende Vertreter aller Parlamentsparteien ums Leben kamen.[12]

Am 20. Juni soll ein neuer Präsident gewählt werden. Zwei Wochen nach dem Absturz der Präsidentenmaschine, am Ende der Bewerbungsfrist, teilt Jaroslaw Kaczynski seine Entscheidung mit: Er kandidiert anstelle seines toten Bruders für das Amt des Staatsoberhauptes. Er wolle die Mission seines Bruders vollenden. Umfragen geben Jaroslaw mit seiner Partei PiS keine Chance gegen die liberal-konservative Bürgerplattform Komorowskis. Kommentatoren unterstellen ihm taktische Überlegungen: Er wolle den Mitleidseffekt ausnutzen, sehe sich quasi unangreifbar, weil jede Kritik an ihm als Angriff gegen den toten Bruder aufgefasst werden würde. Tatsächlich erweckt

Jaroslaw Kaczynski im Wahlkampf den Eindruck, er versuche, sich seinem Bruder noch ähnlicher zu machen. Es werden Wahlspots produziert, die von denen des Wahlkampfs seines Bruders im Jahr 2005 nicht recht zu unterscheiden sind. Doch es hilft ihm nichts, denn Bronislaw Komorowski wird neuer Präsident Polens werden.

In den Wahlkampf spielt ein bizarrer Streit hinein, der fünf Monate anhalten soll und erst längere Zeit nach der Wahl beendet werden kann. Es geht um ein Holzkreuz, das Pfadfinder Mitte April, kurz nach dem Unglück, vor dem Präsidentenpalast aufstellten. Ein Zeichen der Trauer, an dem sich täglich Tausende versammelten. Nachdem das Ehepaar Kaczynski beigesetzt worden war, stellte sich die Frage: Was wird aus dem Kreuz?

Das Kreuz wird zum Symbol, das die Kulturkämpfe in der polnischen Gesellschaft anheizt: Kirche gegen Staat, Demokraten gegen Autokraten, rechts gegen links, alt gegen jung. Das Holzkreuz symbolisiert längst nicht mehr nur den Glauben, sondern auch das, was sie trennt. Die junge Generation lebt, misstrauisch beäugt von der älteren, nicht mehr nach den erzkatholischen Vorstellungen von einst, für die die Brüder Kaczynski standen und für die Jaroslaw noch immer steht. Ihre Anhänger wollen, dass das Kreuz bis zur Errichtung eines Denkmals für Lech Kaczynski vor dem Präsidentenpalast bleibt. Und so pilgern sie monatlich zu dem Holzkreuz.

Den Kritikern wiederum steht das Kreuz zu nah am Präsidentenpalast und verletzt dadurch das laizistische Prinzip, die Trennung von Staat und Kirche. Komorowski begründet das so: Das Kreuz ist ein religiöses Symbol. Wegen der vorgegebenen Trennung von Staat und Kirche habe es vor seinem Amtssitz, dem Präsidentenpalast, nicht den richtigen Platz. Das ist eine in Polen bemerkenswerte Begründung. Die Trennung von Staat und Kirche ist in diesem Land, in dem mehr als 90 Prozent Katholiken sind, gar nicht möglich. Die Kirche ist Teil der polnischen Nationalidentität. Komorowski selbst ist bekennender Katholik.

Er ordnet an, die Heiligenverehrung einige Meter weiter in die Kirche der Heiligen Anna zu versetzen. Doch als Männer ausrücken, um die Trennung von Kirche und Staat durchzusetzen, werden anwesende Kaczynski-Anhänger handgreiflich und verteidigen das Kreuz mit vollem Körpereinsatz; einige der zumeist älteren Menschen beschimpfen Komorowski als »Judas«. Das neue Staatsoberhaupt, kaum ins Amt gewählt, knickt ein und lässt das Kreuz stehen, wo es ist. »Es war ein Sieg der Anarchie und des Fanatismus«, schreibt tags darauf die Zeitung *Gazeta Wyborcza*.

Mit der Warschauer Kurie vereinbart Komorowski, dass das Kreuz in die nahe gelegene Sankt-Anna-Kirche gebracht wird. Anfang August wollen Priester es feierlich umsetzen. Doch der Prozession stellen sich national-konservative Demonstranten in den Weg. Eine entsetzliche Szene: Katholiken gegen Priester im Ornat! Schlägereien. Die Polizei greift zu Tränengas. Das Kreuz bleibt. Danach wird der Streit zur Posse, die vor allem Komorowski Stiche versetzt. Der Bruder seines Vorgängers, Jaroslaw Kaczynski, hat sich auf die Seite der Kreuzverteidiger geschlagen, die nun Tag und Nacht unter Polizeischutz vor dem Präsidentenpalast kampieren. Es folgt eine Reihe von Kompromissvorschlägen, die aber an der Sturheit der Demonstranten scheitern.

Am 16. September 2010 hat das Ganze ein Ende. Präsidentensprecher Jacek Michalkowski persönlich macht sich mit vier Helfern am frühen Morgen auf dem Weg zum Kreuz, lässt es durch den Haupteingang des Präsidentenpalastes tragen und in die Kapelle des Präsidentenpalastes stellen. Ein Staatsakt. Komorowski weihte zuvor Ministerpräsident Tusk ein. Jetzt ist das Kreuz zwar nicht in der Sankt-Anna-Kirche, wie mit der Kurie vereinbart, aber auch nicht mehr vor dem Präsidentenpalast.

Seit der Beisetzung des Ehepaars Kaczynski in Krakau kommen täglich rund 15 000 Menschen auf den Wawel. Jung und Alt und vor allem: ein Bus nach dem anderen mit Schulklassen. Polen befindet sich in einem schwer zu beschreibenden Seelenzustand. Der eigensinnige und vielfach als enfant terrible der polnischen Literaturszene angesehene Intellektuelle Andrej Stasiuk versucht in mehreren international beachteten Aufsätzen, die kollektive Verfassung in Worte zu gießen:

> »Die Flugzeugkatastrophe wurde sofort als Schicksalszeichen, als mystische Erfahrung gedeutet, die dem ganzen Volk zuteil geworden sei. Sofort wurde eine Trauer verhängt, die man als totale Trauer bezeichnen kann. Wahrscheinlich war es die größte, intensivste und mediengerechteste Trauer in der Geschichte Europas. (…) Seit den Zeiten der Romantik hält mein Land sich für den Christus unter den Nationen. Vielleicht ist das so – mit einer so verwegenen These ist schwer zu diskutieren. Ganz gewiss aber ist Polen der Nekrophile unter den Nationen. (…) Wir verbinden die Flugzeugkatastrophe mit der nationalen Tragödie, die in meinem Land in einem Atemzug mit Auschwitz genannt wird. (…) Ich glaube, dies war das größte Beerdigungsritual in der Geschichte Polens. Im Grunde nahmen alle daran teil. Es gab kein Entkommen. Das erinnert an Stammesriten, an denen die gesamte Gesellschaft teilnehmen musste. Wer sich weigerte, stellte sich außerhalb der Gemeinschaft.«[13]

Katyn, das zweifache Trauma der Polen, weckt starke überschattende Emotionen. Einen Erklärungsansatz bietet Artur Becker, 1968 im polnischen Bartoszyce geboren und seit 1985 in Deutschland: »Der Henker heißt im Polnischen kat. Katyn – sprich mit uns und sag uns, wie es weitergehen soll, denn wir sind ratlos und wie erschlagen: So pochen jetzt die Herzen aller Polen, vereint im Schmerz. Und jeder an der Weichsel fragt sich: Ist es ein polnisches Fatum, dass irrationale Schicksalsschläge das kollektive Bewusstsein der Nation regelmäßig aufsuchen und unsere irdische Existenz in Frage stellen?«[14]

Jaroslaw Kaczynski weiß die Verfassung der Polen geschickt auszunutzen. Er habe, so der Politologe Mikolaj Czesni, einen ausgeprägten Sinn für Massenpsychologie: »Er hat gelernt, mit den Gefühlen der Menschen zu spielen, manchmal mit den niedrigsten.«[15] Als Mitte November 2010 Mitglieder der PiS nach Washington reisen, gibt er ihnen als Parteivorsitzender einen Brief an Kongressangehörige mit auf den Weg. Die Abgeordneten werden gebeten, doch bei der Aufklärung des Unglücks behilflich zu sein. Regierungssprecher Pawel Gras ist empört: »Dies ist ein absoluter Skandal, der an Verrat grenzt.« Es sei unzulässig, einen anderen Staat an der Regierung des eigenen Landes vorbei um Hilfe zu bitten.[16]

Kurz vor Weihnachten zündet Jaroslaw Kaczynski die nächste mediale Bombe. Der Beigesetzte auf dem Wawel sei möglicherweise gar nicht sein Zwillingsbruder Lech. Er habe seinen Bruder am Tag des Absturzes in Smolensk an einer Narbe erkannt und so identifiziert. Nach der Überführung der sterblichen Überreste von Moskau nach Warschau habe er den Leichnam nicht mehr wiedererkannt. »Der Mensch hier (im Sarg, der Verf.) erinnerte überhaupt nicht an meinen Bruder.« Möglicherweise seien bei der Obduktion in Moskau Fehler unterlaufen. Warum er jetzt damit komme, damals nicht sofort eingegriffen habe, erklärt Jaroslaw Kaczynski nicht. Er lässt auch offen, ob er eine Exhumierung fordern werde oder nicht. Die Aufregung ist erst einmal groß, bei vielen das Kopfschütteln auch. Dann hört man nichts mehr davon.[17]

Der Absturzbericht

Die Trauer um die bei dem Flugzeugabsturz zu Tode gekommenen Führungskräfte Polens und der mediale Wirbel um den Bestattungsort des Ehepaars Kaczynski und das Holzkreuz vor dem Parlamentspalast überdecken andere Nachrichten von erheblicher Bedeutung. Das jüngste Unglück bei Katyn zwingt Moskau und Warschau zur Zusammenarbeit. Es wird zum Test in Sachen Gewissenhaftigkeit und Taktgefühl. Am 21. April 2010, zwei Wochen nach der Feier in Katyn mit Putin und Tusk, stuft das Oberste Gericht Russlands die Entscheidung der russischen Militärstaatsanwaltschaft, bei den Akten über die Erschießung polnischer Offiziere handle es sich um Verschlusssachen, als gesetzeswidrig ein. Damit hat sich die Bürgerrechtsorganisation *Memorial* durchgesetzt. Der Fall von 1940 kann erneut aufgerollt werden. Eine Woche später ordnet Präsident Dmitrij Medwedjew persönlich an, sieben Akten zu Katyn zu veröffentlichen. Zu ihnen gehört auch das Todes-Memorandum vom März 1940 des damaligen NKWD-Chefs Lawrentij Berija mit den Unterschriften der Mitglieder des Politbüros. Diese Dokumente waren zwar schon 1992 von Jelzin freigegeben worden, aber nur ausgewählte Wissenschaftler durften sie im Moskauer Staatsarchiv einsehen. Jetzt sind die Akten für jeden im Internet auf der Seite des russischen Archivdienstes einsehbar. Kurz nach der Freigabe verzeichnet die Seite bereits zwei Millionen Zugriffe. Zeitweilig bricht der Server wegen Überlastung zusammen.[18]

Der Leiter des Archivs, Andrej Artisow, macht noch eine wichtige Ergänzung. Unterschriften auf den freigegebenen Dokumenten würden beweisen, dass alle Nachfolger Stalins die Akten eingesehen hätten. Auch seien im Archiv gefälschte »Beweise« für die deutsche Schuld gefunden worden. »Aber dort, wo die meisten Polen erschossen wurden, waren nie deutsche Truppen.«

Polnische wie russische Historiker und Politiker erneuern jetzt ihre Forderung nach Rehabilitierung der Opfer. Nochmals ist deutlich geworden, dass das NKWD sie rechtswidrig als Kriminelle behandelte. Der Vorsitzende der Organisation *Memorial*, Arseni Roginski, beklagt außerdem, dass noch immer nicht alle Namen der Ermordeten bekannt seien. Zudem müsse die Identität der Mörder auf der ausführenden Ebene endlich gelüftet werden.

Am 8. Mai 2010 übergibt Medwedew im Kreml Komorowski 67 Aktenbände mit Dokumenten des »Straffalls Nr. 159«, der die Erschießung polnischer Offiziere in Katyn betrifft. Der russische Präsident kündigte die Freigabe weiterer Unterlagen an. Doch wie ernst meint er das? Ein Moskauer Gericht erklärt kurz nach dieser Ankündigung, am 21. September 2010, einen Großteil alter Militärgerichtsakten für streng geheim, die die Erschießung polnischer Offiziere während des Zweiten Weltkrieges in Katyn aufklären könnten. Die *Gazeta Wyborcza* reagiert mit Unverständnis:

> »Wer hat denn das gemacht? Gerade das darf die öffentliche Meinung nicht erfahren, weil das Gericht seine Angelegenheit hinter verschlossenen Türen prüft. Der gesamte Ablauf und das Ergebnis sind streng geheim. Alle an dem Verfahren Beteiligten wurden unter Strafandrohung dazu gezwungen, eine Verpflichtung zu unterschreiben, dass sie schweigen. Auf diese Weise wurde die Bekanntgabe des Geheimnisses zu einem zweiten Geheimnis, das vom Staatsapparat gehütet wird. (…) Sie lachen die Familien der Opfer aus und verhöhnen die russischen Menschenrechtsaktivisten.«[19]

Wo die Wahrheit verschwiegen wird, macht sich der Mythos breit. Die Untersuchung des Flugzeugabsturzes soll Klarheit bringen. Die Trümmerstücke werden nach Moskau gebracht und zusammengesetzt. Damit können bestimmte Absturzursachen ausgeschlossen werden. Die Hoheit liegt, wie auch bei der Auswertung des Voice Recorders (Stimmenmitschnitt), bei den russischen Behörden. Die Mitschrift der letzten 40 Minuten des Fluges am 10. April veröffentlichte das polnische Innenministerium bereits am 1. Juni 2010 auf seiner Website in polnischer und russischer Sprache.[20] Die Aufzeichnungen aber lassen viele Fragen offen.

In Moskau ermittelt nun neben der Staatsanwaltschaft das Moskauer Zwischenstaatliche Luftfahrtkomitee MAK. Da es sowohl für Zulassungen von Flughäfen und Maschinen zuständig ist als auch für die Aufklärung von Unglücken, spielt MAK oft eine nicht unproblematische Rolle bei der Untersuchung von Flugzeugabstürzen. Das heißt, es besteht die Neigung, eigene Fehler zu vertuschen und am Ende stets Pilotenfehler zu finden. In Polen arbeiten unabhängig voneinander die Militärstaatsanwaltschaft und die staatliche Kommission für Flugunfälle an der Aufklärung.

Polen hat beim MAK zwar einen Vertreter, Oberst Edmund Klich, doch der erhält kaum Informationen. In einem Brief fordert er »mehr Offenheit«. Polens Innenminister Jerzy Miller fliegt nach Moskau, um Druck zu machen. Mitte August händigt der russische Vize-Generalstaatsanwalt Alexander Swjaginzew der polnischen Untersuchungskommission elf Ordner Ermittlungsakten aus. Es handelt sich um Zeugenvernehmungen, Fotoaufnahmen und Untersuchungen vom Unglücksort sowie um rechtsmedizinische Berichte der Leichenschau. Swjaginzew teilt mit, es sei seinen Ermittlern sogar gelungen, einen Augenzeugen zu finden, der den Absturz mit dem Mobiltelefon gefilmt habe.

Doch die polnische Regierung will darüber hinaus weitere Informationen, die allerdings in den Händen des MAK liegen: Details zur technischen Ausstattung des Flughafens, welche Geräte eingesetzt wurden, wie der rechtliche Status des Flugplatzes überhaupt zu sehen ist, wer die Personen im Kontrollraum waren, wie die geltenden Verfahrensweisen lauten. Antwort auf diese Fragen kommt aus Moskau jedoch nicht. Die Zusammenarbeit gestaltet sich schwierig. Anfang Oktober klagt der Sprecher der polnischen Militärstaatsanwaltschaft, dass von sechs Rechtshilfeersuchen aus Warschau bisher nur zwei bearbeitet wurden und auch diese nur teilweise.

Am 20. Oktober 2010 legt das Luftfahrtamt MAK Warschau seinen »umfassenden« Bericht von 210 Seiten vor. Der Inhalt wird zwar nicht veröffentlicht, aber vieles sickert dennoch durch. Auch das Internationale Luftfahrtkomitee (IAC) und die US-Verkehrsbehörde NTSB waren um Unterstützung gebeten worden: Sie führten Untersuchungen zur Bordelektronik in einem Labor in Redmond im US-Bundesstaat Washington durch. Die russischen Behörden geben laut dem Bericht dem polnischen Piloten die Hauptschuld am Absturz. Die Polen fügen dem russischen Bericht 150 Seiten Anmerkungen an. Aus beiden Papieren soll für Dezember eine Art Endbericht ausgearbeitet werden.

Die Luftfahrtbehörde Russlands übergibt am 12. Januar 2011 offiziell ihren 20000 Seiten starken Abschlussbericht zum Absturz der polnischen Präsidentenmaschine. »Eine Landeerlaubnis für die Piloten des Flugzeugs hat es nicht gegeben«, sagt die Leiterin des internationalen Luftfahrtamts MAK, Tatjana Anodina. Zudem sei die Besatzung auf den Flug nach Russland und auf die dort herrschenden Wetterverhältnisse unzureichend vorbereitet gewesen. Auch sei der polnische Protokollchef im Cockpit der Präsidentenmaschine aufgetaucht, sagt Anodina. Dies habe psychologischen Druck auf die Besatzung ausgeübt und zur Entscheidung des Piloten beigetragen, »eine Landung unter nicht angemessenen Bedingungen auszuführen«. Kommandeur Andrzej Blasik habe bei dem Absturz vor neun Monaten mit 0,6 Promille Alkohol im Blut trotz Warnungen der russischen Flugüberwachung die Piloten zur Landung gezwungen. Er sei im Cockpit gewesen. Der Tower auf dem Flughafen im westrussischen Smolensk habe wegen schlechten Wetters ausdrücklich einen Ausweichlandeplatz angeboten.[21]

Am 13. Januar ist Tusk am Rande des EU-Gipfels in Brüssel bemüht, die Emotionen zu dämpfen, die der Bericht in den polnischen Medien und bei der nationalkonservativen Opposition um Jaroslaw Kaczynski ausgelöst hat. In dieser Form, so sagt er, sei das Papier »ohne Zweifel unakzeptabel«. Es gebe darin Fehler und Mängel, die zu falschen Schlussfolgerungen führten. Tusk will nun mit der russischen Regierung darüber Gespräche führen. Sollten diese scheitern, so kündigt er an, könnte auch die Internationale Zivilluftfahrtorganisation ICAO (International Civil Aviation Organization) zur Klärung beauftragt werden. Für Jaroslaw Kaczynski ist die Sache ohnehin klar: Nur die Russen sind für das Flugzeugunglück von Smolensk verantwortlich.

Eine polnische Untersuchungskommission weist dem Tower eine Mitschuld an der Katastrophe zu. Am 18. Januar 2011 legt sie einen vorläufigen Bericht vor. Danach stand die russische Besatzung ebenso wie ihre Kollegen im Cockpit des polnischen Fliegers unter massivem Druck der Obrigkeit, hatte doch das Massaker von Katyn das russisch-polnische Verhältnis über Jahrzehnte vergiftet. Die russischen Fluglotsen hätten »an der Grenze der psychischen Belastbarkeit« gehandelt, kritisiert Miroslaw Grochowski, ein Kommissionsmitglied, in Warschau: »Sie boten der polnischen Flugbesatzung nicht genügend Unterstützung.«

Diese polnische Analyse stützt sich auf Tonprotokolle der Dialoge im Tower. Warschau kritisiert, aus Moskau noch immer keinen technisch hochwertigen Mitschnitt erhalten zu haben. Rund 20 Prozent der Gespräche seien nicht zu verstehen. Im Tower herrschte Hektik und Chaos, die Telefone klingelten und aus Moskau kamen scharfe Anweisungen. Der Tower habe es versäumt, rechtzeitig auf die »fatalen Wetterbedingungen«, den dichten Nebel mit Sichtweiten unter 300 Metern hinzuweisen. Als die Maschine bereits kurz vor dem Aufsetzen war, kommandierte der Tower Smolensk »Horizont« – doch diese Order zum Durchstarten sei viel zu spät erfolgt.[22]

Russland und Polen schieben sich gegenseitig die Schuld zu. Moskau veröffentlicht auf der MAK-Internetseite das Protokoll der Kommunikation zwischen Flugsicherung und Präsidentenmaschine. Deren letzte Minuten vor dem Absturz sind dort nachzulesen. Die Abschrift soll zeigen, dass die russischen Fluglotsen von der Ankunft der polnischen Präsidentenmaschine überrascht wurden – und zugleich wegen des dichten Nebels und schlechter Sicht vor einer Landung warnten.[23]

Die Opposition wirft derweil Premier Tusk vor, er habe nicht darauf gedrungen, eine gemeinsame russisch-polnische Expertenkommission einzurichten, sondern der russischen Seite die Untersuchung zu überlassen.

Hatte die Trauerfeier für die Opfer des Todesflugs am 10. April Polen und Russland vereint, so entzweit der Streit um die Absturzursache. Der russische Abschlussbericht lässt offenbar werden, dass es mit der exzellenten polnisch-russischen Zusammenarbeit, die beide Führungen zuletzt wiederholt beschworen, nicht so weit her ist. Die »Sprache des Hasses« beginnt die öffentliche Auseinandersetzung in Polen zu dominieren.

»In Anbetracht dramatischer Auswüchse im öffentlichen Disput Polens sprechen wir uns für einen Dialog aus, der die Würde, die Werte und das Ansehen der jeweils anderen Seite nicht beeinträchtigt.« Mit diesen Worten wenden sich im Januar 2011 bekannte Wissenschaftler, Künstler und Organisationsvertreter an die Öffentlichkeit. Die Gruppe »Zmowa Obywatelska« (Bürgerverständigung) ruft im Internet dazu auf, angesichts der weit verbreiteten Intoleranz nicht länger zu schweigen. Eine sachliche Auseinandersetzung über gesellschaftliche Probleme sei das Gebot der Stunde. Ebenfalls in der Netzwelt starten andere Bürger die Aktion »Bitte einen Tag ohne Katyn, Smolensk, Katastrophe … im Fernsehen und den anderen Medien!« Der hitzige Streit um die Ursachen des Flugzeugabsturzes bei Smolensk sei auf die Dauer nicht auszuhalten. Das Anliegen wird allein in den ersten drei Tagen von mehr als 80 000 überwiegend jungen Menschen unterstützt.[24]

All das ficht Jaroslaw Kaczynski nicht an. Bis zu den Parlamentswahlen am 21. Oktober 2011 will er um die »Smolensker Wahrheit« kämpfen: Sein Zwillingsbruder Lech sei einem Komplott Tusks mit dem russischen Premier Putin zum Opfer gefallen. Für den 10. April, den Jahrestag des Absturzes, will der PiS-Führer seine Anhängerschaft zu einer patriotischen Demonstration vor dem Wawel in Krakau zusammentrommeln.

Das Trauma von Katyn nimmt kein Ende, das polnische Volk scheint nicht zur Ruhe kommen zu können. »Wir sollten in diesem Fall nicht nach solchen Antworten suchen, die lediglich unseren Verstand befriedigen wollen«, empfiehlt der deutsch-polnische Schriftsteller Artur Becker. »Wir müssen uns auch mit solchen Antworten auseinandersetzen, die wir nicht begreifen: Und Katyn hat uns eine solche unbegreifliche Antwort gegeben, die von uns nicht verarbeitet werden kann, da sie unser irdisches Dasein und Tun in Frage stellt.«[25]

Nachwort

Der Absturz der polnischen Präsidentenmaschine im April 2010 auf dem Weg zu einer Trauerfeier zum 70. Jahrestages des Massakers an der polnischen Elite hat »Katyn« zum zweifachen Trauma der Polen gemacht. Leid ist zunächst individuell und persönlich. Zu den Opfern von 1940 gehört Boleslaw Sariusz-Skapski, damals junger Staatsanwalt und Vater eines zweijährigen Sohnes. Beim letzten Abschied schenkte er seiner Frau seinen Siegelring. Den trug Sohn Andrjzej sein Leben lang bis zum 10. April 2010. Er saß an Bord der Präsidentenmaschine als Vorsitzender der Opfervereinigung »Katyner Familien«. Jetzt verwahrt seine Tochter Izabella Sariusz-Skapska, die ihre Doktorarbeit über Katyn geschrieben hat, den Siegelring.[1] So verdichtet sich manchmal Schicksal über Generationen in einem einzigen kleinen Gegenstand.

Der herausragende polnische Publizist Adam Krzeminski verbindet mit dem Wiederaufleben des Albtraums »Katyn« die Hoffnung, dass diesmal die nationale Tragödie zu einer Selbstbesinnung führen möge, die »die politische Kultur milder machen wird«. Er glaubt, dass die Polen »dieser in ihrer Geschichte präzedenzlosen Tragödie einen Sinn geben« können. Sie könne Anlass zu »polnischer Selbstreflexion über das eigene – historisch bedingte, aber oft so kontraproduktive – Misstrauen gegenüber seinen Nachbarn sein, deren Politik vor allem als permanente Konfrontation wahrgenommen wird (…). Unter diesem Gesichtspunkt sind die russischen und die deutschen Beweise des Mitgefühls nach der Katastrophe von Smolensk von großer Bedeutung. Sie zeigen einer neuen Generation

233

von Polen, dass sie nicht allein gelassen werden und dass das gemeinsame Europa nicht nur eine Chimäre von Utopisten ist. (…) Die polnische Versöhnung mit sich selbst über einem Meer von Kerzen vor dem Präsidentenpalast kann einen Paradigmenwechsel nicht nur im Stil der polnischen Politik, sondern auch im Selbstverständnis vieler Polen einleiten.«[2]

Doch nicht nur das. Das zweifache Trauma verändert auch Russland. Das Land ringt um eine innere Neufindung. Putin selbst, von 1998 bis 1999 Direktor des Inlandsgeheimdienstes der russischen Föderation (FSB), eine der Nachfolgeorganisationen des KGB, verkörpert den Zwiespalt. Auf der einen Seite kennt und stützt er die Wirkung des russischen Reichsgedankens, den der Stalinismus aufgesogen hatte, andererseits weiß er, dass es auf Dauer keine Versöhnung nach innen wie nach außen ohne Wahrheit geben kann. Seine Trauer am Unglücksort und die Anteilnahme bei der Umarmung Tusks waren echt und keine taktisch berechnete Geste.

Auch dass das russische Staatsfernsehen Wajdas Katyn-Film am Tag nach dem Unglück im Hauptabendprogramm brachte, ist ein kleiner Schritt in Richtung Neufindung. Erstmals bekamen die Völker Russlands so diesen Teil ihrer Geschichte gezeigt. Er ist nur ein kleiner Teil der Millionen Morde, die auf dem Boden des Sowjetreiches vor allem auch an der eigenen Bevölkerung verübt wurden. Noch längst sind nicht alle Massengräber in Russland, der Ukraine, Weißrussland und anderen Ländern entdeckt worden.

Die russische Historikerin Natalja Lebedjewa, Mitglied der Moskauer Akademie der Wissenschaften, fordert eine schonungslose Aufklärung der Geschichte, weil sonst in ein, zwei Generationen vielleicht wieder totalitäre Herrschaft drohe.[3] Das ist nicht zu weit hergeholt. Stalin und seine Schergen stehen bei vielen in Russland nach wie vor hoch im Kurs. Wirklichkeit und Wahrheit werden verdrängt. Als die Zeitung *Nowaja Gaseta* schrieb, Stalin und das NKWD stünden »für Ströme von Blut, für schwerste Verbrechen, vor allem gegen das eigene Volk«, wurde sie von Stalins Enkel Jewgenij Dschugaschwili auf zehn Millionen Rubel (220 000 Euro) wegen Verunglimpfung verklagt. Er war der Auffassung, dass sein Land unter Stalin »die strahlendste Periode durchlebte«, in der der Rubel »mehr wert als der amerikanische Dollar gewesen« sei.[4] Die Fraktion der russischen Kommunisten (KPRF), größte Oppositionspartei im Parlament, erklärte im Sommer 2010 vor der Duma, die Akten zu den Morden seien Produkte von Fälscherwerkstätten.[5] Doch nicht nur das.

Noch sträubt sich die Regierung, die Gesetzeslage dahingehend zu ändern, dass Staatsanwaltschaft und Gerichte nicht länger lavieren können, um Opfer eben nicht zu rehabilitieren und Täter nicht zur Rechenschaft zu ziehen. Wenn die Duma mehrheitlich erstmals die Morde an der polnischen Elite anprangerte, wie im November 2010 geschehen, ist das vielleicht ein Anzeichen für einen Wandel. Wenn Russland das Erbe der Sowjetunion als Welt- und Atommacht beansprucht, muss es auch bereit sein, sich zu dem moralischen Ballast zu bekennen. Doch nicht nur das.

Die Tragödie von Smolensk hat bewirkt, dass das Wort »Katyn« keinen leeren Klang mehr in der Welt hat oder lediglich als eine polnische Obsession angesehen wird. Dieser Wandel ist in Polen allseits mit großer Genugtuung vermerkt worden. Wie die Morde letztlich zu definieren sind, ob als Kriegsverbrechen, als Massenmorde, als Soziozid, als Genozid oder als Verbrechen gegen die Menschlichkeit, ändert letztlich nichts am Sachverhalt selbst. Die Kläger vor dem Europäischen Gerichtshof in Straßburg wollen Rehabilitation, die Wiederherstellung von Ehre und Würde über den Tod hinaus, nicht Geld.

Katyn, das zweifache Trauma der Polen, ist nicht zuletzt ein Teil der unüberschaubaren, ideologisch bestimmten Massenmorde des 20. Jahrhunderts. Diese Epoche der »totalitären Signatur«[6] wiederum ist nur die jüngste Phase politisch begründeter Morde, wie sie die gesamte menschliche Geschichte durchziehen. Die Frage nach dem Warum ist nicht allein Sache von Psychologen, die Motive und Verhalten zu erklären suchen, von Neurobiologen, die Prozesse im menschlichen Hirn analysieren, von Theologen und Philosophen, die den Menschen zwischen Gott und Teufel, zwischen Gut und Böse ansiedeln. Die Frage hat auch ihren Stellenwert im Sinne einer historischen Anthropologie, letztendlich als Frage nach der conditio humana, nach der menschlichen Natur, dem Menschsein. Dafür wird Katyn immer ein Beispiel bleiben.

Anhang

Anmerkungen

Von der Gefangenschaft in den Tod

[1] Russisch »Gossudarstwennoje Polititscheskoje Uprawlenije« für Vereinigte staatliche politische Verwaltung, OGPU, seit 1922 Nachfolgeorganisation der Tscheka, meistens als GPU abgekürzt oder als Zentralpolitische Abteilung bezeichnet. 1934 Eingliederung ins Innenkommissariat der UdSSR. Die GPU war Vorläuferin des NKWD (Volkskommissariat für Innere Angelegenheiten) wie des NKGB, des KGB und des heutigen MWD der russischen Föderation. Im Detail eine sehr unübersichtliche Organisationsgeschichte, da Zuordnungen und Verantwortlichkeiten ständig wechseln.

[2] Zawodny, S. 25f., Mackiewicz, Katyn, S. 136f.; Amtliches Material (van Bergh), S. 18ff.

[3] Amtliches Material (van Bergh), S. 75; *Frankfurter Neue Presse* v. 12.1.1949; *Neue Zeitung* v. 26.4.1952; *Frankfurter Allgemeine Zeitung* v. 26.4.1952; Mackiewicz, Katyn, S. 120

[4] Amtl. Material (van Bergh), S. 26

[5] Geheimbericht des britischen Botschafters bei der polnischen Exilregierung O'Malley an das Foreign Office vom Mai 1943; Janßen in *Die Zeit* 22.7.1988; Zawodny, S. 30, 93; FitzGibbon, S. 15; Amtl. Material (van Bergh) S. 53 u. 90ff. Die Leiche von Leutnant Stefan Mejster wurde 1943 identifiziert und erhielt die Registrationsnummer 378.

[6] In der Literatur werden oft leicht voneinander abweichende Zahlen genannt. Hier wird die Zahl übernommen, die in der Klage von 2009 vor dem Europäischen Gerichtshof für Menschenrechte genannt wird und die ihrerseits auf das Memorandum des KGB-Chefs Alexander Schelepin vom 3.3.1959 an Nikita Chruschtschow zurückgeht.

[7] Im deutschen Untersuchungsbericht (siehe van Bergh: Amtliches Material) von 1943 findet sich auf S. 235, Nr. 2564, der Eintrag:

»Wolk, Winzenty, Obltn., Postkarte, Brief, 3 Abzeichen.« Siehe auch: Christian Neef in *Spiegel* 41/2008.

8 Der Vertrag wurde von den Außenministern Joachim von Ribbentrop und Wjatscheslaw Molotow unterzeichnet. Am 27./28.9.1939 folgte der »Grenz- und Freundschaftsvertrag« zwischen Deutschland und der Sowjetunion, der die geheimen Zusatzklauseln zur Annexion der baltischen Staaten enthielt.

9 Mackiewicz, Katyn, S. 20; vgl. Kaiser, Staatsverbrechen, S. 28f.

10 Kleinstadt in der Südostecke Ostpolens, 100 Kilometer von Lemberg

11 Zur kriminellen Persönlichkeit Serows siehe Kaiser, Staatsverbrechen, S. 402f.

12 Generell dazu: Das System der Besserungsarbeitslager in der UdSSR 1923–1960, Memorial International (Hg.), Moskau 1998, deutsch Berlin 2006

13 Zawodny, S. 85f.

14 FitzGibbon, S. 4 u. 14; Mackiewicz, Katyn, S. 28 u. 100

15 Kaiser, Staatsverbrechen, S. 248; Kaiser, »Die Gebrüder Sikorski«, in *Neues Deutschland* v. 17.4.2010

16 FitzGibbon, S. 31, 40 u. 86; Zawodny, S. 86; Madajczyk, S. 34f.

17 Zawodny, S. 86; Madajczyk, S. 35

18 Mackiewicz, Katyn, S. 30

19 Zawodny, S. 100

20 Nach Zawodny, S. 100f.

21 Auch Sarubin geschrieben. In der Literatur wird er oft zu dieser Zeit als General bezeichnet, erhielt den Rang aber erst später. Zur schillernden Persönlichkeit siehe auch: en.wikipedia.org/wiki/Vasily_Zarubin, Aufruf 26.12.2010

22 Nach Zawodny, S. 118

23 In Internet vielfach wiedergegeben, Ausgangsquelle: www.rusarchives.ru/publication/katyn/spisok.shtml

24 Geblieben ist vor allem die Bezeichnung der Finnen aus dem Winterkrieg 1939/40 für eine selbst gebaute Brandflasche: »Molotow-Cocktail«.

25 www.kalinin-sassnitz.de; www.ruegen-schifffahrt.de/kalinintouristik.php; Aufruf 26.12.2009

26 Kaiser, Staatsverbrechen, S. 42

27 Auch im Folgenden: Aussage vor US-Untersuchungsausschuss 1952, nach Schriftenreihe der Gesellschaft für Wehrkunde, Heft 4, München 1952

28 Mackiewicz, Katyn, S. 138ff.

29 Mackiewicz, Katyn, S 34f.; FitzGibbon, S. 54ff.; auch: Janßen in *Die*

Zeit v. 22.7.1988; Uli Fricker auf www.schule-bw.de sowie www.sued-kurier.de

30 *Frankfurter Allgemeine Zeitung* v. 8.4.2010

31 Amtliches Material (van Bergh), S. 18ff.; *Neue Zürcher Zeitung* v. 10.4.1980; Leserbrief von Theo Wessel, 1943 Angehöriger eines Baubataillons in der Nähe von Katyn und einquartiert bei der Witwe des Forstmeisters, in *Die Welt* v. 1.3.1952

32 Mackiewicz, Katyn, S. 141; Jan von Flocken in *Die Welt* v. 5.2.2008; Berija ordnete in Befehl Nr. 01-365 an, jedem Exekutor ein Monatssalär extra oder 800 Rubel für die erfolgreiche Erledigung von Sonderaufgaben zuzuteilen.

33 Tatsächlich kamen noch fast 300 Offiziere aus anderen NKWD-Gefängnissen hinzu. In einer Aufstellung des NKWD für Stalin und Berija von 1944 ist von 15 131 Überstellten die Rede; Kaiser, Staatsverbrechen, S. 131

34 Kaiser, Staatsverbrechen, S. 122; zur Neubelegung siehe ebd. S. 116

35 Zur Zeit der Morde gibt es zwischen NKWD und Gestapo etliche Kontakte. Ein NKWD-Offizier bleibt bis zum deutschen Angriff auf die Sowjetunion als Verbindungsmann bei Generalgouverneur Hans Frank in Krakau. Das Generalgouvernement wurde am 26.10.1939 eingerichtet. Da Nazis wie Sowjets die polnische Führungsschicht beseitigen wollten, wurde von polnischer Seite verschiedentlich der Verdacht geäußert, die Massenmorde vom Frühjahr 1940 seien abgesprochen gewesen.

36 Zawodny, S. 97ff.

37 In den Übertragungen der Äußerungen Berijas und Merkulows ins Deutsche finden sich die Begriffe »Irrtum«, »Fehler«, »Fehlgriff« und »Missgriff«. Mackiewicz, Katyn, S. 46f.; Zawodny, S. 124; *Neue Zürcher Zeitung* v. 29.4.1952; *Neue Zeitung* v. 23.4.1952; Munzinger-Archiv nach *Die Tat* (Zürich) v. 7.7.1952; auch: Harris, Whitney R.: Tyranny on Trial, Dallas 1954, S. 266

Spielball der verfeindeten Mächte

1 Die folgende Szene folgt den Darstellungen von: Mackiewicz, Katyn, S. 67ff. und Rozek, Allied Wartime Diplomacy, S. 82ff.; siehe auch: Mikolajczyk, Krieg, S. 21f.

2 Präsident Ignacy Moscicki flüchtete Mitte September 1939 nach Rumänien und ernannte Polens Botschafter in Italien, Boleslaw Wieniawa-Dlugoszowski, zu seinem Nachfolger. Als Frankreich dessen Anerkennung verweigerte, einigten sich Moscicki und Paris auf Wla-

dyslaw Raczkiewicz. Der ernannte seinerseits General Wladyslaw Sikorski zum Premierminister und Oberkommandierenden. Wichtigste Aufgabe der Exilregierung sollte die Aufstellung einer exilpolnischen Armee sowie die Organisation einer Untergrundbewegung in Polen sein. Die Exilregierung residierte zunächst in Paris und dann im westfranzösischen Angers. Als Frankreich von der Wehrmacht überrannt wurde, siedelte sie nach London über.

[3] Nach der Deklaration vom 18. Dezember 1939 betrachtete die Exilregierung sich im Kriegszustand mit der Sowjetunion, benannte als Hauptfeind jedoch das Deutsche Reich. Bereits 1940 suchte der britische Botschafter Richard Stafford Cripp auf seinem Weg zu seinem neuen Posten in Moskau Sikorski im Pariser Exil auf und sprach die Möglichkeiten einer Wiederherstellung diplomatischer Beziehungen der exilpolnischen Regierung mit den Sowjets an. Rozek, S. 51f.

[4] Hier und auch im Folgenden: Mikolajczyk, S. 59ff.

[5] *Spiegel* 51/1980, S. 139ff. Die Staatsbürgerschaft war durchaus ein Problem: Die Exilregierung betrachtete alle Einwohner in den polnischen Grenzen des Rigaer Vertrages von 1921 als polnische Staatsbürger, während die Sowjetunion diejenigen im annektierten Ostpolen als sowjetische Staatsbürger ansah. Tatsächlich wurden aus den Lagern entlassene altpolnische Staatsbürger ukrainischer, weißrussicher und jüdischer Herkunft in die Rote Armee eingezogen, was den polnischen Botschafter Kot zu einem scharfen Protest veranlasste.

[6] In älterer Literatur wird häufiger erwähnt, es seien Lastkähne mit rund 6500 Polen, die zu Bergwerken im hohen Norden geschafft werden sollten, im Weißmeer versenkt worden. Diese Erzählung wurde in Verbindung mit dem Lager Ostaschkow gebracht, was gewiss falsch ist. Es ist dennoch möglich, dass an den Erzählungen etwas dran ist, denn es könnte sich um polnische Gefangene aus anderen Lagern handeln. Das Schicksal vieler Tausender ist nach wie vor ungeklärt und wird es womöglich bleiben.

[7] Mackiewicz, Katyn, S. 59 u. 41; FitzGibbon, S. 68 u. 76

[8] Mackiewicz, Katyn, S. 64ff.; Auszüge des Gesprächs auch in *Frankfurter Allgemeine Zeitung* v. 25.4.1952; *New York Times* v. 14.7.1949; Kaiser, Staatsgeheimnis, S. 141f.; die Übersetzungen unterscheiden sich jeweils unwesentlich.

[9] Rozek, S. 95f.; siehe auch Nachruf im *Spiegel* am 22.5.1972, S. 148

[10] Mackiewicz, Katyn, S. 70

[11] Siehe dazu das kritisch-würdigende Werk von Bernhard Chiari (Hg.), Die polnische Heimatarmee, München 2002

[12] Die Hauptaufgabe der Organisation Todt bestand in diesem Fall im Ausbau eines Zentrums zu einem möglichen weiteren Führer-

hauptquartier. Minister Fritz Todt selbst begutachtete im Januar 1942 die Baustelle. Seidler, Zeigert, Die Führerhauptquartiere, S. 236ff.

[13] Auskunft von Dr. Erich Mende, Bonn, am 9.1.1991. Mende, der während des Krieges selbst im Raum Smolensk war, bezog sich auf Gespräche im Frühsommer 1943 mit Oberst Henning von Tresckow und Oberst Werner von Bercken.

[14] Als Fachmann genoss Buhtz Anerkennung, politisch jedoch war er ein ergebener Verfechter des NS-Staates. Er war NSDAP- und SS-Mitglied sowie in weiteren NS-Unterorganisationen tätig. Generell dazu auch Herber, Friedrich: Gerichtsmedizin unterm Hakenkreuz, Leipzig 2002

[15] Mackiewicz, Katyn, S. 125f.

[16] Reuth (Hg.), Joseph Goebbels, Tagebücher, Bd. 5, S. 1920. Frank-Rutger Hausmann merkt dazu in der *Frankfurter Allgemeine Zeitung* v. 9.2.2004 an: »Die Gefühlskälte des Propagandaministers und sein Zynismus, der Polen im Unterschied zu Juden immerhin noch Menschencharakter zugestand, sind nicht zu überbieten, denn längst wurden in den deutschen Vernichtungslagern Millionen Unschuldiger hinterhältig ermordet.«

[17] Fröhlich (Hg.), Goebbels-Tagebücher, Teil II, Bd. 8, 14.4.1943, S. 104

[18] Lochner (Hg.), Goebbels, Tagebücher 1942–1943, S. 321

[19] Rozek, S. 124; vgl. Nicholas Bethell in *Die Zeit* v. 2.6.1972 und Karl-Heinz Janßen in *Die Zeit* v. 22.7.1988

[20] Fox, Der Fall Katyn und die Propaganda des NS-Regimes, in: *Vierteljahreshefte für Zeitgeschichte*, 30.Jg., München 1982, S. 490

[21] *Die Gegenwart* v. 1.3.1952; Kaiser, Staatsverbrechen, S. 173, weist darauf hin, dass diese Meldung nur einmal verbreitet, aber anschließend weltweit immer wieder aufgegriffen wurde. Die Idee stammte vom NKWD-General Georgi Schukow, der überdies noch die Orte Gnesdiowo und den Archäologie-Ort Gnesdowaja verwechselt hatte.

[22] Fox, Jewish Victims, S. 49ff.; Zawodny, S. 37; Deutsches Nachrichtenbüro nach *Die Gegenwart* v. 1.3.1952

[23] Grawitz war früh in NS-Organisationen tätig und wurde 1935 von Himmler zum »Reichsarzt SS und Polizei« ernannt. Er war überzeugter Anhänger der Rasseideologie der Nazis und mitverantwortlich für medizinische Versuche an KZ-Häftlingen sowie für die Ermordung körperlich und geistig Behinderter.

[24] *Neue Zürcher Zeitung* v. 19.4.1943

[25] Zitiert nach Mackiewicz, Katyn, S. 79, dort auch vollständiger Text Anhang IX, S. 194ff.

26 Stauffer, Die Schweiz und die Tragödie von Katyn, in: *Schweizer Monatshefte*, Jg. 69, Zürich 1990, S. 901

27 Zawodny, S. 39

28 Am 27.4.1943, zitiert nach Van Berg, S. 148f.

29 Neben anderen waren der Belgier Joseph Jumeau alias Pierre Hubermont, der Spanier Ernesto Gimenez Caballero, der Finnlandschwede Örnulf Tigerstedt und der Franzose Robert Brasillach dabei. Der Literaturwissenschaftler Frank-Rutger Hausmann hat sie als Personen sowie ihre nach dem Katyn-Besuch verfassten Texte einer scharfen Kritik unterzogen. Sie seien ideologisch vorbelastet und keine objektiven Beobachter gewesen, hätten die nicht minder mörderische Politik der Nazis und Faschisten ausgeblendet, sondern sahen »ihre antibolschewistischen und antijüdischen Vorurteile bestätigt und glaubten ihre Kollaboration mit den Deutschen gerechtfertigt.« *Frankfurter Allgemeine Zeitung* v. 9.2.2004.

30 »Meldungen aus dem Reich«, Auswertung vom 19.4.1943; ausführlich in Kadell, Katyn-Lüge, S. 109ff.

31 Auswertung vom 13.5.1943

32 Aussage von Alan Cranston, Leiter der Fremdsprachenabteilung, sowie Aussage Kreutz' vor US-Kongress 1952, Hearings, Teil 7, S. 2012–2019, S. 2292, ; auch: Zawodny, S. 147f.; Stephens, Bret: The Fog Over Katyn Forest, 13.4.2010, www.investorvillage.com

33 Hearings, Teil 7, S. 1986; nach Zawodny, S. 45

34 Lewzecki machte diese Aussage 1952 vor dem US-Untersuchungsausschuss, zitiert nach Zawodny, S. 129f. Wenn die Aussage wahr ist, muss sich Lewzecki zumindest im Zeitpunkt April 1943 geirrt haben. Legende dürfte sein, dass Hitler Stalin angeboten hatte, Dschugaschwili gegen Generalfeldmarschall Friedrich Paulus, der nach der Schlacht um Stalingrad in sowjetischer Gefangenschaft war, auszutauschen. Stalin wird das Zitat zugeschrieben »Ich tausche keinen Soldaten gegen einen Marschall.« Richtig ist, dass nach dem sowjetischen Soldatengesetz Gefangenschaft mit Desertion gleichgesetzt wurde und viele sowjetische Heimkehrer später bestraft wurden. Siehe auch: *Spiegel*, 39/1988, S. 184 ff.

35 *Neue Zürcher Zeitung* v. 20.4.1943; Fox, S. 480. Ebenfalls am 19. April 1943 beschließt das Politbüro einen Erlass »Über die Bestrafung von deutsch-faschistischen Bestien, schuldig an Ermordung und Folterungen von sowjetischen Zivilisten und Kriegsgefangenen«. Auf dieser Grundlage, Hinrichtungen ohne Prozess, werden z.B. im September 1943 vier deutsche Soldaten in Mariupol erschossen.

36 Reden im Britischen Unterhaus: http://hansard.millbanksystems.com/commons/1944/may/24/foreign-affairs S5CV0400P0_

19440524_HOC_300; Churchill sprach 1944 auch zu Außenminister Eden vom »gewachsenen Vertrauen in unseren Herzen gegenüber Stalin«, dazu: Raico, Ralph: Rethinking Churchill, in: The Costs of War, New Brunswick, N.J. 1997

[37] Nach Nicholas Bethell in *Die Zeit* v. 2.6.1972
[38] Machiewicz, Katyn, S. 83; Zawodny, S. 41
[39] Abgedruckt in *Neue Zürcher Zeitung* v. 27.4.1943; auch Rozek, S. 127f.; Van Bergh, S. 146f.
[40] Zusammenfassend mit Beispielen *Neue Zürcher Zeitung* v. 27.4.1943
[41] Der vollständige Text der Erklärung ist abgedruckt in *Neue Zürcher Zeitung* v. 29.4.1943; Amtliches Material (van Bergh), S. 147f.
[42] Lochner, Goebbels, Tagebücher 1942–1943, S. 321
[43] *Neue Zürcher Zeitung* v. 28.4.1943
[44] Nach Zawodny, S. 46
[45] Kazimierz Schally hatte ursprünglich in der österreichisch-ungarischen Armee gedient. Im Ersten Weltkrieg wurde er von den Bolschewiki gefangen genommen und zum Tode verurteilt, konnte aber entkommen. Er starb 1967 in Edinburgh.
[46] Vollständig in Amtliches Material (Van Bergh), S. 166
[47] Conti war seit seiner Studentenzeit in zahlreichen völkischen Gruppen und der NS-Bewegung tätig. Wegen seiner Verstrickung in das Euthanasie-Programm und in Fleckfieberversuche im KZ Buchenwald sollte Conti vor Gericht gestellt werden, erhängte sich aber Anfang Oktober 1945 in seiner Zelle in Nürnberg.
[48] Orsos gehörte den nationalsozialistischen Pfeilkreuzlern in Ungarn an. Er war als Antisemit an der Denunziation und Verfolgung jüdischer Kollegen beteiligt. 1944 floh er erst nach Halle an der Saale, dann nach Mainz, wo er an der Kunstakademie als Anatomielehrer beschäftigt war.
[49] Richter, Die Pathologen von Katyn, in: *Frankfurter Allgemeine Sonntagszeitung* v. 18.4.2010
[50] Amtliches Material (van Bergh), S. 44f.
[51] Aussage vor dem US-Ausschuss 1952; Richter, Die Pathologen von Katyn, in *Frankfurter Allgemeine Sonntagszeitung* v. 18.4.2010
[52] Das »Amtliche Material« ist später aus Bibliotheken fast vollständig verschwunden, was van Bergh zur Herausgabe des Nachdrucks »Die Wahrheit über Katyn«, Berg am See 1988, veranlasste.
[53] Churchill, Closing the Ring, S. 691
[54] *Die Zeit* v. 2.6.1972; der britische Historiker Nicholas Bethell dazu: »Aber er hat es geschluckt. Jahre danach hat er sich weder den Nürnberger Prozessen widersetzt noch ist er gegen den anderen großen Verrat aufgestanden, der in Jalta an den Polen verübt wurde.«

55 Mikolajczyk, »Krieg gegen die Freiheit«, in: *Tagesspiegel*, Schriften Heft 2, Berlin 1948, S. 30; Hochhuth, »Noch fünfzig Jahre Schweigen«, in *Spiegel*, 42/1967, S. 164ff.

56 Hochhuth hat den Stoff in seinem Drama »Die Soldaten« verarbeitet.

57 Rozek, S. 141

58 Goebbels-Tagebücher, S. 487

Die Inszenierung der Lüge

1 Taylor, Nürnberger Prozesse, S. 541ff. Die Sitzungen sind vollständig dokumentiert unter: www.zeno.org.

2 Dulag steht für Durchgangslager.

3 I. Posorowski, Erster gerichtsmedizinischer Sachverständiger des Volkskommissariats für Gesundheitswesen der UdSSR, Direktor des Wissenschaftlichen Forschungsinstituts für Gerichtsmedizin; W.M. Smoljanow, Leiter der gerichtsmedizinischen Fakultät am Zweiten Moskauer Medizinischen Institut; P.S. Semjonowski, Wissenschaftlicher Mitarbeiter des staatlichen Wissenschaftlichen Forschungsinstituts für Gerichtsmedizin beim Volkskommissariat für Gesundheitswesen der UdSSR; M.D. Schwajkowa, Wissenschaftliche Mitarbeiterin des staatlichen Wissenschaftlichen Forschungsinstituts für Gerichtsmedizin beim Volkskommissariat für Gesundheitswesen der UdSSR; N.N. Wyropajew, Hauptpathologe der Front und Major des Sanitätsdienstes.

4 Schreibweise auch Potjomkin. 1939 händigte er als stellvertretender Außenkommissar dem polnischer Botschafter Waclaw Grzybowski die Note aus, in der der Einmarsch der Roten Armee in Polen damit begründet wurde, dass »der polnische Staat und seine Regierung aufgehört haben zu existieren«.

5 Kaiser, Staatsverbrechen, S. 215, 219 u. 444

6 Es gab tatsächlich Panzer mit dieser Aufschrift. Bilder unter www.electronicmuseum.ca

7 »Mitteilung der Sonderkommission«, Moskau 1944; der Text wird von kommunistischen Gruppen auch heute noch als Beleg für das »Verbrechen der deutschen Faschisten« verbreitet, www.kpd-ml.org; www.red-channel.de (Aufruf v. 24.1.2011)

8 Selbst heute noch kursiert auf kommunistischen und linksideologischen Internetseiten die sowjetische Version oder dient zumindest als Argument, die Schuldfrage sei nicht entscheidbar.

9 Ausführlich in Kadell, Katyn-Lüge

10 Mackiewicz, Katyn, S. 224

[11] Aussage Earles vor US-Ausschuss 1952, Hearings, Bd. 7, S. 2202; vgl. Zawodny, S. 147

[12] Nach dem Tod Roosevelts am 12. April 1945 wird Earle umgehend in die USA zurückgerufen.

[13] 1991 werden einige Kopien der Dokumente in einem Privathaus in Krakau gefunden. Sanford, Katyn and the Soviet Massacre of 1940, S. 134

[14] Seine Rechtfertigung politischer Justiz legt Wyschinski in seiner Arbeit »Die Theorie der Beweisführung bei Gericht im sowjetischen Recht« nieder. Dafür erhält er 1947 den Stalin-Preis erster Klasse. 1949 folgt Wyschinski Molotow als Außenminister. Nach dem Tod Stalins 1953 geht er als ständiger Vertreter der UdSSR zu den Vereinten Nationen. Hochdekoriert stirbt er 1954 in New York. Seine Urne wird an der Kreml-Mauer in Moskau beigesetzt.

[15] Es tauchen auch die Schreibweisen Karl Strüfing, Ernst Beck, Erwin Gerer, Herbert Jannicke Erwin Scottke, Arno Diere bzw. Dürer und Erwin Wiese auf.

[16] Abteilungskommandeur Erich Ewerts; Unteroffiziere Robert Kirschfeld und Willi Weiss; Obergefreiter Rudolf Modisch; die Gefreiten Kurt Gaudian, Fritz Gentschke, Erich Müller und Willi Krause; die Soldaten Heinz Winkler und Josef Reischmann.

[17] Im Folgenden: Machiewicz, Katyn, S. 131–136

[18] Chelminsky, S. 126; Zawodny, S. 171

[19] Siehe zu den folgenden Ausführungen: Taylor, Nürnberger Prozesse, S. 541ff. Die Sitzungen sind vollständig dokumentiert unter: www.zeno.org.

[20] 145. Verhandlungstag, 3. Juni 1946; www.zeno.org

[21] Janßen in: *Die Zeit* v. 22.7.1988

[22] *Frankfurter Allgemeine Zeitung* v. 25.4.1952

[23] 168. Verhandlungstag, 1. Juli 1946; www.zeno.org

[24] Janßen in: *Die Zeit* v. 22.7.1988

[25] Veale, F.J.P.: Verschleierte Kriegsverbrechen, S. 54ff.

[26] *Die Tat* (Zürich) v. 21.1.1947; Stauffer, »Die Schweiz und die Tragödie von Katyn«, in: *Schweizer Monatshefte*, Jg. 69, Zürich 1990, 909ff.; www.allworldwars.com

[27] Martini legte allerdings jüdische Täternamen vor, die von der deutschen Propaganda erfunden worden waren.

Im Kalten Krieg

[1] FitzGibbon, S: 253f.

[2] FitzGibbon, S. 254f.

[3] *Sozialdemokratischer Pressedienst* (*Sopade*) v. 28.6.1948

4　Mikolajczyk, Wladislaw: The Rape of Poland, Pattern of Soviet Aggression, New York/Toronto 1948; ders.: Le viol de la Pologne, Paris 1949

5　»Der Krieg gegen die Freiheit«, *Der Tagesspiegel*, Schriften, Heft 2, Lizenznummer 16 der amerikanischen Militärregierung, Berlin im April 1948

6　London 1949, auch Editions France-Empire 1949

7　Harry Schulze-Wilde in *Süddeutsche Zeitung* v. 5.8.1971

8　Mackiewitz, Katyn, S. 131f.

9　*Daily Telegraph* v. 10./11.1.1949, 12.1.1949, 19./20.1.1949, 21.1.1949

10　*New York Herald Tribune* vom 13./14.7.1949

11　*Die Zeit* v. 9.6.1949

12　*Hamburger Volkszeitung* v. 22. und 30.6., 2.,5.,7.,9.12.,14. u. 16.7.1949

13　Lane, Arthur Bliss: I saw Poland Betrayed. An American Ambassador Reports to the American People, Indianapolis 1948

14　Zawodny, S. 149; Chelminsky, S. 126

15　United States, Congress, House. Select Committee to Conduct an Investigation and Study of the Facts, Evidence, and Circumstances on the Katyn Forest Massacre, U.S. Govt. Print. Off. 1952 (Hearings; 7 Bde.)

16　Im Institut für Zeitgeschichte in München liegt eine maschinengeschriebene Kopie.

17　FitzGibbon, S. 213

18　*Die Welt* v. 22.4.1952

19　Im Folgenden: *New York Times* v. 7.2.1952; *Die Welt* v. 7.2.1952; *Neue Zeitung* v. 8.2.1952

20　*Die Welt* v. 27.2.1952; *Neue Zeitung* v. 26.2.1952

21　Im Internet unter www.red-channel.de; www.kpd-ml.org

22　Zawodny, S. 138

23　Czapski, Jozef: The Inhuman Land, London 1951; ders.: Unmenschliche Erde, Köln u. Berlin 1967

24　*Hamburger Volkszeitung* v. 10.3.1952

25　Buch und Presseausweis mit Foto Wojcickis sind abgebildet auf: www.electronicmuseum.ca

26　Nach Zawodny, S. 139 u. 178

27　Churchill war im Juli 1945, während die Potsdamer Konferenz stattfand, abgewählt worden. Nachfolger wurde mit innenpolitischen Themen der Labour-Kandidat Clemens Attlee. 1951 gewannen wieder die Tories, die die sozialpolitischen Themen von Labour übernommen hatten.

28　*Die Welt* v. 19.7.1952

29　Im Folgenden siehe: *Die Welt* v. 22./23./24.4.1952; *Neue Zeitung* v. 23. u. 24. 4.1952; *Hamburger Abendblatt* v. 22.4.1952

30　*Neue Zeitung* v. 24.4.1952; *Die Welt* v. 24.4.1952

31 *Neue Zürcher Zeitung* v. 29.4.1952; *Neue Zeitung* v. 23.4.1952

32 Im Folgenden: Munzinger Archiv 36/52; *Hamburger Abendblatt* v. 25.4.1952; *Neue Zürcher Zeitung* v. 26.4. u. 29.4.1952; *Die Welt* v. 24. u. 25.4.1952

33 *Amerika-Dienst* der US-Botschaft Bonn v. 3.7.1952; Munzinger-Archiv 36/52

34 Munzinger Archiv 52/52; *Neue Zürcher Zeitung* v. 15.11.1952

35 *Neue Zeitung* v. 10.11.1952; *Die Welt* v. 15.11.1952; Munzinger Archiv 36/52

36 Munzinger Archiv 52/52; Mackiewicz, Katyn, S. 225

37 Richter, Wolfgang: Die Pathologen von Katyn, in: *Frankfurter Allgemeine Sonntagszeitung* v. 18.4.2010

38 *Die Zeit* v. 27.9.1956

39 *Die Welt* v. 7.1.1977 (nach der exilrussischen Zeitschrift *Possev*)

40 Kaiser, Staatsverbrechen, S. 126f.

41 U. a. dokumentiert in: Wiesenthal, S. 292, *Frankfurter Allgemeine Zeitung* v. 4.4.1989; FitzGibbon schreibt allerdings, dass es für dieses Verbrechen »keine konkreten Beweise« gebe, S. 245.

42 Forst de Battaglia, Zwischeneuropa, S. 88

43 Nicolas Bethell in *Die Zeit* v. 2.6.1971

44 FitzGibbon, S. 243f.

45 Ausführlich siehe: Kadell, Katyn-Lüge, S. 263f.

46 Gespräch mit dem Verf. am 3.12.1990 in Brüssel. Der Geschäftsmann möchte ungenannt bleiben.

47 Richter: Wolfgang: »Die Pathologen von Katyn«, in: *Frankfurter Allgemeine Sonntagszeitung* v. 18.4.2010

48 *Welt am Sonntag* v. 19.9.1976

49 Auch: Oschlies, Katyn 1940, www.zukunft-braucht-erinnerung.de

50 *Frankfurter Allgemeine Zeitung* v. 13.3.1985

Wahrheit auf Raten

1 In Anlehnung an den Bericht von Stefan Dietrich in *Frankfurter Allgemeine Zeitung* v. 12.7.1988; der Bericht in *Rzeczpospolita* wird in vielen polnischen Zeitungen nachgedruckt; allerdings bleibt der Redakteur in allen historischen Aussagen bei der sowjetischen Propagandaversion.

2 *Frankfurter Allgemeine Zeitung* v. 12.6.2003, Helmut Altrichter

3 Zu den »weißen Flecken« gehören neben den geheimen Zusatzklauseln des Hitler-Stalin-Pakts und Katyn das Schicksal aller in die Sowjetunion verschleppten Polen und das Verhalten der Roten

Armee während des Warschauer Aufstandes 1944, als sie stillhielt und der Niederschlagung durch die Deutschen zusah.

4   Deutsche Übersetzung Madajczyk, Czeslaw: Das Drama von Katyn, Berlin 1991
5   *Die Zeit* v. 22.5.1987
6   *Welt am Sonntag* v. 19.7.1987
7   *Frankfurter Rundschau* v. 3.9.1987; *Süddeutsche Zeitung* v. 3.9. 1987
8   *Süddeutsche Zeitung* v. 3.10.1987 u. 5.10.1987; *Frankfurter Rundschau* v. 6.10.1987
9   *Die Welt* v. 13.10.1987; *Süddeutsche Zeitung* v. 14.10.1987
10   *Frankfurter Allgemeine Zeitung* v. 8.3.1988; *Süddeutsche Zeitung* v. 8.3.1988
11   Abgedruckt in *Frankfurter Allgemeine Zeitung* v. 8.3.1988
12   Ähnliches passiert beim Büro von *Nowosti*; *Frankfurter Allgemeine Zeitung* v. 8.3.1988; *Süddeutsche Zeitung* v. 8.3.1988
13   *Trybuna Ludu* am 12.3.1988; *Neue Zürcher Zeitung* v. 15.3.1988
14   *Süddeutsche Zeitung* v. 21.7.1988
15   *Süddeutsche Zeitung* v. 27.2.1989; *Frankfurter Allgemeine Zeitung* v. 27.2.1989. Das Kernstück des Berichts des Polnischen Roten Kreuzes an die Regierung in London, das Gutachten des Gerichtsmediziners Marian Wodzinski, ist wiedergegeben bei Kaiser, Staatsverbrechen, S. 177ff.
16   *Frankfurter Rundschau*, 27.2.1989
17   *Frankfurter Allgemeine Zeitung* v. 8.3.1989; *Die Welt* v. 9.3.1989; *Süddeutsche Zeitung* v. 9.3.1989
18   Kaiser, Staatsgeheimnis, S. 355f.
19   *Süddeutsche Zeitung* v. 22.4.1989
20   *Neue Zürcher Zeitung* v. 24.6.1989
21   *Die Welt* v. 26.10.1989
22   *Moskau News*, Ausgabe v. 25.3.1990; vgl. *Frankfurter Allgemeine Zeitung* v. 17.4.1990; auf http://mdzx.bib-bvb.de (Beitrag Lebedewa)
23   *Interfax* beruft sich dabei auf den Chefredakteur der militärhistorischen Zeitschrift *Wojenno Istoritscheski*, Viktor Filatow, der angekündigt habe, dass das Material demnächst veröffentlicht werde. *Neues Deutschland* v. 14./15.4.1990
24   *dpa*-Übersetzung abgedruckt in *Süddeutsche Zeitung* v. 17.4.1990
25   Kaiser, Staatsverbrechen, S. 13
26   *Frankfurter Allgemeine Zeitung* v.18.4.1990; *Rheinischer Merkur* v. 20.4.1990
27   Benjamin B. Fischer: The Katyn Controversy, auf: www.cia.gov; *Moskau News*; Russische Juni-Ausgabe, deutsche Ausgabe vom Juli 1990

28 *Moskau News* Nr. 7/Juli 1990; vgl. *Frankfurter Allgemeine Zeitung* v. 15.6. u. 20.6.1990; *Die Welt* v. 20.6.1990
29 *dpa* v. 17.6.1990 und nach *PAP* v. 23.7.1990; *Frankfurter Allgemeine Zeitung* v. 19.6.1990;
30 *France Soir* v. 31.8.1990
31 *Die Zeit* v. 5.4.1996; auch Muchin, Juri: Antirossijskaja podlost. Moskau 2003
32 Zaslavsky, Klassensäuberung, S. 9
33 Zaslavsky, Klassensäuberung, S. 10
34 *dpa* vom 6.8.2004
35 Neef, *Der Spiegel* 41/2008
36 *Rzeczpospolita* vom 17.11.2010; auch: Muchin, Jurij: Antirossijskaja podlost. Moskau 2003

Die zweite nationale Katastrophe

1 Zu folgenden Passagen http://www.myvideo.de/watch/7944561/ Offizielle_Videosimulation_des_Kaczynski_Flugabsturzes; www.sueddeutsche.de, 20.1.2011; www.faz.net, 12.12001; www.aktuell.ru, 18.1.2011
2 *Süddeutsche Zeitung Magazin*, Heft 50/2010: Es gibt Hinweise darauf, dass der unerfahrene Navigator die beiden Höhenmessgeräte verwechselt hat. Eines zeigt die Höhe über dem Grund, das andere die über dem Meeresspiegel an.
3 Eurasisches Magazin, Ausgabe 5/10; auch unter: http://www.eurasischesmagazin.de/artikel/?artikelID=20100508 (Aufruf 27.1.2011)
4 ebenda
5 Im Flugzeug waren: Staatspräsident Lech Kaczynski, Präsidentengattin Maria Kaczynska, der Leiter der Präsidialkanzlei Jacek Surowka, der Leiter des Präsidentenbüros Wladyslaw Stasiak, Präsidentschafts-Staatssekretär Mariusz Handzlik, Präsidentschafts-Staatssekretär Pawel Wypych, der stellvertretende Außenminister Andrzej Kremer, der stellvertretende Verteidigungsminister Stanislaw Komorowski, Generalstabschef Franciszek Gagor, Luftwaffenchef A. Blasik, Marinechef Andrzej Karweta, der Kommandeur der Garnison Warschau K. Gilarski, General Tadeusz Buk, der Leiter des Büros für nationale Sicherheit Aleksander Szczyglo, der Chef des nationalen olympischen Komitees, Piotr Nurowski, der Präsident des Instituts für das nationale Gedenken, Janusz Kurtyka, Vize-Kulturminister Tomasz Merta, der letzte Präsident der Exil-Republik Ryszard Kaczorowki (Jg. 1919), die bis 1989/1990 bestand, der Ombudsmann Janusz Kochanowski,

Nationalbank-Präsident Slawomir Skrzypek, die Solidarnosc-Heldin vom Danziger Streik 1980 Anna Walentynowicz, der ehemalige Verteidigungsminister und jetzige Parlamentsvizepräsident Jerzy Szmajdzinski, zwei weitere Vizepräsidenten des Sejm, 18 Abgeordnete, darunter Wieslaw Woda, Aleksandra Natalli-Swiat, Arkadiusz Rybicki, Janina Fetlinska, Grazyna Gesicka, Grzegorz Dolniak, Izabela Jaruga-Nowacka, Jolanta Szymanek-Deresz, Przemyslaw Gosiewski, Abgeordneter Sebastian Karpiniuk, Stanislaw Zajac, Zbigniew Wassermann, etliche Geistliche.

6 nach Andrej Stasiuk auf: www.faz.net, 21.4.2010

7 www.20min.ch, 13.4.2010

8 *Transkrypcja rozmów zalogi samolotu Tu-154 M.* vom 1. Juni 2010: http://www.mswia.gov.pl/portal/pl/2/8507/Transkrypcja_rozmow_zalogi_samolotu_Tu154_M_Nr_101_ktory_ulegl_katastrofie_w_dni.html

9 Schuller, Konrad: »Politik in der Gruft«, auf: www.faz.net, 2.7.2010

10 Veser, Reinhard: »Verschwörungstheorien nach der Versöhnung«, auf: www.faz.net, 18.4.2010

11 *Frankfurter Allgemeine Zeitung*, 18.4.2010

12 *Frankfurter Allgemeine Zeitung*, 18.4.2010

13 Stasiuk, Andrej: »Für die Trauer tun wir alles«, auf: www.faz.net, 21.4.2010

14 *Frankfurter Rundschau*, 20.4.2010

15 AFP auf:www.n-tv.de, 15.11.2010

16 http://german.ruvr.ru, 15.11.2010

17 *dpa* auf: www.fr-online.de, 20.12.2010

18 Siehe dazu z.B.: *Spiegel online*, 28.4.2010/Das Polen Magazin)

19 *Gazeta Wyborcza*, 22.09.2010

20 http://www.mswia.gov.pl/portal/pl/2/8507/Transkrypcja_rozmow_zalogi_samolotu_Tu154_M_Nr_101_ktory_ulegl_katastrofie_w_dni.html

21 www.spiegel.de, 21.1.2010; http://russland.ru, 13.1.2010

22 *Spiegel online* v. 18.1.2011

23 *Spiegel online* v. 19.1.2011

24 *Neues Deutschland* v. 27.1.2011

25 *Frankfurter Rundschau* v. 20.4.2010

Nachwort

1 Mattern, Jens: »Das schwere Erbe des Terrors«, auf: www.mitteldeutsche-kirchenzeitungen.de v. 9.4.2010; Neef, Christian und Puhl, Jan: »Die weinende Nation«, in: *Spiegel* 16/2010

2   »Eine Versöhnung mit sich selbst«, in: *Berliner Zeitung* v. 13.4.2010
3   *Frankfurter Allgemeine Zeitung* v. 8.4.2010
4   *Spiegel Online,* 15.9.2009; die Klage wurde zurückgewiesen, *Welt Online,* 14.10.2009
5   Rede des Abgeordneten Wiktor Iljuchin v. 16.6.2010, www.kprf.ru, angeblich 1990 auf Anweisung des Gorbatschow-Vertrauten und ZK-Mitglieds Alexander Jakowlew in Absprache mit Jelzin; das Memorandum Schelepins an Chruschtschow soll ebenfalls gefälscht sein; auch: www.kommunisten.at
6   Kremp, Herbert: Wir brauchen unsere Geschichte, Berlin/Frankfurt 1988

Literatur

Die folgende Auswahlliteratur gibt einen Überblick. Die polnische Literatur ist verständlicherweise sehr umfangreich. Im Internet wächst die Menge ins Unübersehbare. Auch bei youtube sind zahlreiche Beiträge abrufbar. In der deutschsprachigen Forschungsliteratur ist das Buch von Gerd Kaiser, Staatsverbrechen – Staatsgeheimnis, das wichtigste, weil es vor allem die seit 1990 erreichbaren Quellen in polnischer und russischer Sprache aufbereitet.

Abarinov, Vladimir: The Murderers of Katyn. New York 1993

Auswärtiges Amt: Akten zur Deutschen Auswärtigen Politik 1918–1945. Aus dem Archiv des Auswärtigen Amtes. Serie E: 1941–1945. Band V: 1. Januar bis 30. April 1943. Göttingen 1978

Auswärtiges Amt: Amtliches Material zum Massenmord von Katyn. Im Auftrage des Auswärtigen Amtes auf Grund urkundlichen Beweismaterials zusammengestellt, bearbeitet und herausgegeben von der Deutschen Informationsstelle. Berlin 1943

Bergh, Hendrik van: Die Lüge über Katyn. Der Massenmord an polnischen Offizieren. Berg am See 1986

Boll, Bernd: Chatyn 1943. In: Gerd R. Ueberschär (Hg.), Orte des Grauens. Verbrechen im Zweiten Weltkrieg. Darmstadt 2003

Bussemer, Thymian: Das internationale Rote Kreuz und die NS-Kriegspropaganda. Der Fall Katyn. In: *Vorgänge*. Jg. 39. Berlin 2000

Chelminsky, Rudolf: Die Morde von Katyn. Wie war es wirklich? In: Readers Digest, Das Beste, Nr. 5. Mai 1990

Chiari, Bernhard (Hg.): Die polnische Heimatarmee. Geschichte und Mythos der Armia Krajowa seit dem Zweiten Weltkrieg. (Beiträge zur Militärgeschichte 57). München 2002

Cienciala, Anna M.; Lebedewa, Natalia; Materski, Wojciech (Hg.): Katyn. A Crime Without Punishment. New Heaven 2008

Cowdery, Ray: Katyn: A Documentary Account of the Evidence. Lakeville, Minnesota 1995

Czapski, Jozef: The Inhuman Land. London 1951

Czapski, Josef: Unmenschliche Erde. Köln/Berlin 1967

FitzGibbon, Louis: Katyn – Verbrechen ohne Beispiel (Katyn – a crime without parallel). London 1971, Vlotho 1980

FitzGibbon, Louis: The Katyn Cover-Up. London 1972

Forst de Battaglia, Otto: Zwischeneuropa. o.O. 1954

Fox, John P.: Der Fall Katyn und die Propaganda des NS-Regimes. In: *Vierteljahreshefte für Zeitgeschichte*, 30. Jahrgang 1982. München/Berlin 1982

Fox, Frank: Jewish Victims of the Katyn Massacre, in: *East European Jewish Affairs*. 1993

(Frank, Hans:) Das Diensttagebuch des deutschen Generalgouverneurs in Polen 1939–1945. Herausgeber Werner Präg und Wolfgang Jacobmeyer, Quellen und Darstellungen zur Zeitgeschichte, Band 20. Stuttgart 1975

Fröhlich, Elke (Hg.): Goebbels-Tagebücher, Teil II, Bd. 8. München 2003

Harris, Whitney R.: Tyranny on Trial. Dallas 1954

Hedeler, Wladislaw; Rosenblum, Nadia: 1940 – Stalins glückliches Jahr. Berlin 2001

Kaczorowska, Teresa: Children of the Katyn Massacre. Accounts of Life After the 1940 Soviet Murder of Polish POWs: Accounts from Polish Families Torn by the 1940 Mass Murder in Soviet Camps. Jefferson, North Carolina 2006

Kadell, Franz: Die Katyn Lüge. Geschichte einer Manipulation. Fakten, Dokumente und Zeugen. München 1991

Kaiser, Gerd; Szcześniak, Andrzej Leszek: Katyn. Der Massenmord an polnischen Offizieren. Berlin 1991

Kaiser, Gerd: Katyn. Das Staatsverbrechen – das Staatsgeheimnis. Berlin 2002

Kisielewski, Tadeusz A.: Katyn – Zbrodnia i Klamstwo. Poznan 2008

Lane, Arthur Bliss: I saw Poland Betrayed. An American Ambassador Reports to the American People. Indianapolis 1948

Lauck, John H.: Katyn Killings in the record. Princeton 1989

Lochner (Hg.): Goebbels, Tagebücher 1942-43. Zürich 1948

Mackiewicz, Jozef: Katyn – ungesühntes Verbrechen. Zürich 1949, Frankfurt/Main 1983 und 1987

Madajczyk, Czeslaw: Das Drama von Katyn. Berlin 1991

Madajczyk, Czeslaw: Die Okkupationspolitik Nazideutschlands in Polen 1939–1945. Köln 1988

Mikolajczyk, Wladislaw: The Rape of Poland, Pattern of Soviet Aggression. New York/Toronto 1948

»Mordbefehl« an den polnischen Offizieren 1940/Beschlussprotokoll Nr. 13/144: www.rusarchives.ru/publication/katyn/spisok.shtml

Paul, Allen: Katyn – Stalin's Massacre and the Seeds of Polish Resurrection. Annapolis 1996

Paul, Allen: Katyn: Stalin's Massacre and the Triumph of Truth. Annapolis 1997

Paul, Allen: Katyn: The Untold Story of Stalin's Polish Massacre. New York 1991

Reuth, Ralf G. (Hg.): Joseph Goebbels, Tagebücher 1924–1945. München 1990

Rozek, Edward: Allied Wartime Diplomacy. A Pattern in Poland. New York/London 1958

Ruchniewicz, Malgorzata; Ruchniewicz, Krzysztof: Katyn 1940. In: Gerd R. Ueberschär (Hg.), Orte des Grauens. Verbrechen im Zweiten Weltkrieg. Darmstadt 2003

Sanford, George: Katyn and the Soviet Massacre of 1940: Truth, Justice and Memory. London 2005

Sanford, George: The Katyn Massacre and Polish-Soviet Relations, 1941-43. In: *Journal of Contemporary History*, 41. London 2006

Schaubs, Martin: Streitfall Katyn. Die Wahrnehmung des Massakers in der sowjetrussischen, der polnischen und der westdeutschen Öffentlichkeit. Marburg 2008

Shainberg, Maurice: The KGB Solution at Katyn. Hawthorne, New Jersey, 1992

Sitzungsprotokolle der Nürnberger Prozesse: www.zero.org.

Slowes, Salomon: Der Weg nach Katyn. Bericht eines polnischen Offiziers. Hamburg 2000

Taylor, Telford: Die Nürnberger Prozesse. Hintergründe, Analysen und Erkenntnisse aus heutiger Sicht. München 1995

United States, Congress House. Select Comittee to Conduct an Investigation and Study of the Facts, Evidence, and Circumstances on the Katyn Forst Massacre, U.S. Govt. Print. Off. 1952 (Hearings, 7 Bde.)

Vasold, Manfred: Katyn. In: Wolfgang Benz: Legenden, Lügen, Vorurteile. München 1995

Veale, F. J. P.: Verschleierte Kriegsverbrechen. Wiesbaden 1959

Wiesenthal, Simon: Krystyna. Die Tragödie des polnischen Widerstandes. München 1986

Zaslavsky, Victor: Klassensäuberung. Das Massaker von Katyn. Berlin 2007

Zawodny, Janusz K.: Zum Beispiel Katyn. Klärung eines Verbrechens. München 1971

Das Trauma einer Flucht

Januar 1945. Die Rote Armee überrollt die Ostge-
biete und zwingt die deutsche Zivilbevölkerung
zur Flucht. Die fünfzehnjährige Gabi Köpp verschlägt es in ein Gehöft, wo viele andere Vertriebe-
ne Zuflucht gesucht haben. Sicher vor den Über-
griffen der russischen Soldaten ist sie jedoch nicht.
Wiederholt wird Gabi Opfer sexueller Gewalt,
verraten von ihren Leidensgenossinnen. Was sie
erlebte, vertraute sie damals nur ihrem Tagebuch
an. Nun hat Gabi Köpp daraus einen erschüttern-
den Bericht über ein lange tabuisiertes Kapitel der
Kriegszeit gemacht: das völkerrechtswidrige Verbrechen der Vergewaltigung von Frauen.

*»Das Buch ist ein einzigartiges Dokument. Weil der
Bericht nicht um der Schönheit des Wortes willen ge-
schliffen wurde, wirkt er so ergreifend. Die Erzählung
hat einen Sog, der aus der Authentizität von Sprache
und Erleben entsteht.«* Der Spiegel

Gabi Köpp
Warum war ich bloß ein Mädchen?

160 Seiten mit Abb., ISBN 978-3-7766-2629-2

HERBiG   www.herbig-verlag.de

Hinter den Kulissen von '68

War die Studentenrevolte der 68er tatsächlich »nur« die eruptive Entladung gegen das konservative Establishment der Bundesrepublik? War es Zufall, dass ausgerechnet der Kommunist und Stasi-Agent Karl-Heinz Kurras mit seinem tödlichen Schuss auf Benno Ohnesorg die Revolte auslöste? Wie kam es, dass gerade der DDR-Flüchtling Rudi Dutschke zum Anführer der Bewegung wurde, den bewaffneten Kampf gegen die Bundesrepublik propagierte und aus West-Berlin eine entmilitarisierte Räterepublik nach kommunistischem Vorbild machen wollte?

Der Historiker Peter Horvath hat unzählige Seiten Stasiakten und anderes Archivmaterial ausgewertet. Der Verdacht wird immer zwingender: Die Revolte der 68er wurde vom Osten nach einem ausgeklügelten Drehbuch in Szene gesetzt.

Peter Horvath
Die inszenierte Revolte

272 Seiten mit Abb., ISBN 978-3-7766-2644-5

HERBiG   www.herbig-verlag.de